U0032630

思想的求索

編輯委員會

總編輯：錢永祥

編輯委員：江宜樺、沈松僑、汪宏倫

　　　　　林載爵、陳宜中、單德興

聯絡信箱：reflexion.linking@gmail.com

《思想》出刊說明

　　1988年，聯經出版公司創辦了一份刊物，題名《思想》。當時，台灣社會正在爆發前所未見的衝突與交替；世界歷史以及中國大陸的情勢，也顯得山雨欲來風滿樓；西方的思想局面，更呈現新舊交接之際的活力、焦躁與盲動。當時，聯經出版公司盼望積極引進西方的思想資源，供國內的無數讀者參考。這是創辦《思想》這份刊物的時代背景與簡單的初衷。

　　事與願違，《思想》不過出版了一期，就告無以爲繼。技術上的原因，殆爲一份以翻譯西方經典文章爲主的刊物，一方面面臨著種種取得版權的困擾，另一方面也受限於譯者的難求。實質的原因，則必須歸咎於台灣知識傳統的羸弱，根本無力展開「思想」的大業。環境的限制，逼迫我們不敢貫徹原先的壯志。

　　18年之後，台灣學術、文化界更形成熟，與海外各地使用中文的知識分子，也逐漸建立了緊密、廣泛的往來。春江水暖，我們不忘舊業，感到可以再做一次嘗試。18年之間，世界有過大變化、台灣有了大變化、中國大陸與周遭的華語群體也出現了大變化。而當年《思想》的學生讀者，今天已經長成學院裏的教授與社會的中堅了。歷史經驗與個人成長的交互刺激和支援，要求這次的重新出發，必須設定更爲大膽的目標。我們決定，這次出刊不再以翻譯爲已足，而是要鼓勵中文知識分子，面對這個大變動中的世界形勢與歷史漩渦，忠於知識人的人文理想，爲著人性的

寬厚與進步，進行自己的思考努力。尤其要強調的是，基於全球化的現實趨勢與中文的國際性格，我們想要建立一個跨越國界的中文論壇，不願意再劃地自限。南洋、港澳、東亞、北美、乃至於歐洲、大洋洲各地使用中文的知識分子，都將是我們的作者與讀者。

　　爲了紀念當年那孤單的一期，我們這次重新出刊不改名稱。但是爲了表示全新的開始，我們還是將本期列爲第一期。請讀者明察這中間的念舊與前瞻心情。

聯經出版公司編輯部／《思想》編輯委員會

2006年驚蟄時節

目 次

當代中國大陸的思想景觀
回應《歧路中國》

思想采風

價值相對主義的時代

江宜樺

一、你不能說「反正作弊就是不對！」

　　《思想》重現江湖，宗旨設定在「針對台灣社會目前的思想狀況反思，不是被動地介紹西方學術思潮」。——「那麼，我就談一談價值相對主義的問題」——我毫不猶豫地選擇了我關注的主題。爲什麼要談這個題目呢？因爲我認爲，「強調多元價值」是我們這個社會最顯著的特徵之一，而多元價值並存的前提，已經自然而然地導出「價值相對主義」的思考模式。遺憾的是，當許許多多人輕易將「多元社會」與「價值相對」視爲一體兩面的概念時，他們並不清楚兩者的差別何在，也不知道後者將會對人類文明造成何種傷害。

　　在一個推翻或超越了單一教條的時代裡，大家都理所當然地肯定「多元主義」——我們認爲世界的實體不是由單純唯一的力量所構成，而是由多種來源不同、彼此無法化約的因素所組成；我們也認爲價值規範體系不可能存在一種普遍有效、層次井然的安排，而是呈現百花齊放、各自言之成理的多元面貌。既然如此，

則那些無法相互化約的價值（如自由、平等、博愛、正義、眞理、崇高等等）就只是相對有效的價值，不是普遍、絕對有效之理念。而所有的價值命題或規範性主張，也都要看是由什麼人、在什麼情境下所提出。它們彼此之間無法區辨對錯高下，每個命題都具有相等的效力，因此我們必須一律尊重寬容。「這是我的想法，那是你的想法，我們想法不同，也不能強迫對方接受。因此你講的也對，我講的也沒錯，我們彼此寬容，不必浪費力氣繼續討論。」——這就是我們時代的思想特色。

讓我舉幾個例子來說明這種「價值相對主義」思考方式的普及狀況。

「少女援交」（少女自願從事性交易以賺取生活開銷所需、或同時體驗各種性經驗的樂趣）是目前相當流行的話題。反對「援交」的人指責這種行爲是無法容忍的罪惡，因爲她們認爲人類不應該出賣身體進行交易，將自我「物化」成他人消費的對象。同時，她們也認爲所謂「自願」行爲的背後，其實存在一個龐大的黑道壓迫力量、以及資本主義式人口買賣的不當商機。可是，贊成「援交」的人卻認爲，每個人都有權利依自己喜愛的方式運用自己的身體，將胴體或性器官拿來做爲換取金錢報酬的工具，跟一個勞工或農民利用雙手雙腳辛苦工作糊口，其實並沒有兩樣。她們也認爲，眞正多元自由的社會，應該尊重從事色情行業者的自主意識與職業尊嚴，不能老是用保守迂腐的眼光醜化、否定妓女與嫖客。

明確「反對」或「贊成」援交的人，都有自己所相信的道德標準，也都願意爲自己的立場與對方辯論；她們並不是價值相對主義者。可是社會上還有另外一些人，他們喜歡把這種事情看成「公說公有理、婆說婆有理」，認爲雙方立場都很正確，絕對不

可能分辨是非。因此他們會迫不及待祭出「多元寬容」的口號，要大家知道「這個世界本來就沒有客觀的真理或道德標準，保守的人可以有保守的看法，激進的人可以有激進的看法，大家都完全正確，不必多費力氣討論」。

目前相當普遍的「非法下載音樂軟體」，也是一個觀察價值相對主義的好例子。對主張查緝非法下載MP3的人來講，這種盜錄行為嚴重違反智慧財產權，對音樂製作產業及流行歌手皆造成無法彌補的損害，因此執法單位應該積極取締。反之，經常非法下載(或甚至大量燒錄販賣)的人則振振有詞地說：音樂光碟定價貴得離譜，演唱者與唱片公司都從中謀取大量的不當利益，因此盜錄者扮演的是俠盜羅賓漢的角色，除了進行自力救濟外，也可以給跨國財團當頭棒喝。當新聞媒體依「平衡報導」原則對雙方的說詞分別引述一番，並成功製造「公說公有理、婆說婆有理」的效果之後，讀者很難不會產生價值相對主義的思惟：反正保護智慧財產權也對、打擊音樂財團暴利也對，大家都有道理，因此偷者自偷、捉者自捉，沒有什麼對錯好說。

最後，讓筆者再舉一個校園裡常見的例子——考試作弊，來闡述價值相對主義的精神。通常，任何學校的校規都明文禁止考試作弊，但學生作弊也從來沒有根絕。每當學生網站爆發「考試作弊應不應該」的辯論時，總會有人替作弊的行為辯解。他們針對別人指責作弊不公平的說法，會反駁「何謂公平？作弊也要辛苦準備才不會被發現，那裡不公平？」他們認為，如果一個老師教學表現平庸，指定功課又極為無趣，那麼學生當然有權利以考試作弊做為對抗教育權威的手段。如果你跟他講校規跟法律如何如何，他會反過來質疑這些文字規範的正當性，強調沒有任何一種法令曾經諮詢他的同意。如果你跟他講程序正義的價值與原

則，他會連同「價值」本身一起推翻。曾經有一位上網者這麼寫著：

> 那妳告訴我什麼叫「對」、什麼叫「錯」，妳會發現妳根本就找不出標準來。為什麼？因為只要是涉及到價值判斷的概念，就沒有什麼所謂「千古不變」的道理。價值是被襯托出來的、是被人決定的。妳覺得它好它就好，妳覺得它壞它就壞，剩下的問題只是共同主觀客觀化而已。……價值判斷的基準根本不存在，那是被權力主體製造出來的。透過專業集團的宣導（如犯罪學、倫理學）與媒體，這個基準就被大眾所廣泛接受，並視為理所當然。……最後的結果就會有像你這樣的一群人跑出來，說：「不要再講了，作弊就是不對」等等之類的。但是你不能說：反正作弊就是不對！

寫這段文字的人完全不避諱被人稱為「價值相對主義者」，因為他認為價值本來就是主觀情緒所建構出來的東西，其效力永遠只是相對的。「作弊不對」是某些人的集體信仰，「作弊沒什麼」是另外一些人的集體信仰。當這兩種價值立場並陳時，價值相對主義者要你承認兩種說法都有道理，因此兩種說法同樣正確，你必須一律寬容，這樣大家才能和平相處。

二、普羅塔哥拉斯的門徒

那些堅持人類行為有對錯標準可言的人，大概會比較同意孔子、孟子、柏拉圖、亞里斯多德的倫理學說。而那些認為對錯是

非沒有一定標準、所有價值立場都出於主觀認定的人，大概會比較欣賞莊子或普羅塔哥拉斯。莊子說：「道惡乎隱而有眞僞？言惡乎隱而有是非？道惡乎往而不存？言惡乎存而不可？道隱於小成，言隱於榮華。故有儒墨之是非，以是其所非而非其所是。」當儒墨各以其所認定的眞理，去批駁（他們眼中）別人的不對處，或以自己認爲「非」的意見，去批判別人之「是」，其實都陷於價值相對的情境而不自知。

同理，希臘智者普羅塔哥拉斯（Protagoras）的名言「人是萬物之權衡，其所是者爲是，其所非者爲非」也傳達了類似的訊息。只不過莊子齊物之論，是要人看破大小、壽夭、美醜、利害，體會「因是」、「兩行」、「以明」、「葆光」等境界；而普羅塔哥拉斯卻是要教人利用相對之論，以追逐名利、成就幸福快樂的人生。據傳普羅塔哥拉斯至雅典開班授徒，保證向他學得辯術的人，必能在法庭贏得訴訟，否則不必繳納學費。某君學成之後，故意不興訟以避繳學費，並揚言如果普羅塔哥拉斯告他而勝訴，則普氏之保證落空（因某君敗訴），他不必交錢；如若普氏敗訴，則他贏得官司，亦不用奉上學費。熟料普羅塔哥拉斯深諳此道，立至法庭興訟並分析道：如果普氏勝訴，則敗方自應負起敗訴之賠償；如果普氏敗訴，則證明普氏教學保證果然有效，對方仍應依約在勝訴後繳納學費。同一件事情，自然有相對的觀點，誰能善用相對觀點以謀人生幸福，就是普羅塔哥拉斯的門徒。

普羅塔哥拉斯的相對主義包含兩種層面，一個是認知上的相對主義（cognitive relativism），一個是道德上或倫理上的相對主義（moral or ethical relativism）。《泰阿泰德篇》（*Theaetetus*）中，蘇格拉底引述普羅塔哥拉斯的學說，說普氏的意思就是：「你我都是人，因此事物對於我就是它向我呈現的樣子，對於你就是它向

你呈現的樣子。」（*Theaet.* 152a）他並且舉「一陣風吹來」為例，說有的人覺得冷，有的人覺得不冷，因此大家的認知有別，完全由各人的主觀感受決定。這種認知上的相對主義，雖然蘇格拉底也試圖一併推倒，但畢竟符合我們認識外在世界的方式，因此一般較少疑問。

　　但是普羅塔哥拉斯的命題也是一種「道德相對主義」。這裡面又可以分成兩點來解釋：第一，「人是萬物的權衡」，如同蘇格拉底刻意點出的，萬物的權衡不是神，也不是豬或狒狒或其他生靈。我們要說這種態度是典型的人文主義立場也好，要說是傲慢的人類自我中心主義也好，反正普羅塔哥拉斯認為「人的主體性」、「人的主觀判斷」在衡量萬事萬物時，扮演了極其重要的角色。第二，「事物向你我呈現的方式」中的「事物」，不僅包括大小、顏色、輕重、冷熱、甜鹹等等，也包括榮耀與恥辱、善與惡、美與醜、公正與不公平等等。當這些具有價值內涵的問題也要依「它們如何向你我呈現」而決定時，所有倫理道德都會變成相對的判斷。

　　那麼，倫理學意義上的相對主義是否可比照認識論上的相對主義，視為某種與「實在論」相對立、為現代人普遍同意的立場呢？我們發現：由於每個人對「倫理相對主義」（或逕稱之為「價值相對主義」）的定義不盡相同，因此從最溫和的立場到最極端的立場，會產生不同的效果，獲得不同程度的支持。所謂「最溫和」的立場，指的是類似各民族禮俗規範不同的情形，大家多半既能瞭解，也支持其相對存在的意義。但是「最極端」的價值相對主義，則不僅認為任何價值命題的有效性應該相對於特定的個人觀點（或文化、時代、地區、概念架構），而且還主張所有的價值觀點同樣真實有效，永遠不可能排定高下或進行理性溝通。通

常西方哲學界對「相對主義」的界定都傾向於中間位置，強調其「相對性」與「無法通約共量」，但即便如此，願意承認自己為相對主義者仍為數不多。在普羅塔哥拉斯之後直到二十世紀之前，對「相對主義」標籤無所畏懼者唯有尼采。

無論就認識論上的相對主義或倫理學上的相對主義而言，尼采都發揚光大了普羅塔哥拉斯的教誨。他的反本質主義以及觀點主義（perspectivism）是如此直接了當，使我們根本不必懷疑他會如何看待價值世界的問題。尼采說：

> 一個物件的屬性，就是它加諸其他物件的效果。如果把其他物件移除，此一物件即無屬性可言。換言之，沒有其他物件就不會有此物件。無所謂「物自身」。過去人們假定物件皆有其本質構成，不受詮釋及主觀性所影響，這其實是相當愚蠢的想法。它等於假定了詮釋與主觀性無關宏旨，假定一個物件在擺脫所有關係之後仍然是一個物件。

尼采的學說讓我們回想起希臘早期的智者。智者不像蘇格拉底或柏拉圖那樣相信本質主義，也不像他們那樣主張倫理道德的客觀主義。安提芬（Antiphon）曾說：「城邦的法律是人為強加的，絕大部分依法而行的正義之舉，其實都違反自然。」塞拉西馬可斯（Thrasymachus）更是赤裸裸地宣示：「無論在什麼地方，正義都是強者的利益。」尼采比他們更有哲學天賦，他不關心城邦與法律的權力問題，只在意一個人能否看穿基督教倫理體系的虛偽性與奴隸性，創造出自己的價值體系，以超越於世俗善惡標準之外。

在尼采之後，西方的倫理思考方式逐漸進入一個嶄新的階段。人們無法輕易接受上帝的誡命，也不願繼承啓蒙運動以來的理性主義。取而代之者，乃是各式各樣的價值多元主義、建構主義、相對主義、虛無主義。這些思想的淵源可以上溯希臘，而在某個意義上，懷抱此類想法者皆可謂普羅塔哥拉斯的門徒。

三、多元論者必然主張相對主義嗎？

在敘說價值相對主義的系譜時，無可避免會碰觸到一大堆跟相對主義有關的概念與論點，譬如多元主義、虛無主義、主觀主義等等。對凡事不求甚解的人來講，這些概念似乎沒有什麼分別。因此，當一個人肯定了現代社會各種信念、學說、價值觀並存的現象之後，他可能很自然地認爲這些信念、學說、價值觀都是相對有效的。他認爲沒有任何一種學說、一組信念或一套價值觀能夠具有普遍性，爲全人類所共享。而在解釋這種現象之所以出現的原因時，他可能會訴諸主觀主義的說法，認爲所有的信仰或規範性主張都是個別行爲者主觀認定的結果。如此一來，多元主義與價值相對主義幾乎變成同一件事，而主觀主義則與前兩者有著邏輯上的必然關聯。如果一個人因爲價值多元並陳、莫衷一是，而進一步懷疑有任何眞實無妄的信念或價值存在，變得凡事無可無不可，那甚至還可扣連上虛無主義，使多元、相對、主觀、特殊、虛無等統統混爲一談，打成一片。

然而，對哲學稍有涉獵的人，都知道實情並非如此。因爲多元論相對的是一元論，相對主義所對應的是絕對主義，主觀主義的相反詞是客觀主義，特殊主義的對立面是普遍主義，而虛無論的眞正敵人是實在論。它們各有所主、各有所對，雖然每一組都

可能跟另一組產生關聯，但絕對不是一對一的簡單對應關係。換言之，並不是「一元—客觀—絕對—普遍—實在」組成一隊，而跟「多元—主觀—相對—特殊—虛無」形成針鋒相對之局。舉例來講，許多西方的多元論者（如Isaiah Berlin與John Gray）就經常強調他們既不是相對主義者，更不是虛無主義者。但是，這種「脫鉤」的情況究竟如何可能？

在回答這問題之前，讓我們先簡單說明每一種學說及其對立面的大要，以免觀念上始終無法切割處理。

一元論者相信世界或宇宙的本源為一，或者說，可以由單一的元素或力量加以解釋，不管這個元素是早期哲學家所說的火、水、土、氣，或是中世紀神學家所相信的上帝，或是現代思想家所臆測的「絕對精神」、「辯證法則」、「原子」等等。相反地，多元論者認為世界或宇宙的本源不是「整體不可劃分的太一」，而是由諸多元素或力量共同構成，這些元素彼此無法化約、無法衡量高下、也無法納入一個和諧的層級系統。更糟糕的是，如同柏林所言，它們甚至可能彼此衝突。

運用到倫理學上，一元論者相信諸多價值（如正義、真理、至善、崇高、自由、博愛等等）可以構成一個和諧的體系，宛如金字塔一般由下而上堆砌到最高的某個價值。當任何兩個價值衝突時，皆可排出先後次序，或由更高一層的價值予以包容化解。相反地，多元論者認為各種價值或價值體系之間無法全然調適，也無法排定優劣順位。當我們追求其中一種價值時，往往意謂著必須犧牲其他價值。因此，價值多元論就像韋伯所說的多神爭逐之局，我們若供奉了這座神明，就等於得罪其他神祇。

絕對主義與相對主義的對比，跟上述情形有些差別。絕對主義相信某種（或某些）價值是絕對有效的，並不會因為時間、空

間、前提條件或表現樣態之不同而有差別。相對主義則認為任何信念、學說或價值體系之所以成立，是因為某些相應的條件剛好配合，因此所有價值規範的效力其實都是相對的——不管是相對於特定的個人、社會、文化，或是歷史階段、概念架構、語言脈絡等等。舉例而言，蘇格拉底認為「正義的心靈遠勝於不正義的心靈」這個命題應該具有絕對必然的效力，他不相信雅典人所想的會跟斯巴達人不同。然而當時的辯士就會說：「斯巴達人認為女人赤膊操練或四處行走沒什麼問題，愛奧亞尼人則大驚小怪。斯巴達人認為小孩不必學音樂與文藝，愛奧尼亞人則認為一個人怎麼可以不懂音律文字。」蘇格拉底認為各種價值皆有不變之本質，辯士認為價值是隨著談論者所在的社會而異。

正因為相對主義者主張，價值本來就會隨著個人觀點或社會脈絡之不同而不同，所以他們接著也主張「所有信念、學說、價值體系都一樣好」，不存在任何超越的、特別突出的信念或價值體系，可宣稱具有優越性，或可用以評斷其他信念或價值體系之是非。從這個意義上講，價值相對主義必然也是特殊主義，亦即認為「任何價值體系皆為特定脈絡下的產物，只對特定的人群社會有其意義」，而不會接受「世界上存在某種共通有效的價值系統」的普遍主義宣稱。

那麼，價值相對主義也跟「主觀主義」有必然的關聯嗎？或者反過來問，價值絕對主義或普遍主義跟「客觀主義」有必然的聯繫嗎？這倒未必。

所謂價值的主觀主義，是認為「人們對某件事做出道德判斷時，並不代表這件事客觀上真的如何如何，而只表達了當事人對該事物的感情或好惡」。換言之，價值判斷的根據是一個人主觀的情感、情緒或欲望，而不是被判斷的事物「客觀上」就帶有任

何「好」、「壞」、「善」、「惡」、「美」、「醜」的屬性。休姆是眾所周知的道德主觀主義者，他認為事實與價值是兩碼子事，「張三殺人」是一個事實，但是「殺人很可怕」則是一個價值判斷。「殺人」本身無所謂可怕不可怕、無所謂對錯，會把「殺人」連結上「可怕」、「不對」的價值判斷，是我們主觀的好惡感受。我們喜歡一件事，就說它是「好」或「美」的；討厭一件事，就說它是「壞」或「醜」的。其實該事物本身「客觀上」並沒有好壞美醜可言，它之所以變成美好或醜惡，主要是我們的情緒反應所造成。

相對地，價值客觀主義者會認為，某件事之所以會被我們形容為美好善良，是因為該事物本身就具有美好良善的屬性。這種屬性在客觀上就會引起我們的喜愛或崇敬，並不是我們單方面的主觀情緒造成。同理，如果我們說「抽菸有害健康」，這也是因為「抽菸」事實上就會對身體健康產生不良影響，不是我們「喜不喜歡抽菸」就能改變的。

既然如此，價值主觀主義照說很容易就會得出價值相對主義的結果，因為每個人主觀的感受不同，對同一事物自然會形成不同的價值判斷，而且這些價值判斷之間並沒有客觀的標準可以衡量。但是，主觀主義並沒有像上述推理那樣與價值相對主義發生必然關聯。以休姆為例，他雖然主張價值判斷來自人們主觀的情感，但是由於習俗對整個人群發揮了型塑道德判斷的力量，因此大家主觀的好惡仍有可能趨於一致，不致出現某甲認為「張三殺人很殘忍」，而某乙認為「張三殺人很正常」的差異。也就是說，主觀主義並不必然帶來分歧多元的觀點，也不必然使得人們認為道德判斷毫無標準。它只是說明了價值判斷的起源，並不涉及價值判斷的有效範圍，以及共通標準是否存在的問題。

　　最後，讓我們回來解釋多元主義與價值相對主義如何脫鉤的問題。

　　打從柏林開始，價值多元論者就沒有否認世界上存在著某些客觀有效、值得讓人接受的價值，譬如自由、正義、博愛、寬容等等。他們也承認世界確實存在著某些客觀上極不可取的罪惡，如濫殺無辜、劫掠、奴隸制度、亂倫等等。多元主義只是認為諸多良善的價值之間無法排出一個層級秩序，甚至可能矛盾衝突，從而迫使我們必須有所取捨；但是它並不主張所有的價值信念都只有相對的效力，更不同意是非善惡美醜毫無分判的可能。一個多元主義的社會，可以讓主張市場經濟的人與主張共產主義的人和平共存，並且認為這是健康正常的現象，但它不會同意主張種族仇殺的人有完全的言論自由。「諸善之間無法權衡高下」固然是多元主義的立場，但是這並不等於「善惡之間也無法權衡高下」。

　　多元主義者將這些「無法共量、但客觀有效」的價值，視為人類社會正常運作的起碼基礎。他們或者稱之為「普遍的最低限度要求」（universal minimum），或者稱之為「最起碼的共同基礎」（minimum common basis），又或者稱之為「自然法的最小限度內容」（minimum content of natural law），但不管名稱如何變化，其涵義則一。由於多元主義用這個方式為人類共同價值保留了一小塊餘地，因此它與普遍主義可以相通，與價值相對主義有所區隔。同時，又由於多元主義堅信某些價值客觀有效，因此它與客觀主義及實在論也能相容，反而與主觀主義及虛無主義格格不入。當代西方多元主義者所努力釐清的，正是他們與相對主義者、虛無主義者的差別。只不過這些細微的差別，到了凡事不求甚解的台灣社會，全都籠統混為一談了。

四、追求人世間的普遍價值

台灣社會把多元主義與相對主義混為一談，注定要付出許多代價。代價之一，當然是經常搞不清楚每個人究竟在講什麼。一個政客既可以信誓旦旦說要「努力創造一個符合公義理想的多元社會」，也可以在媒體揭發其貪污事實時輕鬆地回應「每個人都可以有他的觀點，有人認為這是貪污，有人認為不是，其實是不是貪污，還有很多討論的空間，恐怕沒有單一的標準。」大家原本義憤填膺，聽他這樣「多元」、「相對」、「寬容」等一堆概念攪和一下，也變得不知道該不該「獨斷地」要求他下台。如果我們仔細想一想，就會知道類似這樣的言論，只是假借了多元寬容的外衣，掩飾了價值相對主義的內涵。而一個多元主義的社會，其實是不會教我們寬容貪污的罪行，更不會說貪污與清廉之間完全沒有分判的標準。

然而還有一個更大的代價，才是本文真正關切的所在。那就是，隨著相對主義思惟方式逐漸盛行，我們正一步步走向價值虛無主義的深淵。所謂價值虛無主義，指的是根本不相信存在任何道德真理的心態。所有的倫理行為或道德論述，在虛無主義者看來，都是沒有意義、自以為是的表演，它們最多只能滿足行為者潛藏的權力欲望，卻不能證明道德事物的存在。由於虛無主義者對道德真理採取全盤否定的態度，因此他們完全不受任何道德推理形式的拘束。他們既可以用犬儒的態度嘲諷那些想要爭取公道的人，也可以玩起各種相對主義的論證遊戲，譬如在你批評當政者胡作非為時，安慰你天下烏鴉一般黑；或是今天慷慨激昂說自己是最值得信賴的領袖，明天突然講起治理天下必須撒謊的大道

理。虛無主義者心中沒有信念，也想把所有人都變成沒有信念。

如果我們回顧台灣過去半個世紀來的發展，就會發現這不僅是一個由威權獨裁走向自由民主的歷程，也是一個由充滿理想與信念的時代走向價值幻滅時代的過程。當國民黨政權以各種恐怖手段鎮壓自由民主運動時，異議分子雖有牢獄之災及死亡威脅，但對於未來始終抱持著希望，堅信憲政民主與自由人權終將突破重重封鎖，終結獨裁者的統治。然而，當一切美好的遠景彷彿逐步實現之際，我們卻陷入了一個始料未及的困境。我們突然發現政治雖然民主化了，但政治人物的腐敗及虛偽令人難以忍受；社會雖然多元化了，但商業邏輯驅動下的媒體全無專業倫理堅持；經濟固然更加自由化了，但物質主義的強勁逆流也徹底改變了質樸淳厚的民風。台灣社會在自以為多元開放的過程裡，不自覺地放棄過去追求的理想，轉而讓價值相對主義的鬼魅附身，以最粗俗廉價的方式，覆誦著虛無主義的語言。

此一社會整體情境之轉變，涉及諸多原因，非筆者所能詳述。然而本文試圖指出：人們誤以為價值多元等同於價值相對，並輕率否定普遍判準的存在以及理性溝通的必要，殆為整個時代精神沈淪的主因之一。我們沒有西方多元主義的傳統，因此在後現代思潮盛行的時代中，毫不猶豫地襲用了價值相對主義的思考與表達方式。知識分子趕流行般地批判人類理性能力，拒斥任何普遍主義及客觀主義的宣稱，玩弄起各種標榜解構與顛覆的語言遊戲。而一般大眾則亦步亦趨，迷失在政客與媒體所構築的謊言世界裡。當人們終於從迷惑困境中覺醒過來，其失望、悔恨、憤怒之情乃輕易將之引導至「凡事皆無不可」的虛無心境之中。

持平而論，價值相對主義並非一無可取。譬如它主張「倫理規範與價值系統隨人群社會、歷史文化、語言脈絡而異」，基本

上是正確的觀察。但是當它斷言「所有規範因此皆只有相對、局部之效度」，則是一個無法由前述主張自然推導出來的命題。蓋人間價值系統雖然來源不一，組織形態也各有特色，然而我們不能先驗、獨斷地論定它們彼此之間毫無相同或類似的成分，使普遍價值全無蹤跡可尋。舉例而言，關愛親人、追求公道、抗拒壓迫、譴責濫殺無辜等，即為普世承認之價值。它們的具體表現方式容有差異（如西方社會以擁抱親吻示愛，東方社會常以犧牲代勞表之），但並不影響該價值原則之普遍效度。抑有進者，原本各人群社會或文化傳統固有之價值，在今日交流機會日增的情況下，也產生了相互刺激、彼此學習的變化。未來雖不至於出現「全球價值系統一致」的景象（這種景象抹煞多元差異，殊不可取），但也絕不至於永遠陷於杭廷頓所謂「文明衝突」之情境。過早否認普遍價值的可能性，本身即是獨斷的行為。

價值相對主義為人所詬病者，不僅在於斷言凡事必屬相對有效，更在於主張凡事皆無法分辨好壞善惡，也無法藉由理性溝通的方式尋找分辨標準。然而，誠如筆者上文所言，世間價值雖屬多元，但並非毫無限制，以致良窳不分。事實上，人類以其特有之理性能力，不斷試圖建立真理與是非的判斷標準，也不斷檢討批判已建立的判斷標準。理性縱然無法保證解決一切紛爭，卻是文明社會溝通歧見、促進瞭解的重要憑藉。價值相對主義否定理性的溝通作用，讓所有規範體系及個人信念，變成非理性的情緒好惡或集體習性之禁臠，其實對於文明累積與人類和平相處毫無助益。

目前台灣社會的亂象眾多，有人歸諸政黨惡鬥、有人歸諸媒體煽風點火；有人歸咎於國家定位不明，有人歸咎於社會分配不均。這些說法各有其道理，但就「思想」層面而言，亂象之根源

殆為價值相對主義之盛行。如果我們不認真理解多元社會的真義、不堅持追求普世價值的理想，不善用理性思考的能力，不珍惜人類文明的精神遺產，我們不會有值得期待的未來。德國哲學家卡爾‧雅斯培（Karl Jaspers）曾在1930年代初期寫下《當代的思想狀況》一書，他說：「當代狀況既是過去發展的結果，又顯示了未來的種種可能性。一方面，我們看到了衰落和毀滅的可能性；另一方面，我們也看到了真正的人的生活就要開始的可能性。但是，在這兩種互相矛盾的可能性之間，前景尚不分明。」當前台灣的狀況同樣是「前景尚不分明」，但是如果筆者的分析成立，我們的希望在於去除價值相對主義的思考，重新認真探求普世價值。

江宜樺

台灣大學政治系學士、碩士，美國耶魯大學政治學博士。曾任中央研究院社科所助研究員，現為台灣大學政治學系教授。曾參與創辦《政治與社會哲學評論》，並擔任主編。主要研究領域為西方政治思想史、當代政治思潮、自由主義、民主政治、國家認同等。著有《自由主義、民族主義與國家認同》、《自由民主的理路》，編有《政治社群》、《現代性與中國社會文化》、《華人世界的現代國家結構》、《公共領域新探》等書。目前的研究興趣為中西政治思想會通的基礎。

怨恨的共同體，台灣[*]

汪宏倫

一、導言：共同體爭議當中的情緒問題

　　2003年4月，嚴重急性呼吸道症候群（SARS）肆虐台灣，造成台灣社會前所未有的震撼與恐慌。同年5月，台灣參與世界衛生組織（WHO）的努力[1]，第七度在日內瓦鎩羽而歸，原因不外乎是中共再次強力阻撓。這個結果，雖然已在預料之中，但在SARS疫情的推波助瀾下，舉國上下無分朝野，都難掩憤恨或遺憾之情。尤其，中共官方代表在會中誆稱中國已善盡照顧台灣之責、

---

* 本文原以「現代共同體當中的怨恨心態：對「台灣經驗」的初步反省」為題，發表於「重建想像的共同體：國家、族群、敘述」國際研討會，2003年12月20-21日，台北，國家圖書館。並收入會後出版的《重建想像的共同體：國家、族群、敘述》一書（行政院文化建設委員會，2004）。今應《思想》之邀，修改刪節後發表，供更多的讀者參考。

1 嚴格來說，台灣所試圖申請的是以觀察員身分加入「世界衛生大會」（World Health Assembly, WHA），而非「世界衛生組織」（World Health Organization, WHO）。但由於WHO較WHA更為知名，一般輿論常將台灣加入WHA的嘗試，理解（誤解）為「加入WHO」。本文為了讀者理解方便，亦以「WHO」稱之。

兩岸衛生醫療交流渠道暢通、台灣沒有資格加入以主權國家為主
體的世界衛生組織,並在會場外厲聲斥責台灣媒體記者等等。這
些言論與畫面透過媒體報導,在台灣觀眾看來,心中自然不是滋
味。許多政治人物、學者專家、以及媒體輿論,紛紛對這件事情
發表看法。立場較為極端的,嚴詞譴責中共的蠻橫打壓;立場較
為溫和的,也對中共阻撓台灣加入世界衛生組織的做法感到無奈
不解,無法苟同。

　　台灣加入WHO的努力再度受挫之後,陳水扁總統即公開發表
談話,表示要用公民投票的方式來加入WHO。對於這個決策背後
的思維,當時的總統府秘書長邱義仁說是因為「我們火大了」,
所以「要用最平和、民主的方式,讓中共感覺台灣的意志」[2]。
SARS影響台灣社會甚鉅,然而台灣加入WHO不但再度受阻,甚
且遭到中共官員的謊言虛飾與蠻橫對待,許多人自然覺得嚥不下
這口氣。邱義仁對媒體公開表示「老共太可惡了」、「我們火大
了」,可說相當傳神地反映了決策者的心理狀態。官方立場尚且
難以克制情緒,民間的情緒性反應自不在話下。有些立場鮮明的
報紙,連「萬惡共匪」、「野獸國家」這樣的字眼都出籠了[3]。
從這些反應與措辭,我們可以清楚感受到一股溢於言表的共同情
緒,差堪用「憤怒」、「不滿」乃至「仇恨」來形容;然而,
「憤怒」、「不滿」與「仇恨」,僅是這些情緒的表象;潛藏在
背後的,更是接近一種尼采所描繪的「怨恨」(*ressentiment*)的心
理狀態。

　　台灣的國族／族群政治當中,充滿了複雜糾葛的情緒問題,

2　《中國時報》2003/6/3,第2版。
3　《自由時報》2003/5/23,第19版。

過去也曾有論者借用尼采的「怨恨」（或譯「妒恨」）概念，嘗試加以剖析[4]。無論是指責他人或自我反省，這些文章都明確指出：台灣的「本省族群」與「外省族群」，在歷史上的不同時空當中，或多或少都懷有「妒恨」的心理情緒。這種彼此妒恨的心理，一方面強化了（狹隘的）族群民族主義的興起，一方面加深了族群之間的猜疑與不信任，因此也有礙於自由民主政治的發展，乃至一個健全的公民社會（civil society）或共同體意識的形成。然而，正如筆者過去曾經指出，台灣的國族問題，尤其在1990年代之後，有很大的一部分，並非（或並不止於）存在國內場域的族群政治當中，而更必須放在國際／全球的脈絡下來看。如果台灣的國族政治當中，有顯著的情緒（乃至「妒恨」）問題需要處理，那麼，這個問題也必須放在全球／國際的脈絡中來看，才會顯得更加清楚。

過去一般討論「怨恨」，多祖述尼采的《道德系譜學》，但事實上，真正對「怨恨」進行系統性的現象學與社會學剖析的，首推德國思想家馬克斯‧舍勒（Max Scheler）。今人多識尼采而不識舍勒，毋寧是一大缺憾。本文的主要論點，主要得自舍勒〈道德建構中的怨恨〉一文的啟發。以下將以舍勒的理論為基礎，考察台灣在全球與國際的脈絡的怨恨心態如何形成，而其後果又是展現在哪些具體事例上。在取材上，本文將從大眾媒體當中所呈現的國族論述，來分析瀰漫在台灣社會當中的怨恨心態。這裡所

4　參見趙剛，《告別妒恨：民主危機與出路的探索》（台北市：唐山出版社，1998）；張茂桂、吳忻怡，〈關於民族與民族論述中的認同與情緒─尊重與承認的問題〉，收於林佳龍、鄭永年編，《民族主義與兩岸關係：哈佛大學東西學者的對話》（台北市：新自然主義股份有限公司，2001），頁147-80。

稱的「國族論述」，指的不單是對政治上的「統」、「獨」立場的表述，也不限於有關認同的爭辯，而是泛指所有與「共同體的想像」有關的論述。

二、怨恨的現象學與社會學分析

在其名著《道德系譜學》當中，尼采指出「怨恨」是奴才對主子的羨妒與憤恨，反映的是「獸群」的本能。對於弱者來說，順服、憐憫、謙卑，是他們生存必要的德行，但是他們並不願承認自己是懦弱無能的，反而將這些德行加以美化、絕對化，將之視爲普遍的道德標準。尼采認爲，基督教的道德強調「溫順」與「博愛」，基本上是一種價值的翻轉，是弱者出於怨恨心態而用「奴隸的德行」來取代「主人的德行」，以弱者的哲學來顛覆強者的哲學。這樣的道德卻成爲主導歐洲社會的主要力量，在尼采看來，正是西方文明傾頹的表徵。

舍勒承續尼采這個知名的論題，但是作了相當程度的修正與批判。舍勒同意尼采的是，當今我們所處的世界，的確是一個價值體系被翻轉過來(transvaluation of values)的世界，而這個價值的翻轉或位移，的確是基於怨恨心態而產生。和尼采不同的是，舍勒對怨恨作了一番更爲深入的現象學與社會學分析，而他對現代社會價值顛覆的起源，和尼采也有不同的看法。

首先，舍勒在其德文原著當中，踵尼采之後，保留了「怨恨」的法文 *"ressentiment"*，原因在於他認爲德文當中，找不到可以相對應的字眼來翻譯。舍勒認爲，法文 *"ressentiment"* 包含了兩個意思，是德文現有詞彙無法兼容並蓄的：第一，*"ressentiment"* 指的是對他人產生情緒性反感的一種反覆體驗與咀嚼。這種情緒

的反覆咀嚼，深化到個人的人格核心當中，但卻同時從行動與表達的範圍當中移除；換句話說，這種情緒，類似於一種「下意識」（sub-consciousness），行動者本身未必意識到這種情緒的存在，但情緒本身則是在內心當中被一再反覆經驗咀嚼。其二，這種情緒本身是負面的，含有敵意的動能。它是一種隱忍未發的憤怒，獨立於自我活動之外，最終以恨意或仇敵情緒一再湧現。「怨恨」本身並不蘊含特定的敵意，但是它卻足以滋養一切可能的敵意。怨恨本身算不上是一種情緒，而是一種足以產生恨意與敵意等種種情緒的心態[5]。

怨恨雖不是一種情緒，卻是導因於某種情緒性的負面反應，因此必然牽涉到反應的對象，不過此一對象並不限於單一或特定的人或事。舍勒本著現象學的方法將「怨恨」予以還原，藉此區分怨恨與和其他情緒或情感的不同。「怨恨」與一般常見的「惱怒」、「憤怒」不同，一個人如果被激怒，可能會在當下以言語

5　由於舍勒本人對於保留 "ressentiment" 的法文原意十分堅持，因此有關此字的中譯，也值得斟酌。"ressentiment" 曾有「憤懣」、「怨懟」、「妒恨」等不同中譯，國內研究舍勒的學者江日新過去將之譯為「憤懣」，其後又改為「憤恨」；劉小楓所選編的《舍勒選集》當中，則一律將之譯為「怨恨」。「怨恨」比起「憤懣」未必更佳，但是由於《舍勒選集》是當前舍勒作品中譯所選與流通最廣泛者，本文寫作亦頗多參酌，因此此處從其「怨恨」之翻譯，不再另創新詞。不過，讀者必須牢記在心的是，一般中文語境下的「怨恨」，並無法涵蓋舍勒使用 "ressentiment" 的兩種含意，而本文所稱的「怨恨」，都應當回到 "ressentiment" 的脈絡下來理解，而非一般習語所稱的「怨恨」而已。事實上，台語當中有「怨妒」一詞，差堪兼容並蓄舍勒所稱的兩種含意，讀者不妨將「怨恨」當「怨妒」想。有關此字翻譯之討論，參見江日新，《馬克斯·謝勒》（臺北市：東大出版，1991）；〈阿Q之怒：失序的價值重估與自我毒化的自欺〉，《中國文哲研究集刊》，15（1999）：155-98。

或肢體做出反應，甚至加以回擊。但是，怨恨的人卻非如此。這牽涉到怨恨的兩個組成要素，即「報復衝動」與「無能意識」。在怨恨者心中，報復衝動與無能意識是相結合的；一個人如果有能力反擊，在當下「以牙還牙、以眼還眼」，就沒有必要怨恨。只有在缺乏反擊能力，而必須隱忍或延遲心中的報復衝動時（「來日方長」、「走著瞧吧」、「君子報仇，三年不晚」），怨恨才會產生。

另一組與怨恨相關的情緒是「嫉妒」與「競爭慾望」（狂熱、渴求）。前面提過，怨恨是一種對外在環境或刺激的反應，這些刺激，有的是遭受來自他人的攻擊或侮辱，有些則是來自對他人所有之物的覬覦或比較：「他的東西原本應該是屬於我的」、「我也應該擁有與他相同的東西（財富、地位、名聲、權力等）」。由於「比較心」而產生嫉妒渴求，卻無法在現實當中達成願望，「怨恨」的心理也會油然而生。

因此，舍勒指出：「報仇心切的人將自己的感情訴諸行動，進行報復；懷恨的人傷害對手，或至少向對手說明『自己的看法』，或只在其他人面前屬聲責罵他；嫉妒者見財眼紅，拼命想要通過勞動、交換、犯罪或強力把財富弄到手；這些人都不會陷入怨恨。」[6] 舍勒這句話只說了一半，另外一半的條件沒有完全說出來：報復者或嫉妒者，必須讓「報復衝動」或「嫉妒欲求」獲得滿足（例如，對手已經遭到應得的報應、或是羨妒的財富、名聲、權位已經到手），否則，「怨恨」還是有可能在報復者或嫉妒者的心中萌芽滋生。

---

6 舍勒著，羅悌倫譯，〈道德建構中的怨恨〉，收於《價值的顛覆》（香港：牛津大學出版社，1998），頁8。

　　界定了怨恨之後，舍勒提出了一個重要的社會學命題：「當某一群體的政治、憲政或傳統所賦予的地位，與此一群體的實際權力關係之間的落差越大，怨恨的心理爆炸威力就會越大。」[7]因此，在一個等級森嚴的社會制度中，怨恨發生的可能性較小；相反地，在一個社會流動性高、人人都有「權利」與別人相比、但事實上卻又不能相提並論的時候，這樣的社會結構，必然會聚積強烈的怨恨。簡單地說，怨恨的社會學條件可歸爲兩個因素，一是個體或群體之間在「理論（理想）上」的「可比較性」（comparability），一是兩者在「實際上」的不平等，亦即理想與現實之間存有難以彌補的落差。

　　上述的社會學條件，只能說是滋生怨恨的充分條件，而非必要條件。舍勒指出，不同的人對於這樣的社會情境，會有不同的反應。在此，有必要進一步討論舍勒的價值哲學或「存有倫理學」[8]。簡要地說，舍勒認爲世界上存在一客觀的實質倫理體系（有別於康德的「形式主義倫理」）[9]。對舍勒來說，人的存在，其實是建立在一套「價值比較」的意識之上。「高貴者」（the noble）對於其自我價值具有一種質樸、未加思索的含混意識，他能夠完滿地肯定自己，因此無時無刻不感受到自己的存在。反之，「庸

7　Scheler, *Ressentiment*（Milwaukee: Marquette University Press, 1998），p. 33.

8　參見江日新，〈阿Q之怒：失序的價值重估與自我毒化的自欺〉；劉小楓，〈怨恨社會學與現代性〉《香港社會科學學報》，4（1994）：頁128-52。

9　舍勒完整的價值學說與其對康德倫理學的批判，參見Scheler, *Formalism in Ethics and Non-Formal Ethics of Values: A New Attempt toward the Foundation of an Ethical Personalism*（Evanston: Northwestern University Press, 1973）.

俗者」(the common)必須不斷地藉助「價值攀比」，藉由不斷比較的過程，才能衡量自己，知道自己（在存有的價值體系當中）的位置是「高」還是「低」。在這些必須不斷進行「價值攀比」的「庸俗者」當中，依其精力的強弱，又可以區分為兩種類型。那些精力強盛的，可稱為「汲汲營營者」(arriviste)，他千方百計追求權力、名聲、財富、榮譽等，目的並不是肯定這些事物本身的內在價值，而只是為了要證明自己「高人一等」，藉此來肯定自己。至於那些精力羸弱、無法證明自己「高人一等」的人，就很容易成了怨恨者。

舍勒較尼采尤進一步，將怨恨何以能夠產生「價值位移」或價值顛覆，作了更清楚的解說。處在怨恨心態當中的人，是沒有辦法形成真實或正確的價值判斷的。「怨恨」和「無能」總是連結在一起；怨恨者無法像「汲汲營營者」那樣精力充沛，透過不斷向上攀比來肯定自己；他只能透過錯覺或假象來肯定自身的價值。這時候，舍勒所稱的「價值位移」(value shifts)或「價值顛覆」(transvaluation)就容易發生。

舍勒引用了伊索寓言當中著名的「酸葡萄」心理，來說明怨恨所產生的價值位移與顛覆。狐狸因為跳得不夠高（無能），吃不到樹上的葡萄，所以只好說「葡萄是酸的」來自我安慰。因為渴求不得，所以貶抑所欲之物的價值，這是一種怨恨心態的反映。但是，如果只是貶抑可欲之物的價值，還算不上價值的偽造或顛覆，僅能說是價值的一種位移。狐狸僅是說葡萄是酸的，但並未說甜的是不好的。但是，在價值偽造或價值顛覆的情況中，酸與甜的價值被顛倒了：酸被認為是好的、可欲的，甜被認為是不好的、不可欲的。換言之，世界的「價值圖表」，被頭下腳上一般地反轉過來了。在中文世界當中，一個差堪比擬的例子是魯迅筆

下的知名人物──阿Q。阿Q打不過嘲笑他癩痢頭的閒人，先是說「總算被兒子打了」，後來說「人打蟲豸」，到最後索性以「第一個能夠自輕自賤的人」來獲得滿足。他在現實世界中一再挫敗、一再發怒，但是在一怒、再怒、三怒之下，透過價值的顛覆，最後的勝利總是屬於他的[10]。

　　無論是價值位移或價值顛覆，怨恨者並不是刻意在撒謊。當阿Q說「兒子打老子」、或是狐狸因為吃不到葡萄說葡萄酸的時候，他們是「真心誠意」地這麼想著的。由於具有這種價值顛覆或「偽造價值圖式」的作用，怨恨可說是一種具有明確前因後果的心靈自我毒害（self-poisoning），可以存在於個人心理，也可以存在於集體、社會、乃至一個文化當中。從這個角度來看，怨恨不是或不只是一種情緒的反應而已，它不會隨著單一特定誘因的消失而消失，而是長期累積形成的一種生存心態，反映著人與人之間的共在關係[11]。

　　舍勒對怨恨心態的分析，雖然承襲自尼采的知名論題，但和尼采大相逕庭的是，舍勒認為現代社會的價值翻轉並非來自基督教，而是來自中產階級；也因此，舍勒認為現代西方社會當中的價值翻轉，並非起源於基督教誕生與支配的前現代時期，而是起源於現代。舍勒更進一步，認為整個現代社會的問題癥結，乃在於中產階級的怨恨本身。舍勒將現代性的癥結歸諸中產階級的怨恨，主要得自上述關於怨恨的社會學命題。從這個命題出發，舍勒指出，尼采把現代社會的價值翻轉，歸因於猶太人的怨恨與基督宗教的道德，完全是把歷史搞錯了。事實是：現代社會產生了

10　參見江日新，〈阿Q之怒：失序的價值重估與自我毒化的自欺〉。
11　見劉小楓，〈怨恨社會學與現代性〉，頁137。

一群具有實際資產的中產階級，他們在經濟上的活力與權力，與法律、政治等權利並不相稱，因而埋下怨恨的種子。從十三世紀起，市民道德開始逐漸取代基督教道德，而在法國大革命中臻於頂峰。從此之後，怨恨成為一個重要的決定要素，逐步改變現有的道德秩序。

現代社會當中，因怨恨而導致的價值自我位移，舍勒點名批判的有幾項：普世的人道之愛（humanitarian love）或博愛（benevolence），自我勞動與贏利的價值[12]，價值的主體化（subjectivization of values），以及將效用價值提升到生命價值之上（elevation of the values of utility above the value of life）。舍勒將現代社會——或現代性——的種種問題，以現象學的方法如剝洋蔥一般地層層剝開，發現位於問題最核心的，是一個「怨恨心態」的問題。有關舍勒對現代性的批判，此處限於篇幅，無法深入盡述。我們將在下一節討論台灣的怨恨心態時，擇其相關者簡要討論。

三、台灣的國族困境與集體怨恨

在闡釋舍勒對怨恨的現象學與社會學分析之後，讓我們回過頭來檢視台灣的處境。在本文一開始所舉的例子當中，台灣在SARS流行期間，幾乎得不到WHO的直接奧援，申請成為WHO觀察員身分的努力，又再度被打了回票，並未受到合理的待遇與

---

12 此處云「贏利」而不用一般常見之「營利」，乃因舍勒旨在批判一種類似韋伯所稱「資本主義精神」的價值觀，也就是以透過自我勞動、贏取利潤來證明自我的道德價值（或上帝恩寵）。下文之「贏利欲」亦同。

考慮。媒體輿論的反應當中，「憤怒」與「不滿」是十分可以理解的。但是，如果我們進一步仔細考察，將會發現，潛藏在顯而易見的「憤怒」與「不滿」之下，隱含著一種更深邃複雜的心態，其實正是舍勒所稱的「怨恨」。

　　從社會學條件來說，產生「怨恨」的兩種結構性條件，在台灣都充分具備。一方面，怨恨的主體與被妒羨的客體之間，必須存在著「可比較性」，換言之，被妒羨的客體所佔有的位置，對怨恨的主體來說是有可能達致、或是「應該屬於自己」的。如前所述，如果這兩者之間的差距大到被認為無法彌補，那麼「怨恨」便不容易產生。對台灣來說，被妒羨的客體也許是中國，也許是不特定的對象，但總而言之，是一個可以在國際上被承認、與其他人平起平坐的民族國家的地位。這個地位，對台灣來說，非但不是距離遙遠，而是「近在咫尺」而已──儘管這個「咫尺」似乎是一道難以跨越的鴻溝。無論是國民黨或民進黨主政的中華民國政府，都不斷對內、對外宣稱自己是個主權獨立的國家，它具有任何國家所需的實質要件，所欠缺的只是制度性的支持與承認而已。我們更不用說，1971年以前的中華民國，在國際上被廣為承認，而且具有聯合國的代表席次，是一個不折不扣的「主權（民族）國家」。因此，台灣目前所處的情境，其實很大程度滿足了「怨恨」的第一個社會學條件，也就是理論或理想上的「可比較性」。

　　與第一個社會學條件相關的，是台灣在國際經濟或世界體系當中的「向上流動」，從「邊陲」晉升到「半邊陲」的地位。早年台灣社會的對外關係相對封閉，對國際地位與處境的感受能力較為遲鈍，但是自從1980年代之後，台灣的經濟實力大為提升，「經濟奇蹟」成為足以傲人的成就，台灣在國際舞台的能見度提

高，想要與世界各國平起平坐的「可比較性」也因此大幅提昇。在1980年代以《野火集》而聲名大噪的作家龍應台，近乎氣急敗壞地把台灣描述成「經濟大國」，就是一個活生生的例證。

在一篇寫成於1980年代末期的文章中，龍應台提到持台灣護照在國外旅行，如何受盡各種屈辱，有如此描述：

> 十年來都是這樣受氣受辱的旅行，我持著西德護照的伴侶卻像個優等種族，大部分的國家都對他敞著大門，歡迎他進進出出。持台灣護照的我就像個挨門求乞的浪子，看盡門後的冷臉。十年前，我以為這是世態炎涼，小國就要受人欺負嘛，也是莫可奈何……

上面這段話，很清楚地反映了舍勒說的「可比較性」——西德是「大國」，台灣是「小國」，既然大小懸殊，「可比較性」太低，那就只好認命了，也無所謂怨恨可言。但是十年之後，這位曾經大聲質問「中國人，你爲什麼不生氣？」的暢銷作家，一旦「體認」到台灣其實是個「大國」的時候，她的氣就不打一處上來了：

> 誰說台灣是個「小」國家？論人口，瑞士只有台灣的三分之一；論土地，台灣和荷蘭、瑞士差不多大；論財富，我們比中西歐固然差得滿遠，但是比世界上絕大多數的國家要富有得多。台灣其實是個相當「大」的國家。可是爲什麼我的護照是個令人忽視、不受歡迎的記號[13]？

---

13 龍應台，《人在歐洲》（台北市：時報文化，1997）。

　　因為體認到台灣是個「大國」，所以不能再像以前那樣卑躬屈膝、處處看人臉色。台灣雖然不能躋身強國之林，但至少應該要跟世界其他各國平起平坐，不能總是被當成三等公民來對待。可是，問題來了：實現這個可能性的機會有多大？在此，我們面對了產生怨恨的第二個社會學條件：現實當中難以跨越的不平等。

　　怨恨的第二個條件，在於實際存在的不平等，而這樣的不平等，雖然不被認為是本質的（因此並非不可克服的），但是在現實當中，弭平這種不平等的實際機會，卻是微乎其微、難以獲致。這個條件，在台灣所處的國際情勢當中，也獲得相當大程度的滿足。除了極少數的例外，台灣在所有涉及國家主權的場合——從聯合國到世界衛生組織——可說被全面封殺。筆者過去指出，台灣被系統性地排除在國際制度體系之外，處於「不倫不類」的中界狀態，這種妾身未明的國際地位，導致「國際孤兒」與「從世界地圖消失」的焦慮，正是滋生怨恨的溫床。

　　「不平等」背後，隱含著「理想／理念」和「現實」之間難以跨越的鴻溝。這在台灣，還表現在另外一個面向，那就是「名稱」的問題。台灣過去一向以「自由中國」自居，國民政府的教化體制，也使得中國的認同，得到充分的制度支撐。然而，時至今日，「中國」作為一個意符（signifier），其意指（signified）已被對岸所先佔（preempted），而「台灣」作為一個新的集體指稱的意符，既未得到充分的制度支持，在國際上也受到種種阻撓，使得台灣的政府與人民，僅僅是為了「如何指稱自己」這件事，就得受盡各種挫折，浪費無數精力。在現實主義當道的國際政治中，台灣備受排擠漠視，固不待言，即使在非政府國際組織，或是許多非關政治的場合（例如美展、選美、奧運會、電玩比賽、

網路世界、學術會議等，林林總總，不一而足），「中華民國」
或「台灣」的名號，總是一再被打壓，不是不能出現，就是被賦
予各種各樣的扭曲變形（例如「中華台北」或「台灣，中國」）。
即使當事人總是費盡氣力據理力爭，但終究失敗的多、成功的
少。大部分的時候，只能無奈地發表「嚴正的聲明或抗議」，除
此之外，幾乎可說無計可施。偶有「偷渡成功」的例子，媒體便
會大肆渲染報導，彷彿討到了什麼便宜一般，喜不自勝。一旦中
華民國國旗或國號出現在國外的重要場合，乃至於布希總統一時
口誤，將中華人民共和國誤稱為中華民國，都會被台灣的媒體拿
來當做新聞，沾沾自喜，大作文章，頗有阿Q式「精神勝利法」
的味道。

在這樣的國際脈絡與社會土壤中，怨恨的產生，並不令人感
到意外，而根據舍勒的理論，長期生活在這種環境之下，人們的
道德感與價值判斷，必然也將受到影響。舍勒考察歐洲歷史，發
現怨恨在關涉到價值體系的道德建構的過程中，佔有舉足輕重的
地位；同樣地，如果我們考察中國與台灣的歷史，「怨恨」在形
塑價值體系的過程中，也扮演了十分活躍的角色。從「亞細亞的
孤兒」到「台灣人的悲情」或李登輝所謂「場所的悲哀」，這方
面的論述與分析，我們已經看了太多，此處無須贅述。台灣內部
族群之間所存在著報復衝動，固不待言；至於台灣在對外處境
上，是否存在著報復衝動，則值得細加考察。

從客觀現實來看，台灣在國際社會當中的處境，其實為怨恨
提供了一個極佳的溫床。而中共不留情面的長期打壓，猶如源源
不絕地在這個溫床上施肥，使得怨恨的種子，得以發芽茁壯。而
怨恨，我們從過去的歷史當中得知，經常是國族主義的觸媒或助

燃劑[14]。這是為什麼每到大型選舉，常有論者嘲諷中共是台獨或民進黨的最佳助選員。中共並未直接助長台獨，但是藉由加深怨恨，它使得台獨的訴求更容易獲得共鳴。

總的來說，台灣對中國的報復衝動，由於政治與軍事實力的懸殊差距，在現實當中無法獲得實現的可能，反倒加深了鬱積怨恨能量的可能性。而這些無法發洩的報復衝動，從某些立場鮮明的媒體上面充斥的「仇中」、「反中」、甚至是將中國「妖魔化」等論述，看得十分明顯。這些反中論述，多得不勝枚舉，幾乎可說每天在一些本土化色彩濃厚的媒體上出現，此處無須舉隅闡述。不過，如果我們以為怨恨心態所隱含的報復衝動，只出現在少部分的「基本教義派」，恐怕是個錯誤的看法。事實上，台灣社會當中普遍存在的報復衝動，不是僅限於一小群人，也不是只有在所謂「獨派」媒體才看得到；而所欲報復的對象，不是只有（或不必然是）中國，而是整體來說對台灣並不十分友善的國際環境。僅以SARS事件為例，台灣在SARS疫情爆發、且再度被拒於WHO之前，怨怒之氣，就已經明顯可見。SARS事件初始，WHO漠視台灣的疫情通報，而泰國、新加坡等國又將台灣列入「中國疫區」，《聯合晚報》當時便以「拒絕歧視」為題，發表評論。由於原文不長，而且字裡行間的怨恨心態與報復衝動呼之欲出，因此全文照引如下：

> SARS肆虐，突出了台灣受到國際歧視的現實。WHO
> 不理會台灣的通報，形同在全球防疫網上獨漏台灣；而

14　參見Liah Greenfeld, *Nationalism: Five Roads to Modernity*（Cambridge, Mass.: Harvard University Press, 1993）.

泰國、新加坡把台灣列入「中國疫區」，要求台灣旅客
戴上口罩，更是擺明了異樣的政治對待。檢疫防疫最需
要專業，但台灣面對的卻是最不專業的泛政治化，是因
政治因素而備受歧視。得不到WHO的支援與協助，台
灣的防疫工作必須單獨作戰。但這畢竟是長期壓制下的
無奈，只要台灣仍無法獲得多數國家支持，就根本沒有
籌碼對抗這類國際組織的差別對待。然而，泰、星兩國
平時與台灣交往互動頻繁，縱使沒有邦交，卻也沒有在
危難之際落井下石的重大理由。或許是台灣太習慣委曲
求全，造成「軟土深掘」效應，換來如此不堪的歧視。
但台灣果真沒有籌碼抗拒鄰國這樣羞辱嗎？

　　觀光旅遊的消費，是為該國家地區帶來外匯收入，去
花錢幫忙創造財富，竟然還被視為劣等國家的遊客，是
可忍孰不可忍？難道台灣民眾不能抵制到泰、星觀光旅
遊嗎？這也許根本無關國際政治或國家尊嚴，而是涉及
國民的人格自尊。有尊嚴的國民，至少可以主動拒絕這
種歧視，自發性抵制到泰、星旅遊吧！

　　至於政府，每年多少泰勞引進台灣，每年代訓多少星
國官兵，怎可只是無奈地讓人欺凌？當外交部解釋後要
求回應時，看看這些國家不在乎的態度，政府當局就這
樣軟弱嗎？還是要等到哪天他們命令台灣遊客要戴「面
罩」才正式抗議？

　　台灣國際處境艱難眾所皆知，有些困難確實暫時無可
奈何，有些無理歧視則不可無奈，有尊嚴的國民必要認

清其間的差異[15]。

此外，在WHO處理台灣SARS疫情的態度上面，台灣的主流媒體對於國際社會的反應，也有絲毫不加遮掩的露骨怨言。此處再引一則《中國時報》的言論為例：

> 台灣人民要分辨敵、友，只要問一個問題就夠了：究竟是誰不讓台灣加入世界衛生組織（WHO）？誰又曾支持或同情過台灣？
>
> 由於全球性的擴散跡象，使得「嚴重急性呼吸道症候群」的爆發，成為世界關注的焦點。也因為世界衛生組織對台灣通報的視而不見，讓我們長期被阻絕於世衛組織門外的問題，再度受到重視和矚目。
>
> 說來諷刺，台灣申請加入世衛組織打拚了多少年，有嘴講到沒沫，一直未能獲得這個國際組織的正視。即使世衛標榜疾病無國界，宣稱人道關懷至上，台灣卻始終連個觀察員的資格都沒有，二千三百萬人的健康問題，竟然比不上巴解組織、馬爾他騎士團等非國家實體的世衛成員。
>
> 如果不是疫情的引爆，外界恐怕也不會清楚世衛組織的「恐共症候群」已經到了嚴重、急性的地步。行政院長游錫堃在立法院回答，台灣無法加入世衛的問題在於中共的壓力，只是陳述現狀；而《亞洲華爾街日報》的社論，直指中共阻止台灣加入世衛，也妨礙了對病毒的

15　《聯合晚報》，2003-04-04，第2版/話題新聞。

調查，更是正義之聲。

進一步地說，去年在台灣申請加入世衛的議題上，美國衛生部長湯普森、日本官房長官福田康夫都分別代表其政府公開力挺台灣。反觀法、德等現在自詡發出「正義之聲」的「舊歐洲」，對於中共蠻橫的阻撓，卻緘默無聲。

台灣進不了WHO，危及二千三百萬人的健康，也導致全球防疫網出現缺口。看看這個擺在眼前的不爭事實，誰才是與我們並肩站在一起的盟友呢[16]？

中時與聯合報系，經常被人貼上「統派」標籤，政治立場鮮明。筆者不厭其煩地大量引述上面文字，用意在於說明：這種揉雜著報復衝動與無能意識的怨恨心態，不是只見於所謂的「獨派」或「基本教義派」，也不是僅只針對「中國」而已。怨恨心態，普遍見於不同黨派、不同立場、不同族群背景的個人與集體當中。儘管這些人對台灣前途的願景可能南轅北轍、乃至相互扞格，但是，他們所共享的是一種怨恨與無奈的心態。因為無論願景如何，這些願景都難以在現實中實現，反而只有不斷的屈辱與挫折。換言之，無論什麼樣的黨派、立場與族群背景，這些人共享的是一種處在台灣社會當中均能感受得到的「無能意識」——不必然是覺得自己無能，而是意識到自己缺乏在現實當中給予對手反擊的能力。從加入聯合國到加入WHO，乃至許多非政府組織被迫改名、排除會籍的案例，從九二一賑災到SARS防疫，台灣在國際上所經歷的是一連串共同的挫折與屈辱。

---

16 《中國時報》，2003/3/19，第3版。

　　除了無法實現的報復衝動之外，和怨恨心態息息相關的，是「妒羨」及其所導致的「競爭慾望」。台灣社會集體的嫉妒與競爭慾望，也表現在對中國的態度上。自1990年代以來，無論在政治、軍事乃至經濟上，中國都儼然有「明日之星」乃至「未來霸主」的態勢，不但引起美、日等強權的密切注意，更加深了台灣社會的焦慮。台灣過去還可以經濟成就傲人，現在中國急起直追，台灣的競爭優勢不再。在很多人眼中，上海已經把台北給比下去了。幾年前方興未艾的「上海熱」，背後正揉雜著「嫉妒」與「競爭慾望」的複雜心態。無論作為「報復對象」或「競爭對手」，中國近年的崛起，在在都足以激發台灣的怨恨心態。

　　回到關於怨恨的重要社會學命題：「當某一群體的政治、憲政或傳統所賦予的地位，與此一群體的實際權力關係之間的落差越大，怨恨的心理爆炸威力就會越大。」台灣近年來的國族需求，乃至中國在1990年代興起的新一波民族主義，都可由此加以解釋。台灣自1970年代末期以來，便一向以「經濟奇蹟」自傲自豪，但台灣在國際社會所得到的待遇，卻極度不相稱，甚至被稱為是「富裕的賤民」。舍勒在論證中指出，猶太人因為自認為「上帝的選民」，而具有強烈的優越感，但是在歷史上與社會上，卻又遭到種種不同的鄙夷與歧視。因此，在猶太人的內心深處積聚著一種強烈的怨恨心態，長期累積下來的心理能量，便轉化為一種旺盛的贏利欲；而這種超乎常人的贏利欲，正是對得不到民族自我評價感與社會平等承認的一種過度補償。舍勒的說法，很顯然是要與當時宋巴特與韋伯有關資本主義起源的解釋相互對話。舍勒認為，所謂「資本主義的精神」，其實還是與怨恨心態所累積的心理動能有關。如果把台灣放在這個觀點下來理解，其實亦不無啟發。台灣過去一向引為自豪的外匯存底乃至經濟奇蹟，背後

固然有其複雜的政治與經濟結構因素，但是，如果單單從旺盛的「贏利欲」這件事情來看，活躍於中國大陸的台灣資本家，與提著一只手提箱便可以在全球各個角落從事貿易的台灣商人，又何嘗不像十九世紀歐洲的猶太商人？許信良曾信心滿滿地將台灣人視為是二十世紀末期崛起於世界舞台的「新興民族」，或多或少也正是這種心態的反映。

　　台灣社會瀰漫的怨恨心態，所造成的價值位移或顛覆，可以從幾個方面來考察。首先是對自我的盲目肯定。近年來，台灣人非常熱中於創造各種「世界記錄」與「台灣第一」，從全世界最大的木屐、最大的風箏、最長的積木接龍，到全球第一部布袋戲電影、世界最高的商業大樓等，不一而足。這種心態，比較接近舍勒所謂的「汲汲營營者」。台灣社會盲目地、一窩蜂地追求各種「世界第一」的紀錄，不在於這些記錄本身（最大的木屐、最長的米粉、最高的大樓、最多人一起打太極拳等）具有什麼內在的價值，而在於透過「超越他人、成為第一」的虛榮，來肯定自我存在的價值。

　　和「汲汲營營者」平行存在的，是怨恨者的價值位移。怨恨者一方面要否定對方既有的，另一方面要肯定自己現有的。這表現在執政者的中國政策與媒體的中國焦慮（敵意）上。在SARS流行期間，衛生官員說台灣的匪諜比SARS還多，部分媒體把SARS稱為「中國肺炎」，將中國描繪為輸出SARS的落後專制國家，藉此把中國妖魔化、污名化。相對於有些媒體「唱衰台灣」，有些媒體則是盡可能「唱衰中國」。但是，仇視對方、醜化對方，都只是怨恨的表面化。影響更為重大深遠的，是怨恨在心中悄悄產生的價值扭曲與位移。部分台獨論者因為出於對中國的怨恨，而對「本土化」與「去中國化」更加執著。不少文化菁英，對於

此一現象感到憂心忡忡，乃至撰文抨擊。2003年6月至7月間，卸任台北市文化局長的龍應台，在《中國時報》人間副刊發表了〈在紫藤廬和STARBUCKS之間〉以及〈五十年來家國——我看台灣的「文化精神分裂症」〉等一系列文章，在台灣的知識文化界投下了一顆深水炸彈，同時也在網路世界當中引發熱烈的討論[17]。龍應台生動的文筆與具有感染力的文字，固然將「去中國化」背後的價值扭曲刻畫無遺，但是她本人在字裡行間顯露出的怨恨心態，恐怕也不遑多讓。從《野火集》一路走來，這位長年旅居海外的作家，時時刻刻不忘追尋揉雜著「台灣」與「中國」的尊嚴與驕傲，要讓台灣成為「中國文化的暗夜燈塔」。她以咄咄逼人、近乎訓斥的口吻，厲聲呼籲：「**中國文化是台灣在國際競爭上最珍貴的資產，我們搶奪都來不及，遑論『去』！**」其痛心疾首之情，可謂躍然紙上。這樣操切的心態與殷殷期許，要「搶奪」中國文化來增加台灣在「國際競爭」上的實力，說穿了，和想要透過「本土化」與「去中國化」來確立台灣主體意識的人相比，其實不過是一體之兩面。當然，許多民族都喜歡強調自己的文化高貴與尊嚴，台灣人民有此心態，並不特別例外。但是，證諸民族主義的發展歷史，那些特別喜歡強調自己民族文化的優秀與尊嚴的，大體上與知識分子或文化菁英在面對國際競爭對手時所產生的怨恨心態有關——這在中國如此，在西方歐美國家也不例外[18]。筆者過去曾經指出，台灣社會越是全球化，對國族的渴求越是強

---

17 見龍應台，〈在紫藤廬和Starbucks之間〉，《中國時報》，人間副刊，2003年6月13日；〈五十年來家國——我看台灣的「文化精神分裂症」〉，《中國時報》，人間副刊，2003年7月10日。

18 L. Greenfeld, *Nationalism: Five Roads to Modernity* (Cambridge, MA.: Harvard University Press, 1993).

烈。面對漫天蓋地而來的全球化浪潮，無論是民族國家、少數族裔、在地社會等不同的組織或群體，都曾有過不同的反應，也曾引發各種爭議與抗爭。但是，台灣在面對全球化時，卻有一種別處難得見到的無所適從、不知所終的焦慮與惶恐。訴諸國族來解決問題，表面上看似可行，其實質效果卻無異飲鴆止渴。

怨恨心態的普遍瀰漫，對於建立一個健全的公民社會或共同體意識、打造一個不受扭曲的公共領域，也產生了極大的阻礙。台灣社會存在的怨恨不只對外，也同時對內；而這兩種層次的怨恨——對國際體制與中共霸權的怨恨，以及國內族群黨派之間的怨恨——彼此是相互增強的。當世界衛生大會（WHA）第七度將台灣入會案排除在議程之外後，陳水扁總統馬上表示，我們要舉辦公民投票來加入WHO。這個宣示，根據總統府秘書長邱義仁的詮釋，是因為「我們火大了」，火大卻又無能逆轉頹勢，只好採取一個富含挑釁意味的公民投票策略，這是一個因為怨恨所產生的價值位移後的決策。這個宣示非但未能引發內部的一致共鳴，反而引發國內反對黨立委與部分媒體的批評與冷嘲熱諷，除了朝野政治人物之間的口水戰外，一般所謂「親中媒體」與「反中媒體」之間，同樣也是互相攻訐撻伐。這些事情彼此相加相乘的結果，是使得台灣更加成為一個充滿怨恨的社會。政黨與政黨、群體與群體、人與人之間，都因為彼此怨恨而充滿了不信任。現代社會的組成運作，正由於人們彼此間缺乏「社群」所具有的熟悉度與信任感，所以設計了許多制度來增加彼此的信任；在台灣，由於許多基本社會制度（包括命名法則、分類體系、規範體系等）不能運作或彼此衝突，使得不信任感無法降低，反而使得

猜忌與怨恨更爲加深加劇[19]。

　　台灣社會普遍瀰漫的集體怨恨與交相怨恨，造成價值體系一再地位移顛覆，最後形成價值的迷亂狀態(anomie)。如同上面的分析所指出的，如果「台灣民族論者」的「妖魔化中國」與「去中國化」論調，是一種怨恨心態所導致的價值位移的結果，那麼，像龍應台那種氣急敗壞、咄咄逼人的反應，要「搶奪中國文化來增加台灣的國際競爭力」的主張，其實未嘗不是另一種偏頗扭曲的價值位移。不同的族群、黨派、身分團體不斷地價值位移、彼此衝撞的結果，是使得舍勒所說的「僞造的價值圖表」，以各種各樣的形式紛然雜陳，而他所批評的倫理相對主義，在當前的台灣正大行其道。政治人物與傳播媒體的媚俗取巧、不辨是非，此處固不待言；即使是在知識文化界，情況也好不到哪裡去。這個社會越來越少見有人能夠公開宣稱「惡紫之奪朱」，而是沆瀣一氣、玉石不分地歌頌雜色混種、眾聲喧嘩。流行於主流媒體與部分知識分子當中的犬儒主義，則是讓怨恨導致的價值位移，產生進一步的癱瘓效果。前述龍應台的系列文章中，有如此的陳述：

　　　　〈在紫藤廬和STARBUCKS之間〉(2003年6月13日
　　　　「人間副刊」)一文發表十天之內，我收到近兩百封讀

19　舍勒承繼涂尼斯(Ferdinand Tönnies)「共同體與社會」的知名論題，指出現代社會當中缺乏「共同體」的聯繫與信任感。現代社會當中出現的許多制度，正是要提供信任感的基礎。台灣的國族困境所隱含的制度危機，使得許多社會制度的基本要素(再現法則、構成法則與規範法則)無法運作。詳細論證，請參見汪宏倫，〈台灣爲何要『自找麻煩』？全球化趨勢與台灣的國格問題〉，收於林佳龍、鄭永年編，《民族主義與兩岸關係：哈佛大學東西學者的對話》(台北市：新自然主義股份有限公司，2001)，頁267-302。

> 者來信，其中三分之一來自台灣以外的天涯海角。如果
> 說，二十年前《野火集》的讀者來信是憤怒的，憤怒到
> 想拔劍而起，那麼在〈紫藤〉的讀者來信中，幾乎完全
> 看不見憤怒，多的是沈痛和無奈，無奈到近乎自暴自棄。

　　根據這段文字的描寫，這兩百多封來信的確反映了某種集體
心理狀態。正如龍應台所描述：「一種黯淡的沈重、一種無助的
茫然，幾乎滲透在每一封信裡，每一封信裡又都有一個共同的問
題：台灣，我們的台灣，怎麼會變成這樣？」龍應台的系列文章
發表之後，不但在網路引發熱烈討論，媒體報端也陸陸續續有人
撰文回應。許多人並不贊同龍應台的悲觀論調，也有不少人明確
指出龍文當中的錯亂謬誤之處。本文無意加入「回應龍應台」的
行列，僅是要藉此「事件」──如果這些讀者來信與見諸網路與
媒體的討論，也算得上一個小小的「事件」的話──來點出一個
事實：僅僅是這些熱烈的回應**本身**，就已經反映了台灣社會內部
存在的迷亂與焦慮。[20] 本文所要嘗試論證的是，這些迷亂與焦
慮，來自一迭連串、彼此碰撞卻不知伊於胡底的價值位移，而這
些價值位移的產生，恐怕還是與長久以來瀰漫台灣社會的怨恨心
態脫離不了干係。

四、代結語：如何化解怨恨？

---

20 有人認為這整個「龍應台旋風」是媒體炒作出來的結果，但無論是
　否為炒作，都無損於本文此處的論證，亦即台灣社會普遍存在一種
　集體焦慮與怨恨。

　　本文從舍勒的現象學與社會學理論出發，針對台灣目前面臨的情境，考察了「怨恨」的成因與後果。舍勒對怨恨的分析，對當代台灣具有深刻的惕勵警醒作用。從歷史脈絡及外部環境來看，台灣社會其實是個十分容易滋生怨恨的溫床，而怨恨心態，事實上也普遍存在於這個社會的不同個人與群體當中。對外的怨恨與對內的怨恨，經常混淆不清，甚至彼此強化；而其結果，則是導致整體社會的迷亂與價值位移。

　　無論是尼采或舍勒的怨恨理論，背後都預設了一套價值體系，因此才有可能來談論價值的翻轉或位移。對尼采來說，這一套價值體系，是權力意志所支撐的超人哲學，是強者與主人的德行。對舍勒來說，存有一套客觀且永恆不變的價值倫理體系，這個倫理體系符應於巴斯卡（Blaise Pascal）所稱的「心的秩序」（ordre du coeur）與「心的邏輯」（logique du coeur），具有明確的價值等級秩序，就如數學真理一般客觀而可被理解。無論尼采或舍勒都認為，植基於「怨恨心態」的現代社會或現代性，其實都是當今西方文明的問題叢結所在，必須加以矯正。本文雖不必然附和尼采或舍勒所提倡的價值體系，但當今許多人都會同意，現代性充滿了種種的問題與危機，需要解決。台灣處在「不倫不類」的中界狀態中，也許正好是一個衝決網羅的機會，可以超脫民族國家的思考模式，從而顛覆現代社會的價值體系。

　　的確，如果現代社會的價值體系是中產階級的怨恨心態所導致的價值位移與價值顛覆之後的產物，那麼，台灣要努力去迎合這套已經被顛倒了的「偽造價值體系」，可說是苦海無邊，自尋煩惱。筆者過去也曾借用國際關係學者的觀點，指出當今國際社會當中的主權原則，其實不過是一種「組織化的偽善」（organized hypocrisy）。台灣一直想要加入的「主權國家俱樂部」——聯合

國，說穿了，不過是全世界最大的僞善組織。WHO作爲一個附屬於聯合國的國際組織，當然也不會例外。台灣屢次向聯合國與WHO叩關，總是以「情理」或「道德」爲主要訴求，強調台灣在事實上是主權獨立國家、人民權益不容忽視云云；而屢戰屢敗之後，則一再怨怪國際社會現實無情，屈服於中共壓力之下，不肯爲我仗義直言。但是，如果我們理解國際社會運作的本質，體認到「主權」其實不過是「組織化的僞善」，我們將會恍然大悟：在這個全世界最大、最厚顏的僞善組織當中，若要尋求正義與公理，實不啻問道於盲、緣木求魚。

如果當前的國際社會其實是「組織化的僞善」，那麼台灣被制度性地排除在這個僞善組織之外，恰恰正能彰顯出這個組織制度的僞善程度。在加入WHO這個議題上面，我們看得比誰都清楚。問題是，作爲「組織化僞善」的「受害者」，台灣並沒有能夠跳脫出這個僞善的棋局之外，反而以更加哀怨憤恨的心態，期待加入這場僞善的棋局。如果現代社會的確如舍勒所言，是建立在被翻轉的價值體系之上，那麼，台灣被排除在這個體系之外所醞釀出的怨恨心態，能否產生另一次的價值顚覆，藉由「否定之否定」，來趨近更爲理想的狀態呢？價值體系的「否定之否定」，是否能夠「回復」到「正確」的價值體系？而「否定之否定」，是否必然較原來狀況爲佳？這些假設性的規範問題，超出本文討論範圍，此處暫不處理。在此，本文僅就切身可行的範圍，進行一點初步的討論。

首先，如果台灣人的怨恨其來有自，有其社會結構性因素的話，那麼，這股怨恨的對象，或許多少有點搞錯了。中共官員對台灣人的蠻橫嘴臉，許多人都曾在電視螢光幕上見識過。但是，這些蠻橫的嘴臉，又何嘗不是另一種怨恨心態的投射與展現？台

灣人怨恨中國，中國人怨恨的，則是由美國等西方霸權所主導的
世界秩序。對中國民族主義稍有理解的人大抵知道，中國人談起
近現代史，苦之大、仇之深，其怨恨的程度，比起台灣絕對不遑
多讓。研究中國1990年代以來「新民族主義」的學者鄭永年也明
確指出，台灣人有「台灣悲情」，中國人也有「中國悲情」。根
據中國學者自己的說法，中國新一波民族主義的興起，乃是肇因
於「國際社會不肯平等待我」。自1989年天安門廣場事件之後，
「新民族主義」熱潮，隨著「申奧」、「撞機」、「炸館」等事
件演變，節節升高，《中國可以說不》的系列書籍陸續出版，將
這種怨恨心態表露無遺。如果兩岸的政府與人民，任憑自己沈溺
在「悲情」所導致的怨恨心態當中，那麼，原本已被扭曲的價值，
將更加扭曲，彼此的怨恨與嫌隙，也難以化解。

　　進一步說，如果我們把兩岸的悲情與怨恨並排來看，將會赫
然發現，這些怨恨的共同來源之一，不外是「國際社會不肯平等
待我」，而這個同樣也根源於怨恨的組織化偽善體系（民族國家
所組成的國際社會），本身其實也是值得批判檢討的。在此，我
們可以發現，舍勒的怨恨理論作為對一種現代性的批判，具有其
深刻獨到之處。現代社會，其實是一個交相怨恨的社會。對舍勒
來說，建立在民族國家原則之上而形成的共同體秩序，其實正是
中產階級的怨恨所導致的價值顛覆（法國大革命）之後所形成的
秩序。兩次世界大戰，見證了舍勒所說的「民族間彼此拆台」的
原則[21]。冷戰結束之後，全球化浪潮的興起，我們看到的不是民

21　舍勒對於民族主義與民族國家的態度，似乎有幾分曖昧。一方面，
　　他否定法國大革命的價值，反對立基於自由、平等、博愛的共和民
　　主體制所建立的共同體模式；另一方面，他又肯定建立在自然血
　　緣、族群文化之上的共同體的價值，認為這是消弭怨恨、提供有機

族國家的沒落衰亡，而是變形轉化。新的種族滅絕屠殺、排外主義與恐怖主義，巴爾幹半島的殘酷戰爭與911恐怖攻擊事件，殷鑑不遠。舊的怨恨從未被化解，新的怨恨則持續醞釀累積。

本文嘗試剖析瀰漫在台灣社會當中的集體怨恨，也許有人認為，這是過份殘忍而不公平的事。台灣是受欺壓的弱者，何以不怪罪那些以大欺小、恃強凌弱的強者，卻厚責弱者的怨恨心態呢？已有學者指出，「（台灣民族）妒恨說」忽略了怨恨者其實經常也是社會上的弱勢者，因此忽略了弱者的社會處境問題[22]。事實上，對尼采的超人哲學來說，「弱者」是不必給予特殊考慮的，因為在歷史演化的過程中，弱者注定要被淘汰，或是擺脫不了被強者支配的命運。但是，在舍勒的規範概念中，弱者與強者之間的關係，更應該放在共同體的脈絡當中考量。他認為必須要植基在「愛的秩序」（ordo amoris）上，建立一個「位格共同體」（personal community）。這種充滿宗教情操的主張，也許有人認為陳義過高、不切實際，本文亦無法就此一部分詳加討論。但是，藉由舍勒對怨恨的分析，本文嘗試指出，當今在台灣社會瀰漫的怨恨心態，具有深遠的社會學意義；這股怨恨氣氛，與現代社會——或說現代性——的形成與發展，具有密不可分的關係，而它所可能產生的影響，巨大、深遠卻不易察覺，不容我們輕忽小覷。近年來，許多政治理論家與哲學家開始強調差異、承認與容忍；筆者認為，要深入地討論這些問題，恐怕非得先釐清「怨恨」這個影響當代社會甚鉅的心態不可。唯有在理解怨恨、化解怨恨之後，

（續）——————

　　的位格之愛的基礎。但是，舍勒對於第一次世界大戰當中，各民族之間彼此傾軋而導致的血腥動亂，則毫不留情地加以批判。

22　張茂桂、吳忻怡，〈關於民族與民族論述中的認同與情緒－尊重與承認的問題〉。

超越與寬容，才能夠真正開始。

在台灣社會中，近年來也有一些政治領導人喊出「心靈改革」、「心靈重建」的口號，宗教領袖則呼籲以「愛」和「寬容」來化解族群對立或社會當中的暴戾之氣。然而，如果不能扣緊在現代性的特質上面，認真面對釀生怨恨的社會學成因與後果，則無論「心靈改革」或「愛與寬容」的呼籲，都顯得蒼白軟弱，缺乏現實當中的著力點。誠如舍勒所說，一個無法恨的人就無法愛，一個不瞭解怨恨如何形成的人，就無法真正寬容。從過去到現在，台灣社會充滿了許多「愛的論述」，從早期「愛國家」、「愛中華」到近年的「愛鄉土」、「愛台灣」，從九二一震災到SARS風暴，媒體界、演藝界、宗教界與社會團體，也不斷闡揚各種「愛」的理念。但是，這種不分青紅皂白的「普世之愛」，其實正是舍勒所批評的。

台灣在對抗SARS初期，從上層官員到基層百姓，從新聞媒體到醫護人員，荒腔走板的各種行徑表現，所在多有。但是不旋踵間，我們卻又立刻看到各大媒體與電視台，充滿了「向抗煞英雄致敬」、「用愛對抗SARS」的各種口號與短片，一時之間，讓人恍然覺得台灣真是一個充滿愛心的溫馨社會。等到SARS風暴一過，台灣社會立刻又回復原有的暴戾殺伐之氣，政治人物與不同黨派立場的媒體與公眾人物之間，猜忌怨恨、詆毀醜化，可謂每下愈況。在這一點上，舍勒的論證說得一點都沒有錯，人道之愛的起點是怨恨，利他主義的背後是自我逃避。在一個充滿怨恨的社會當中，「愛心」也以廉價的、未加反省的方式，到處出現。台灣的「愛心」高度氾濫，其實何嘗不正是「怨恨」充斥瀰

漫的一種過份補償[23]？

　　舍勒並不是認爲「怨恨」是現代才有的情緒，也不是認爲怨恨完全不能存在。在人類社會當中，怨恨無可避免，但其可怕之處，在於自我毒化與價值顛覆。我們不能總是把矛頭指向別人，批評別人才是怨恨者，卻忘卻了自己心中可能累積的怨恨。然而，單純地呼籲「超越怨恨」、「告別悲情」，其實是不夠的；如果缺乏深刻的反省與實踐，則任何「超越怨恨、告別悲情」的訴求，只會淪爲一時的政治口號，另啓相互指控的戰端。如果我們無法更深入地去體會怨恨與悲情的來源、不理解它所帶來的價值位移的後果，則怨恨便無從超越、也難以告別。即使是訴諸「人道之愛」，也難以化解。台灣內部的族群差異是如此，對外部的國際處境，同樣也應作如是觀。台灣有機會從這個怨恨的漩渦當中跳脫開來，前提是我們必先瞭解怨恨，才可能學會如何進一步化解怨恨。

　　本文的分析並不是說，只要處於舍勒所談的社會條件當中，怨恨就一定會出現。怨恨的出現，與缺乏自我認知、不願自我反省有關。尼采說：「怨恨的人不正直、不眞誠，既不對自己誠實、也不願坦然面對自己。」舍勒在論證中產階級的怨恨如何化身以「普世博愛」的面貌出現時，也指出怨恨心態其實是一種自我憎惡與自我逃避。「酸葡萄」心理的產生，在於狐狸不願承認自己其實跳得不夠高，所以吃不到葡萄。阿Q的精神勝利法，也在於他不願承認自己其實是個打不過別人的癩痢頭，因此只好不斷地用「兒子打老子」、「第一個能夠自輕自賤的人」來肯定自己。

23　舍勒對普世的人道之愛與利他主義的批判，此處限於篇幅，無法詳述。請參見Scheler, *Ressentiment*, pp 91-110.

因為不願面對自己、反省自己、超越自己、改造自己，因此會產生自我毒化的欺瞞。

「反求諸己」只是化解怨恨、避免怨恨的一個開端，它無法消除外在世界強者與弱者、支配與被支配的不平等關係，但可以幫助我們看清自己的處境，而不會一再陷入自怨自艾、自我毒化的惡性循環當中[24]。此外，理解怨恨也可以幫助我們理解他者，「若得其情，則哀矜而勿喜」。許多論者樂觀地預期，當今全球社會歷歷可見的人種混雜、疆界跨越與文化交流，將有助於世界主義的實現，或是認為新的主體與群落，將取代舊的共同體典範（民族國家）而誕生。然而，如果我們認識不到根植在現代性底層的怨恨心態，也無法將其消融化解，則任何新的群落或共同體的想像，恐怕仍將只是在舊的怨恨上增添新的怨恨，傾軋交伐，難有寧日。

汪宏倫

困而學之者，現任職中央研究院社會學研究所。研究涉及社會理論、民族主義、語言文化與政治諸領域；近來深感居濁處厄，思考察「現代性」問題以探天人之際與古今之變。

---

24 事實上，「反求諸己」四字看似簡單，背後蘊含極為吃緊的工夫，此處不及細論。當今世道學風，求外不知求內，責人甚於責己，昧本心而窮私欲，乃至眾暴寡、強凌弱，多是不知在反求諸己上面下工夫。

論快樂

謝世民

　　許多人都想知道獲取快樂的方法；對性急的人而言，最好是有人可以告訴他們速成的方法。不過，能夠為快樂找到方法，預設了我們知道快樂是什麼。有些人認為，關於快樂的理論有多個，快樂是什麼其實是個見仁見智的問題。在我看來，這些人其實並不知道快樂是什麼，才會這麼說，或者雖然知道快樂是什麼，但並不知道自己知道快樂是什麼。

　　以下我要談談我所認識的**快樂形上學**，也就是分析我所瞭解的快樂是什麼：我不是要告訴大家**快樂的方法論**，而是要將**快樂本身是什麼**說出來。我相信，我所說的應該是知道快樂是什麼的人所知道的。

　　快樂是什麼呢？我認為快樂至少有兩種。第一種是作為存在狀態的快樂；我們可以用「快樂」或「不快樂」，形容一個人的存在狀態，說這個人活得快樂或活得不快樂。作為一種存在狀態，快樂其實就是**幸福**。幸福**並不等於**快感；也不是指任何自己喜歡的**當下經驗**(聽到某種音樂的經驗、吃到某些食物的經驗、知道某些事情時的經驗)，因為這些當下的感覺都是短暫的。這些經驗只是快樂(幸福)的**要素**，但並不是快樂(幸福)**本身**。快樂還有別的要素，而其中相當重要的一項就是：一個人實現了自己

所設定的、值得追求的各種目標。

　　除了第一種快樂之外，還有第二種快樂可言，這是指人在行動時的心理狀態的快樂。我們可以說某人是否**快快樂樂地在做一件事**，例如幫助他人。「快快樂樂地」是副詞，修飾行動本身。說一個人**在行動時**是快快樂樂地，就是說這個人是帶著喜悅、喜樂、高興、歡喜的態度在行動。

　　快快樂樂地去追求值得追求的目標，是一種很高的人生境界，因為為了實現值得追求的目標，我們常常必須有所犧牲。能夠快快樂樂地為了實現目標而有所犧牲，並不容易。英文裡頭有所謂的"taking pleasure in doing something"的說法。我們除了**應該**快快樂樂地幫助他人之外，理想上，我們**也應該**快快樂樂地上課學習、工作、追求自己的目標。這個道理，大家都知道，不過卻不容易做到。說來無奈，我們無法單單憑藉**意志的力量**，立刻讓自己快快樂樂地去追求值得追求的目標。這種境界需要行動者**真的看到、真的瞭解**自己追求的目標為什麼**值得**追求，而且需要行動者**全心全意地**（英文裡所謂的"wholeheartedly"）追求這些目標，也就是說，心中沒有相互衝突的目標。一個人如果設定的目標太多，這些目標之間產生衝突的可能性就很高，因此對任何目標而言，這個人都很難全心全意去追求，因此也就很難快快樂樂地去追求這些目標中的任何一項。

　　一個人如果快快樂樂地去追求自己的目標，通常比較容易實現這些目標。實現自己所設定的目標，乃是幸福的要素。因此，一個人如果快快樂樂地去追求自己的目標，那麼這個人通常比較幸福。如果我們把成功瞭解為「一個人實現了自己所設定的目標」，那麼我們可以說：快樂使人成功；成功使人快樂（或者更準確地說，快樂的行動者比較容易成功，成功的人比較幸福）。

就快樂作爲一種存在狀態來說，任何人都會希望他所愛的人**快樂**，而且努力讓他們**快樂**。但是我們自己卻不會把快樂當成目標來追求。通常我們眞正在意的是，自己所追求的目標是否確實值得追求、是否有實現的可能（自己的能力、資源夠不夠）、如何克服障礙，避免失敗和挫折，而不是自己的存在狀態是否幸福。

針對作爲一種存在狀態的快樂，我們往往會想知道，有甚麼方法可以獲得。但是一旦知道**快樂是什麼**之後，我們應該曉得，其實這世界上並沒有一套得到快樂的普遍方法，並沒有一套適用於每一個人、對每個人都有效的方法。即使有這種普遍的方法，它們也不可能化爲機械的步驟，讓你可以一步一步、不用思考照著做就得到快樂。當我們知道**快樂是什麼**之後，我們應該也會知道，對每個人而言，比較重要的是**如何讓自己所愛的人快樂**，而不是**如何讓自己快樂**。

謝世民

台大哲學系畢業，美國哥倫比亞大學哲學博士，現任教於中正大學哲學系，並任台灣哲學會會長。他的研究涉及多個哲學領域，集中在倫理學以及政治哲學。

Sammlung Göschen
Band 1000

思想的求索

Die geistige Situation der Zeit

Von

Dr. Karl Jaspers

o. ö. Professor der Philosophie
an der Universität Heidelberg

Fünfte
zum Teil neubearbeitete
Auflage

Berlin 19 33 Leipzig
Walter de Gruyter & Co.

從「思想」到「我們時代的思想狀況」

錢永祥

一、前言

　　廣義的人文生產，今天以各種型態分散在學術、藝文、評論等多個領域，其間似乎說不上甚麼共通的關懷。不過，每個領域裡的活動，都一定預設、表達著一些有關它本身、有關周遭自然、社會、政治與人文環境的觀點。這些觀點應該如何看待？——譬如說，學術具有甚麼樣的實踐涵蘊、藝術究竟是在表達甚麼、評論如何善盡它的「介入」功能，而學術、藝文、評論等等聲稱自主的文化活動，與周遭的社會、政治環境，又應該維持甚麼樣的關係？——又譬如說，學術所產生的知識有輕重厚薄可言，藝文的成就有精粗雅俗之別，分析評論也分得出水準與眼界的深淺高下。那麼這些評價所根據的標準是甚麼？這些問題均要求我們暫停「生產」的腳步、回顧自省，其**反思**性格便共同構成了所謂的「思想」範疇[1]。文化生產者，對這類思想議題，多少總是有著

1　黑格爾所謂的「後思」（Nachdenken），最接近這裡所謂的反思。見
　　他的《百科全書》（《小邏輯》）第二節。勉強說來，黑格爾所謂的

自覺的，即使不一定說得清楚其間詳情。

　　進一步言，思想並不局限在文化領域。關於自然、社會、政治、與人文環境本身，只要從**反思**的角度形成了觀點與疑問，同樣會醞釀出思想的成分。這類觀點或者疑問，由於牽涉到大量屬於價值、信念、以及意識型態的預設，往往被視爲主觀、恣意的信仰，或許不失趣味，但是並不值得、也無法進行嚴肅的討論、探究。實際上，這類遭學術排斥的議題，同樣屬於「思想」的範疇。不過，思想固然不能淪爲電視節目上的各類「老師」、社會上的高僧上師的專利，但是除非先成爲思想史，彷彿思想也沒有資格走進學院。畢竟，不談思想，何曾礙著學術體制的發達？甚麼思想才是正確的？正確與否如何區分？而其間的標準又何在？今天的學術工作者，受到實徵主義與學術專業化的影響很深，對於這類反省、挑戰性格的議題，通常會敬謝不敏。

　　拒絕正視思想議題、懷疑思想值得探究，反映著我們已經認定，事情本身通常說得出道理，但是人類看事情的觀點則是相對的、主觀的、不堪深究的。進一步，懷疑思想，也顯示人們不再願意在實質上探討各類後設性質的意義與價值觀點。大家會承認，意義與價值問題攸關生命的品質，可是既然意義與價值已經滑離了絕對的地基、斷絕了超越的源頭，它們不就是隨個人挑揀採購的嗎？試問：意義與價值有真假對錯可言嗎？誰敢宣稱自己是意義與價值的「學者專家」？無怪乎今天很難再遇到所謂「思想家」這種古怪身分了。可是在我們的生活裡，思想真的不復扮演關鍵的角色了嗎？

（續）────────────

Nachdenken（after-thinking），其實也有「追求思想」的含意。

二、「思想」作爲實踐與批判

　　要答覆這些問題，需要對思想的兩項基本特色略做反省。

　　人類時時進行著各方面的認識與活動。可是在此之餘，人類還會——應該說必須——針對經驗和活動有所**反思**：即一方面加以詮釋，亦即以經驗與行動主體的身分，自行說出一套「意義」；二方面則提供「說明」與「理由」，亦即爲自己的經驗或行動之爲妥當做辯解。舉個例子來說，「走路」這個相當簡單的行爲描述，可以詮釋爲上班、行軍、訪友或者健身。這些較爲複雜的描述，還可以更爲細緻（或者說「濃密」[thick]），例如我可以賦予健身這件事某種更屬於我個人的意涵，比方說希望在花甲之年維持住基本的體能，以便繼續活得起勁。可是這些意義是不是——在道德上、在自我的期許上、在時下的社會風氣看來——妥當的？想要健身這件事，是不是顯示了我更深一層的焦慮或者欲望？這類念頭和情緒，是不是應該認可、鼓勵、或者最好壓抑、剷除？我們也會考慮，在技術上，走路健身能不能完成我預期的目標？反省這些問題，便進入了辯解、說理與分析的層面。

　　就人類而言，詮釋與說理並非可有可無，而是經驗與活動的構成部分，是我的經驗與行動之所以「屬於我」的條件。若再加以分梳，詮釋與說理至少涉及了三個方面。第一，它們乃是一種後退一個層次的思考：經由詮釋和說理，活動者對自己的經驗與作爲，建立了更深、更見脈絡的了解；其次，詮釋與說理也是一種回歸自身的思考，藉著觀察自己提供了甚麼樣的意義和理由，當事人對自己這個人的真相，可以獲得更深入的認識和瞭解；第三，它們還是一種具有批判效果的活動：藉著對意義與理

由的反省，對於經驗的眞確及行爲的合理、同時也對於自己的信仰與偏執，可以開拓出修正以及檢討的可能。在這些意義上，**反思乃是一種獨特而架高一個層次的「動腦筋」**，我們特意以「思想」名之，以資彰顯其獨特性，是有道理的。思想並不是與想像、記憶、知覺、推理等對立、並列的另一種心智功能；只要主體開始對一己的想像、記憶、知覺、推理等等展開詮釋與提供理據，他就開始了思想的努力。這種詮釋與說理的系統化，就構成了通常所謂的「思想」。並且，思想做爲預設，也反過來塑造著學術、藝文、評論以及整個文化生活的進行。

這麼說來，**思想主要涉及了三件工作：意義的提供、自我的界定、以及對於既有的意義、理據和身分認同去做檢討和批判。**大致言之，歷來的思想家以及思想系統，無不可以從這三個角度去理解。當然，意義要溯自甚麼源頭、理由要滿足甚麼標準、人之爲人被賦予甚麼樣的身分與能力、批判的對象和根據又該如何認定，各家思想隨時空不同會提出迥異的說法。但是，「思想」主要存身在這三個議題上，應該是很明確的。

不過，由於思想工作寄身於這三個議題，也就注定了思想這種活動具有兩方面的特色。一方面，所謂思想旨在爲一己的經驗、存在以及活動提供意義，其實是說思想活動乃是典型的「實踐」，也就是敢於自居爲主體，視自己爲意義和價值的源頭，並且設法在現實世界中、爲現實世界追求意義和實現價值，不屈從於一套客觀既存的秩序。由於這種**實踐**成分，思想有助於創造一個人文與倫理的環境；學術、藝文、乃至於其他的人類活動，藉著思想才獲得了人文與倫理的意涵。其次，實踐與說理的結合，形成了向著合理與開放的前途推進的動力。思想的**批判**性格，促使人們對於現狀與事實保持一定的懷疑距離，不以「客觀既存」

爲足[2]，也時時修正著實踐的方向。實踐與批判這兩項特別屬於主體人的特色，是藉著思想才成爲可能的。

三、思想作爲思想狀況

思想活動具有這些特色，那麼它的存在需要甚麼條件？整體而言，思想活動必須寄身歷史與社會的脈絡，以公共互動的方式存在。因此，思想還具備著一種社會與公共的面向。

首先，在認知面，不言而喻，詮釋、認同與批判，都需要超乎私人擁有的資源，至少需要語言、概念、價值等幾方面的公共性資源。黑格爾之後（其實不勞維根斯坦或者其他二十世紀的哲學家），我們已經知道，思想無法在像笛卡兒所想像的一個隔絕孤立心靈的內省冥想（「我思」）中產生，而是需要在具有特定內容的社會、文化、歷史脈絡裡，才有成形的可能，因爲唯有這些脈絡，才能提供語言、概念、以及較爲完整的價值參照系統，讓思想取得面貌與內容。舉例而言，即使「健身」這樣一個似乎祇以個人需求爲指涉的概念，仍然需要以某些社會制度、社會價值觀爲背景才具有意義；而健身可以算做一項能做、該做的事情，也需要先肯定一些在健身活動中表達、落實的社會性的價值；至於健身究竟應該被賦予甚麼程度的可欲和正當性，則要取決於它

2　針對既存現實，思想的否定、批判、超越、烏托邦成分，近代哲學家從康德、黑格爾一直到批判理論如馬庫色、哈伯瑪斯多有著墨。其實，讀者可能記得，當笛卡兒提出「我思」作爲知識與存有的終極原則的時候，那「思想」在做的，不正是將整個經驗與世界視爲虛幻的騙局嗎？思想的超越和烏托邦性格，與人類存有的現世、有限特性處於緊張的關係中，導致思想總是含有悲劇的一面，則是另一個需要探索的議題。

與其他被認可的價值，處於甚麼樣的關係之中。缺少了這些支撐，健身這個看似單純的概念，根本沒有意義可言。

其次，昔人嘗在「私人困擾」（troubles）與「公共議題」（issues）、在「個人生命」（biography）與「歷史過程」（history）之間有所分辨，強調二者的有機關連，避免歷史遭純粹個人化、也避免個人遭歷史大勢所吞噬。可是在今天，由於能量足以感動、凝聚無數個人的燎原信仰已經逐一熄滅，於是將思想問題化約為個別個人的心理掙扎，似乎已經成為現代文化的特長。往往，個人在生活中間面臨徬徨失落，會求助於思想的指點，卻未意識到，個人感到迷惘困惑，其實正反映著個人與外在、內在的宏觀大秩序有所疏離和對立。探本究源，個人有所困擾之時，首先不能不追問，個人為甚麼無法繼續與一個超越個人的意義世界維持聯繫？為甚麼公共生活喪失了足以供個人安身立命的能力，迫使個人要退守一己的貧乏資源？在思想史層面言，既然問題出在公共性的意義源頭已告枯竭，思想工作要想要對症下藥，就必須先對思想的公共性格有所認知。

第三，在政治面，既然思想涉及了意義的提供、認同的建立、以及批判的可能這幾個領域，那麼由於它們的重要與敏感，思想工作便難以避免與相異觀點衝突，也很難躲開政治勢力的介入。既然思想塑造社會成員的認同、影響他們眼裡的世界與言行、甚至還直接涉及體制的正當性，相異的思想取向，便不免要競爭和交鋒；而政治勢力也會希望掌握與控制思想。思想涉及了意識型態與世界觀，涉及了以「應然」加諸社會群體，便不可能自說自話，而會在社會群體之間形成觀點的競逐。在這個意義上，思想工作勢必捲入公共性的討論、爭議、甚至於鬥爭。昔人不憚於強調思想的「黨派性」；我們或許可以換個說法：思想處

在社會之中，因此思想是在經營關於集體生活的詮釋與批判，自然呈現了集體性的自我認識與嚮往。其間差異，通常會以社會性的、集體性的爭鬥的型態表現出來。

從思想與社會之間這種本質上的緊密關係，我們可以看到，人是如何在歷史與社會的既定條件之下展開認識與行動，而同時又對這些條件施加詮釋與批判、改造。由於這些既定條件屬於宏觀的社會層次，所以要談思想，要認識自身與改造環境，往往需要將一個時代、一個社會的思想看成一個「狀況」，用宏觀的角度來進行觀察，才能展現思想本身的運作與運動。在過去，哲學家注意到了思想的這種整體性格，曾經提出了「客觀精神」的概念，企圖將一個時代、一個文化傳統的思想表現，看做某種超個人的人格主體之思維的「外化」。「時代精神」或者「時代的思想狀況」等說法，即應此認識而生。其實，思想主體的社會性與反思能力，並不需要擬人的形上學預設，即可以加以描述。借用「思想狀況」這樣的概念，便足以突出思想的這種社會與歷史面向。

四、思想狀況與台灣近代史上的三大運動

根據上面的說法，在台灣的時空裡談思想，便不能不認真地追問：在台灣，「思想狀況」是甚麼面貌？**台灣知識分子經營意義、界定身分、從事批判的時候，動用的是甚麼樣的概念與價值的資源**？這些概念以及價值，是如何在台灣的歷史與社會脈絡裡成形、作用的？既然這些概念與價值塑造了台灣社會有關意義、自我、以及未來選項的圖像，對它們不時加以釐清、檢討，豈不是思想者的職責所在？尤其重要的是必須追問：我們所使用的各

個概念與價值，妥當性與局限性應該如何判斷？這些問題都很眞實。在台灣，思想與思想史的工作應該著眼於此。

在此，我想提出一個建議：要回答上述這些問題，檢討台灣思想的「狀況」，有必要先回到社會本身的運動，而不是祇看個別思想者有意識的總結。由於社會的大規模動態既是思想狀況的產物，又必然衝撞、塑造現有的思想狀況，因此，從社會本身的運動著眼，思想狀況更能以其整體的面貌呈現。此外，運動本身，一方面能夠凝聚、表達社會上相當普遍的感受與嚮往，二方面能形成廣泛的傳播與感染，三方面更可望積累形成較爲精緻的論述，最後終於鑄成一個時代的主流思想。這個過程，說明了我們應該從社會動態追溯思想狀況的主要原因。

幾十年來，推動台灣社會變遷、意識變化的動力，大體集中在三個主要的面向上：經濟方面的成長發展、政治方面從黨國體制轉成民主國家、以及國族認同集體身分的重新界定。當然，在這三者之外，台灣還萌發過其他以社會爲本位、由社會力推動的追求，例如婦女運動、環保意識、各種宗教性的集結等等。但是上述三個方面的能量要來得更爲龐大浩瀚，各自造成了台灣的社會變遷與意識變動，推陳出新之餘，幾乎在所有的人與事身上，都留下了烙印，無論你在這三股巨流中居於甚麼位置。這些動力各有其獨特的內容與邏輯，一方面推動社會走向一個特定的方向，另一方面也在一定程度上構成了局限。就我們的關心而言，這三方面的動力，共同導致了台灣的思想狀況走入較爲偏枯的困境，不能不稍做檢討。

台灣的經濟發展偏於資本主義性格的發展主義，論者已經很多，其詳情無須贅述。這種由國家推動的後進式發展具有支配性格，一個結果就是經濟性的關係與經濟理性、經濟價值，會逾越

經濟領域的界線，侵蝕原本屬於政治、文化、倫理、知識生產等
屬於其他領域的價值與關係，以「現代化」爲名，在社會生活裡
取得了支配性的優勢。利潤化、效益化、行政化、管理化的撲天
蓋地而來，便是明顯的徵候。在昔日戒嚴體制之下，這種情況曾
被譽爲具有中和威權支配的積極意義，受到讚許。而由於經濟發
展與官僚效率構成了體制正當性的主要來源，舊政權也安然容納
了現代化架構下的「自由化」這種彷彿異質的價值。到了民主化
的階段，經濟勢力的侵略性更高，尤其是適逢全球新自由主義的
巨潮勃興，經濟理性也愈形獨立與擴散。「現代性」與資本主義
式的「現代化」，遂化約成同義詞。經濟效益與行政效率的訴求，
壟斷了多數有關規範的思考，其他型式的理性與價值，遭受了挑
戰甚至淹沒。

　　民主化在台灣社會演變中所發揮的動能，更不能小覷。針對
黨國威權體制而生，民主運動曾經凝聚了台灣社會前所未見的大
量理想主義，也引領出了各種反抗意識和社會價值的追求。多種
進步運動與民主運動的共生關係，從它們在1980年代後期興盛一
時，即可爲明證。即使在政治民主化的範圍之內，台灣民主運動
也包含著自由主義與社會公平的基本訴求與嚮往，舉凡個人的自
由與平等、體制的公平正義、憲政分權、較廣義的諸項人權、政
治與社會的界線、歷史記憶的維繫矯正、以及多元與寬容等等，
其內容的豐富在中文世界堪稱向所未見。不過，一項運動，不免
會遭到它所針對的對象所制約。在反威權的大纛號召之下，民主
過程以及自由主義的各項價值，逐漸遭化約爲反抗舊權威和建立
新體制的工具。這些基本的訴求一旦遭到工具化，便不得不隨政
治需要而浮沈蛻變；加上這些訴求本身，原本並不完全是台灣歷
史記憶的有機部分，於是選舉動員、奪取政權等目標，儼然成爲

民主想像的全部內容。民主概念的這種枯竭，使得原先與它相連的進步理想和訴求，逐漸失去了依附。

　　身分認同的摸索與塑造，原本是特屬於現代性主體原則的典型議題，在個人、在群體，都可以為價值的想像與內在感性的表達，提供龐大的解放能量，不僅是個人抱負與文化生活的原料，也是社會多元與社會團結的契機所繫。在黨國舊政權的時代，這方面的掙扎摸索，曾受到政治力量的高度擠壓。可是一旦解嚴，認同的議題卻又遭新起的政治力量接收，國族認同成為身分議題的母題。問題在於，讓國族主義去壟斷認同議題，會造成多方面的限制。它所使用的範疇要區分內外、敵我，它所肯定的價值是特定的歸屬，它建立的社會團結繫於某種由政治力量所塑造的集體想像、甚至某種原始、自然的臍帶。另一方面，性質異於國族的價值與社會關係、以及超越國族的價值與社會關係，在國族主義的論述裡勢必居於次要、從屬的地位。由於國族論述的強制特性，加上它對於其他論述的排斥，「我是誰」的追問，不再是一種容許自我去自由進行的發現、創造或者追求的歷程，而淪為一種向政治共同體的回歸與獻身。時至今日，台灣社會的多元化程度不能不說可觀，可是身分認同卻仍然趨於單調和淺薄，無能發展成多元的文化景觀與生命型態，部分原因即在此。

　　總的來說，台灣社會幾十年來的主要發展方向，傾向於由政治力所主導的現代化——追求現代的資本主義經濟、現代的國家機器、以及現代民族國家的國族認同。不錯，歷史條件使然，這三項工作乃是任何一個社會都要面對的課題，而台灣數十年的摸索顛躓，所獲得的成果也頗為可觀。不過在意識的層面上，由上述三個方面的強大動力所醞釀、凝聚出來的「思想」，也自然向工具的理性和價值的非理性傾斜。這種思想所涵蓋的概念與價值

雖然屬於現代，卻只及於現代性之中的支配一面，疏忽了現代性之中屬於反思的文化面，從而批判的現代精神，遂告殘缺不全。

五、「啟蒙、人文、激進和前衛」

這種說法是不是太過於簡化，以致於對歷史歷程不夠公平呢？不錯，須要承認，台灣這幾十年積累的歷史經驗，乃是今人手裡的珍貴資產。但是正視歷史，尊重已經鑄成的得失，才是思想工作的出發點。不能否認，如上面的描述已經指出的，正是在思想的領域中，我們曾經錯過關鍵性的反思契機。結果，在台灣現有的思想傳承裡，除了上述的**現代化**與**現代國家化**之外，幾乎找不到其他較為完整的觀點與價值觀，足以作為立足點，一本「現代」的精神，去檢討幾十年來的主流體制和主流意識。

德國人談「我們時代的思想狀況」時的問題意識，可以取為對比，說明我們的現代運動缺少、錯過了甚麼。

哈伯瑪斯編輯《「當代思想狀況」關鍵詞》[3]一書時，宣稱戰後德國知識界的主流思想——也即是「納粹政權對立一面的傳統」——在於，「堅定地認定啟蒙主義、人文主義、市民階級的激進思想、以及十九世紀美學與政治兩方面的前衛主義」。他承認這個立場已經在1970年代末期潰敗，可是他仍然發起文集的寫作編纂，希望站在這種立場上，對新出現的保守主義局面提出回

3　Jürgen Habermas, ed., *Observations on the 'The Spiritual Situation of the Age': Contemporary German Perspectives*, English Translation by Andrew Buchwalter（Cambridge, MA.: The MIT Press, 1984）。關於這本書的德文原本，以及「思想狀況」這套問題意識在德國思想裡的來歷，請讀者參閱本期孫治本與孫善豪兩位先生的文章。

應，藉以測試這種「知識左派」的現狀。我們能不能說，一套模糊的「啟蒙主義、人文主義、市民階級的激進思想、以及美學與政治兩方面的前衛派」意識，幾十年來在台灣也曾經以其他的名字、以各種形式萌芽甚至有所進展？但是由於國際局勢和國內政治的大形勢設限、由於接不上前一個階段的台灣歷史與中國歷史、由於文化活動的急遽產業化、情趣化與休閒化、更由於知識分子與文化人缺乏自覺和獨立的性格（其實也就是對於「啟蒙、人文、激進和前衛」的體會與堅持還不足），偶然的騷動並沒有累積成有形的傳統。確實，姑且不論日本殖民時代留下多少餘緒，即使五十年來的簡陋經營，也曾經見到過自由主義、社會主義、文學與藝術的現代主義、激進的人道思想等等方面的跡象。可是近十餘年來，這一切似乎都沒有發揮過應有的酵母傳承功能。

如果某種可以類比於「啟蒙主義、人文主義、市民階級的激進思想、以及美學與政治兩方面的前衛派」的思路，在台灣一度代表一種追求嚮往，那麼重新挖掘這些觀點在台灣的系譜，說出這套價值的根據與蘊含，就是很有意義的思想工作了。這些或可泛稱為「啟蒙現代性」的傾向，對於台灣的發展經驗，是不是提出過具有實質意義的詮釋與批判？就提供生活的意義、建構身分認同、以及形成批判的動力這三方面來說，這套價值有沒有潛力開啟新的路向？當然，就今天的思想氣候來判斷，更多的人會不滿這套價值太自由主義、太西方、沾染了太多「現代性」；他們寧取其他意義下的現代性（例如新威權主義、新自由主義）、或傳統性的道德共同體（例如新儒家）、有人對於「文化」抱持浪漫的崇拜（例如本土論、多元文化主義）、或者另闢蹊徑選擇後現代的、後殖民的「反西方」現代性。但這些選項也一樣有責任，在

台灣的歷史與社會脈絡裡，展示該一觀點具有提供意義、形成批判、與展望前景的力道。令人沮喪的是，到目前為止，上述各種傾向(包括那種所謂的啟蒙傾向)，都沒有對這些問題提供明確的答覆。台灣知識分子對於「思想」的疏忽麻痺，在這片空白上看得最清楚。

　　坦然以道，筆者在這個問題上已經有了成見。這種成見，來自對於「思想」這種活動的理解和寄望。讓我們考慮一下：思想工作之所以可能、並且取得自主性，不必受到傳統的、宗教的、形上的、政治的價值預設所制約，完成自許的實踐和反思批判功能，不正是仰仗於「啟蒙主義、人文主義、市民階級的激進思想、以及美學與政治兩方面的前衛派」能夠成為明確的領路價值嗎？不錯，其他的價值觀點，多少都為思想工作設定了一個終極的原點，能夠啟發與促成各種關於意義、自我、以及理據的說法。但是，這類觀點所經營出來的意義空間，往往在封閉與虛無的兩極之間搖擺，其意義的來源帶有威權的地位，結果實踐與批判兩重目標，都會遭受壓抑。如果如此，我們似乎不能不對啟蒙、人文、激進與前衛的可能，繼續抱著希望。

六、期許一個跨越畛域的論壇

　　不過，個人的偏好，不能以思想的名義強說期望。必須承認，在今天的時空環境裡，要說明「啟蒙主義、人文主義、市民階級的激進思想、以及美學與政治兩方面的前衛派」究竟具有甚麼內容，進而證明其價值，是很艱鉅的工作。何況，即便在德國，哈伯瑪斯的論斷也曾被認為是黨派之見，「左派自由主義」之外的立場並不予以認同。回到台灣，除掉1960與1970年代之交的某

些思潮之外，上述標籤的適用性尤其極爲有限。不過，今天從事這樣的詰問工作，目標並不在於爭奪歷史的詮釋權，或者鞏固莫名的道德優越感，而是想知道，啓蒙、人文、激進與前衛，是不是還（如我所願）蓄積著進步的資源？如果這些理念並不屬於台灣歷史，那麼曾經啓發與感動台灣知識分子的，又是甚麼理念呢？在今天，由於台灣社會已經累積了一定的歷史經驗，在內部就一定會形成極爲不同的歷史詮釋和未來展望，對於現狀的評價也會大異其趣。各種歷史記憶會發展出迴異的思想，在意義、身分認同、以及批判工作的內容上各持己見，乃是很自然的事。可是，這些「思想」是甚麼？在迴異的思想立場之間，仍然必須分得出高下長短，無論是知識性的高下長短，或者道德性的高下長短。但我們有沒有興趣來著手於此？

在我看來，這件工作雖然可能引起台灣獨統、藍綠、左右各方的興趣，卻不應自限在台灣此時此地的環境裡。一方面，歷史情境已經大有變遷，隨著帝國主義／民族解放、社會主義／資本主義、極權體制／民主體制、保守主義／自由主義等等歷史性的對比架構日益鬆散模糊，在今日，思想狀況勢必要放在與二十世紀歷史有所不同——亦即超越獨統、藍綠、左右——的座標上來界定。另一方面，百年以來各地華人社會的多樣經驗和嘗試，形成了更爲豐富的積累，其攻錯價值並不次於習見的西方資源，並且在中文的語境中開採利用更形方便，尤其值得借鑑。不能不問：台灣環境所呈現的思想狀況，若是放入華人乃至於更廣的文化交往脈絡中，是不是還能夠保持其泰然的完整？更廣的交往脈絡，是不是才能考驗出來，我們的意義、認同與批判的資源，其實是相當捉襟見肘的？

華人社群的歷史經驗，其實包含了好些方面。大陸中國百

年來的反帝、反資本主義、追求階級翻轉的運動，雖然挫敗犧牲慘重，但是作爲教訓和作爲理想，仍具有正面意義，不應該簡單的全盤否定。台灣勤於西化、現代化，過程中誠然多有曲折，但是也有很多寶貴的經驗與收穫，包括維護傳統、落實民主、以及國家權威面前的公平；港澳在殖民與回歸的雙重壓力之下，既保存下來華人社群、文化的傳承，又能夠和其他族群形成相當成功的共存關係；到了新加坡與馬來西亞這邊，身爲移民社會，在帝國主義以及異民族爲主的架構之下，維持了西化與華人的雙重身分。這些經驗：社會主義的經驗、現代化的經驗、被殖民的經驗、移民的經驗，都是非常獨特豐富的。此外，所有的華人社群，固然一方面遭冷戰格局所隔絕，另一方面卻都有著自己一套在冷戰架構之下與西方交往的經驗，所換得的視野也頗見異趣。必須強調，今天要建立起普遍性的價值，如果不是跨國家而且分享文化、歷史、地位的接近性的話，是很難成功的。民主化、社會公義、文化共存：這些理念，不管在任何社會裡面，都會認爲是應該建立的共識，可是在每一個個別的社會裡面，因爲它的國際角色、歷史背景、地理環境的限制，在這些方面所能做的都有它的限制性。今天將大陸、新馬、港澳、台灣各自擁有的片面經驗並列、匯集在一起，則可望形成比較豐富的系統，作爲在華文世界裡追求一套超越價值的基礎。

　　讓台灣的思想狀況進入這種跨越政治畛域的空間，跟其他「狀況」對話，或許才可望提煉出具有進步潛力的價值理念，爲眼前時代的思想工作，找到下一個路口與源頭。

錢永祥

　　現任中央研究院人社中心副研究員。曾任《台灣社會研究季刊》編委，台灣哲學會秘書長，殷海光學術基金會董事長及執行長。學術興趣在倫理學、政治哲學、有關現代性的哲學思考、以及動物倫理學。著有《縱欲與虛無之上：現代情境裡的政治倫理》，翻譯過韋伯的《學術與政治》、彼得・辛格的《動物解放》等書。

「當代思想狀況」的診斷

孫治本

一、前言

　　1931年，位於柏林的瓦特·德·格呂特（Walter de Gruyter）
出版社，出版了德國哲學家雅斯培（Karl Jaspers）所撰寫的《當代
思想狀況》（*Die geistige Situation der Zeit*[1]），作為該出版社編纂
的「葛宣叢刊」（Sammulung Göschen）第1000號。一套文庫或叢
刊的第1000號，應當是有它的重要性的。1000這個數字是醒目
的，代表著文庫或叢刊的興盛。因此，只要出版社有心，是會愼
重選擇第1000號的作者和著作的。

　　或許正是因為如此，當德國法蘭克福祖爾坎普（Suhrkamp）
出版社名下的「祖爾坎普文庫」（edition suhrkamp；縮寫為e.s.）
準備出版第1000號時，出版社發行人翁澤爾德（Siegfried Unseld）
和總編輯布須（Günther Busch），請到了二次大戰後德國最有影響
力的思想家、已在「祖爾坎普文庫」出版多本著作的哈伯瑪斯

1　Karl. Jaspers, *Die geistige Situation der Zeit*（vierte Auflage）. Berlin:
　　Walter de Gruyter, 1932.

(Jürgen Habermas)，負責策畫該文庫的第1000號。追想作為「葛宣叢刊」第1000號的雅斯培著作《當代思想狀況》，以及兩個1000號時代背景的關聯，哈伯瑪斯決定為「祖爾坎普文庫」第1000號定名為《「當代思想狀況」關鍵詞》(*Stichworte zur ›Geistigen Situation der Zeit‹*[2])。

中、西方知識界都有著緬懷先哲和先哲經典著作的傳統，尤其當知識分子要做一件知識上的大事時，不免會以先哲和先哲的經典著作作為榜樣和超越的對象。筆者想這是《思想》雜誌復刊大業啟動時，想找人談一談哈伯瑪斯主編的《「當代思想狀況」關鍵詞》的原因。然而兩者的關聯在哪裡呢？這有許多想像的空間。最直接的，是兩者都有「思想」一詞。其實德文Geist亦可譯為「精神」，甚至多半是譯為「精神」。也就是說，哈伯瑪斯的《「當代思想狀況」關鍵詞》，亦可譯為《「當代精神狀況」關鍵詞》。不過在這裡譯為「精神」，不僅於中文有些難以達意，亦無法突顯上述兩者間的關聯，因此筆者選擇將雅斯培和哈伯瑪斯兩書中的Geist譯為「思想」。

然而除了同有「思想」一詞，《思想》雜誌與哈伯瑪斯的《「當代思想狀況」關鍵詞》又有甚麼樣的關聯呢？是針對兩者時代背景所產生的歷史聯想嗎？是兩者俱有「為時代做診斷」的企圖嗎？如果是，是甚麼樣的歷史聯想？「時代診斷」的重要議題又是甚麼？

哈伯瑪斯主編的這一部文集，共收錄有32篇不同作者的論文。在此逐一介紹這些文章，對《思想》的讀者並沒有太大的意

2　Jürgen Habermas（edit.）, *Stichworte zur ›Geistigen Situation der Zeit‹* （1. & 2. Band）, Frankfurt/M.: Suhrkamp, 1979.

義。針對兩者的時代背景，抒發某些歷史聯想，則更有意思，然而對此筆者擬盡量從比較宏觀和理論的層次著手，以避免不倫不類的台灣與德國具體環境的勉強比較。筆者因此將這篇論文的題目定為〈「當代思想狀況」的診斷〉，以表示本文不是限於介紹哈伯瑪斯的《「當代思想狀況」關鍵詞》一書，而是就著雅斯培和哈伯瑪斯兩書部分內容的啟發，談一談對當代社會的主要診斷和發現。筆者選擇了三個主題，分別涉及「知識分子的失落」、「大眾機制對個體性的威脅」，和「大眾文化」。

二、時代診斷與知識分子的失落

1978年中，哈伯瑪斯寫信給約50位評論家、作家和學者，邀請他們共同撰寫《「當代思想狀況」關鍵詞》，作為「祖爾坎普文庫」的第1000號。這本冠上雅斯培1931年著作標題的新作，為甚麼要由多人集體創作呢？哈伯瑪斯在信中表示，這是因為沒有人會再只信任當代單一作者的理論。作為「葛宣叢刊」第1000號的雅斯培《當代思想狀況》，出版於希特勒上台前兩年[3]。哈伯瑪斯視該書為一種**時代診斷**(Zeitdiagnose)，並想在「葛宣叢刊」第1000號和「祖爾坎普文庫」第1000號之間建立一些歷史的聯想，而這自然與「祖爾坎普文庫」的時代意義有關[4]。

「祖爾坎普文庫」於1960年代初期啟動，最初係以文學為主，輔以哲學，首50輯的作者包括了阿多諾(Adorno)、班雅明

3　該書出版於1931年。1933年，希特勒出任德國總理。

4　Jürgen Habermas (edit.), *Stichworte zur ›Geistigen Situation der Zeit‹* (1. & 2. Band), p. 7.

（Benjamin）、葛拉斯（Grass）、赫塞（Hesse）、維根斯坦
（Wittgenstein）等知名作者。依哈伯瑪斯之見，「祖爾坎普文庫」
後來的發展，代表了二次大戰之後德國的主流知識傳統，這是指
啓蒙、人道主義、公民激進思想、19世紀美學和政治上的前衛思
想，其精神主要是左派的。多年來，左派知識分子得以抱著確切
的理所當然心態，型塑德國的文化氛圍。然而哈伯瑪斯強調，**這
個情況已成為過去**[5]。大約從1970年代初起，左派知識分子曾經
而且依然能夠認同的事物，受到了其他人強烈的懷疑。左派面對
新右派的興起，聲音不大；新右派的意識型態主要並非形成於文
學和藝術之中，而是形成於教育和師資培育、社會科學和哲學、
文化政策和大眾傳播媒介。不過哈伯瑪斯也認為，這個情形，可
以考驗戰後至1970年代初塑造德國文化的左派知識分子今日的
立場[6]。

　　哈伯瑪斯認為二次大戰後至1970代初，型塑德國文化氛圍的
是左派知識分子，而「祖爾坎普文庫」代表的也正是左派知識分
子的傳統，因此哈伯瑪斯選擇「祖爾坎普文庫」第1000號共同作
者的標準是：其認同係二次世界大戰後才形成的；對於戰後西德
的知識發展具有一定的影響；以及站在希特勒政權所欲消滅的傳
統這一邊。如果不清楚何謂希特勒政權所欲消滅的傳統，只要拿
「祖爾坎普文庫」作為標準即可；「祖爾坎普文庫」已經成為一
種區分不同精神的機制[7]。

　　最後，總共有32位作者接受了哈伯瑪斯的邀請，次年（1979）

5　粗體為本文作者所標。
6　Jürgen Habermas（edit.）, *Stichworte zur ›Geistigen Situation der Zeit‹*
　　（1. & 2. Band）, pp. 7-8.
7　Ibid., p. 8.

這本《「當代思想狀況」關鍵詞》順利出版。該書付梓前不久，屬於法蘭克福學派第一代的馬庫哲(Hebert Marcuse)在德國史坦柏格(Starnberg)去世，去世前他正客座於哈伯瑪斯主持的馬克斯‧普郎克科技世界生活條件研究所(Max-Planck-Institut zur Erforschung der Lebensbedingungen der wissenschaftlich-technischen Welt)。祖爾坎普出版社總編輯布須在該書後記中特別為馬庫哲的辭世表示哀悼之意，並稱馬庫哲為「勇敢的討論夥伴和難忘的朋友」[8]。

筆者想較細緻地推敲哈伯瑪斯在「葛宣叢刊」第1000號和「祖爾坎普文庫」第1000號之間所做的歷史聯想，並思量這種歷史聯想是否也能用到今天《思想》的復刊上。很顯然，在雅斯培的《當代思想狀況》和哈伯瑪斯主編的《「當代思想狀況」關鍵詞》之間，哈伯瑪斯並未從歷史細節上比較兩者初版時的時代背景。不過從哈伯瑪斯致思想上的同志的撰稿邀請信上，我們可以體會，哈伯瑪斯認為兩書均出版於時代變遷之際，而且兩次時代變遷均涉及某種知識分子傳統的「已成為過去」。「已成為過去」是哈伯瑪斯作為(左派)知識分子的一種深沉感嘆。當然，哈伯瑪斯樂意邀集數十位思想上的同志，共同撰寫「祖爾坎普文庫」第1000號，就是為了延續左派知識分子的傳統，所以他的心情還是樂觀的成份居多。

1978年時，哈伯瑪斯已深感新右派對左派知識傳統的壓迫。依筆者之見，從那時至今，左派知識傳統在歐洲繼續敗退，沒落之景較1978年更為淒慘。其實不管左派、右派，今天整個知識分子的傳統和影響力都已經大幅式微。如果把時間上溯到雅斯培出

8　Ibid., p. 848.

版《當代思想狀況》的1931年，則當時的知識分子正處於威瑪共和的混亂中，兩年後開始的12年納粹風暴，更是知識分子前所未有的浩劫。不過有趣的是，在威瑪共和的時代，被今天的我們視為重量級的德國「知識分子」（Intellektuelle），大多不會自稱「知識分子」，因為那時在德國，「知識分子」還比較是一個具貶義的字眼。

「祖爾坎普文庫」第1000號出版後，該叢書繼續興盛至今。1000號以後的著作，除了文庫總編號外，還冠上「新系列」（Neue Folge；縮寫為NF）編號，例如筆者手邊另一本哈伯瑪斯的著作，出版於1987年的《一種損害處理》（*Eine Art Schadenabwicklung*[9]），就屬於「祖爾坎普文庫」第1453號（es 1453）；新系列第453號（Neue Folge Band 453; NF 453）。這本冊子裡收錄了哈伯瑪斯一篇關於知識分子的論文，名為〈海因利希‧海涅與知識分子在德國的角色〉（Heinrich Heine und die Rolle des Intellektuellen in Deutschland）[10]，正可以做為我們討論的開端。

在這篇論文中，哈伯瑪斯視海涅為德國知識分子的典範。哈伯瑪斯提到，在20世紀早期和兩次大戰之間，由於「知識分子」一詞的貶義，即使是我們今天毫不猶疑地歸類為知識分子的重要人物，都不會將「知識分子」作為正面意義的字眼來使用。20世紀早期的人喜歡用的稱呼是「有思想的人」（geistige Menschen; Geistige; Geistesmenschen）、「思想創造者」（geistig Schaffende）或「思想貴族」（「精神貴族」）（Geistesadel）；左派則有「思想

9　Jürgen Habermas, *Eine Art Schadensabwicklung. Kleine politische Schriften*, Frankfurt/M.: Suhrkamp, 1987.

10　Ibid., pp. 25-54.

勞動者」（「精神勞動者」）(geistige Arbeiter)的說法[11]。一直要到二次大戰後的德意志聯邦共和國，德國才形成了願意接受（稱呼）自己為知識分子的知識分子階層[12]。

哈伯瑪斯在上述關於海涅的論文中提及的「知識分子」一詞在歷史上的負面意義，可能會令我們台灣的知識分子驚訝，因為從這個字眼在台灣受到矚目以來，似乎它的意義一直都是正面的。德國語文學者貝林(Dietz Bering)探究了這個字眼的歷史，完成《知識分子》(*Die Intellektuellen*)[13]一書，其副題即為「一個罵人的字眼的歷史」(Geschichte eines Schimpfwortes)，這是因為在二次大戰結束以前，對許多右傾或者左傾的德國人而言，「知識分子」都是一個罵人的名詞。許多人同意，「知識分子」一詞起源於19世紀末（大約是1898年）的法國，當時許多法國知識界和文化界人士，公開聲援遭法國參謀本部誣陷為德國間諜的法國猶太裔軍官德赫福(Dreyfus)。這些人即被稱為知識分子[14]。然而當時德國並未從法國移植知識分子一詞的正面意義。

二次大戰以後，知識分子一詞才在德國逐漸成為正面的稱呼。然而1970年代起，德國有較多的反知識分子的運動，包括來自保守政黨的打擊，以及某些學者如雪爾斯基(Helmut Schelsky[15])、

---

11 Ibid., pp. 31-32.

12 Ibid., p. 46.

13 Dietz Bering, *Die Intellektuellen*. Frankfurt/M.: Ullstein, 1982.

14 Ibid., pp. 39-40.

15 社會學家Helmut Schelsky所著《勞動是其他人在做：階級鬥爭與知識分子的神權統治》(*Die Arbeit tun die anderen. Klassenkampf und Priesterherrschaft der Intellektuellen* [2. Auflage]. Opladen: Westdeutscher Verlag, 1975.)，可謂德國於二次大戰後對知識分子最嚴厲批評的著作。

鍾特海默（Kurt Sontheimer[16]）批評知識分子的理論。這些哈伯瑪斯所謂以知識分子的工具反知識分子的學者，認為知識分子已經成為一個新階級，知識分子的角色制度化以後，呈現了一些弊病。然而哈伯瑪斯認為，知識分子角色的正常化已經穩定下來，反知識分子的運動只是徒勞無功而已[17]。

在關於海涅和德國知識分子的論文中，哈伯瑪斯對德國知識分子的前景稱得上樂觀。然而哈伯瑪斯對反知識分子的理論是避重就輕的。其實哈伯瑪斯所謂的「知識分子角色的正常化」，正是造成知識分子沒落的原因之一。而根據反知識分子理論，「知識分子角色的正常化」帶來了弊端，這些弊端係跟隨「知識分子角色的制度化」、「知識分子新階級」的形成而來。至於左派知識分子影響力的式微，在近年一些歐洲左派政黨搞出甚麼「第三條路」、「新中間」，赤裸裸地向右靠攏後，更是顯而易見。

現在筆者想討論一下，哈伯瑪斯的歷史聯想，是否也能適用在《思想》的復刊上？

《思想》復刊於時代劇變之際？這是肯定的。而《思想》雖復，是否有一些重要的東西「已成為過去」呢？

1931年，雅斯培出版《當代思想狀況》，兩年後德國知識分子即將遭受納粹浩劫；1978年，哈伯瑪斯邀請思想上的同志共同撰寫《「當代思想狀況」關鍵詞》之際，感慨左派知識分子影響

---

16 Kurt Sontheimer是聯邦德國極重要的政治學者，於1976年出版《我們的知識分子的貧困》（*Das Elend unserer Intellektuellen*. Hamburg: Hoffmann und Campe. 1976.），該書亦為批評（左派）知識分子的重著作。Sontheimer已經於去年（2005年）5月16日去世。

17 Jürgen Habermas, *Eine Art Schadensabwicklung. Kleine politische Schriften*, pp. 50-51.

力的式微。如今《思想》要復刊了，台灣的知識分子傳統是否也「已成為過去」呢？

筆者認為答案是肯定的。哈伯瑪斯所謂的左派知識分子、右派知識分子，這種分法並不適用於台灣。我們的政治光譜並不是用左與右的意識型態區分的，因此我們也無所謂左派或右派知識分子沒落的可能。**在台灣，沒落的其實是全體知識分子。**

《思想》肯定要一期、一期地彙集台灣知識菁英的著作發表。如同雅斯培的《當代思想狀況》和哈伯瑪斯的《「當代思想狀況」關鍵詞》，《思想》肯定也是一種時代診斷，只是準備在《思想》這塊園地做時代診斷的知識分子，本身已經沒落了。

台灣的知識分子所認為的知識分子的核心傳統是甚麼？是「批判的精神」。當「知識分子」一詞越來越熱之際，1980年，葉啓政在〈從文化觀點談知識分子〉中強調，知識分子的主要特徵為其批判性[18]。今天，我們根本很難聽到「知識分子」一詞了。而知識分子的批判性，已經在很大的程度上銷融於非左、非右的台灣式黨派立場，和配合媒體所做的言詞鬥爭中。因此不僅是「知識分子」作為一個詞彙退流行了，知識分子的批判精神也已沒落，或者不為大眾所採信。

前述攻擊知識分子的理論認為，「知識分子角色的制度化」會帶來弊端，而台灣知識分子傳統沒落的重要原因之一，正是「知識分子角色的制度化」。這裡所謂制度化，包括例行化、量化、市場化。這些趨勢，在知識分子的兩大職業領域——學術界和新聞界——是顯而易見的。這些不適當的制度化，使知識分子的思

---

18 葉啓政，〈從文化觀點談知識分子〉，收錄於《知識分子與中國》（台北：時報文化，1980），頁23-36。

想投機化卻又僵化。而知識分子的人口增加，和傳播媒介的普及化，也大大降低了知識分子的菁英意識和權威。這是大眾文化興起的結果之一。由於哈伯瑪斯主編的《「當代思想狀況」關鍵詞》中也有專章探討大眾文化，我們將另闢一節（第四節）談論大眾文化在當代思想狀況中扮演的角色。

三、雅斯培的時代診斷——銷融於大眾中的 個體

　　哈伯瑪斯在為《「當代思想狀況」關鍵詞》發出的邀稿函中強調，雅斯培的《當代思想狀況》只是作為一個刺激，受邀者撰寫的論文不一定要與該部著作有關[19]。然而既然我們在前面援引了哈伯瑪斯在「葛宣叢刊」第1000號和「祖爾坎普文庫」第1000號之間所做的歷史聯想，而且雅斯培在《當代思想狀況》中所做的時代診斷，確實亦適合吾人今日所處的時代，因此筆者覺得應該追溯賦予哈伯瑪斯書名靈感的雅斯培《當代思想狀況》的要旨。

　　哈伯瑪斯認為，直到1933年希特勒上台之前，德國有兩種非常不同的「時代診斷」傳統。其一是用哲學的方式理解時代，並且將時代診斷與一種作為所有知識源頭的哲學聯繫起來。雅斯培是此種傳統的很好的代表；另一種時代診斷的傳統則興起於工人運動中，與馬克思思想有關，注重理論和實踐之間的調和，以及批判性的社會理論、意識建構和階級鬥爭組織間的相關性。然而

19　Jürgen Habermas（edit.）, *Stichworte zur ›Geistigen Situation der Zeit‹* （1. & 2. Band）, pp. 8-9.

希特勒敗亡之後，這兩種傳統都無法在德國獲得復興[20]。

對於雅斯培的哲學，哈伯瑪斯注意到雅斯培意圖直接掌握整體(das Ganze)，但哈伯瑪斯認為這種論點已經陳腐了[21]。然而此種哲學還是值得我們深究；尤其值得玩味的是，諸如雅斯培、早於雅斯培的狄爾太(Wilhelm Dilthey)等強調整體的德國思想家，亦注重個體與整體、主體與客體的關係。

雅斯培在《世界觀心理學》(*Psychologie der Weltanschauungen*)一書中表示，世界觀是一種整體，具有普遍性，是人的極致和全部；主觀上世界觀是體驗、力量和信念，客觀上世界觀則是作為對象被型塑的世界[22]。就主體觀之，世界觀是態度；就客體觀之，世界觀是世界圖像。世界圖像就是一個人所擁有的對象內容的全體[23]。因此，在世界觀中，主體的態度和被型塑的客體世界結合了起來。至於世界觀心理學的來源，雅斯培認為有4種，分別是：

1. 自身直接的經驗；
2. 進一步探索世界所獲得的經驗(將自身沉浸於各種環境、範圍和當今人類)；
3. 歷史經驗(遨遊於過去)；
4. 已經存在的世界觀心理學——黑格爾的精神現象學[24]。

20　Ibid., p. 11.
21　Ibid., p. 9.
22　Karl Jaspers, *Psychologie der Weltanschauungen* (6. Auflage). München: Piper, 1971, p. 1.
23　Ibid., p. 141.
24　Ibid., pp. 7-12.

雅斯培的世界觀概念，明顯受到了狄爾太的影響。狄爾太說，世界觀(Weltanschauung)是生活的一部份，「在世界觀的結構中總是存在著生活經驗和世界圖像(Weltbilde)間的內在關係」[25]。世界觀的三個組成部分是世界圖像、生活經驗和生活理想(Lebensideal)[26]。這種世界觀概念，表明狄爾太相信生活和世界是一個整體；生活是自我和世界組成的一個整體。生活不只是我的生活，也同時是其他人的生活，是整個歷史的生活。生活是世界的一部分。對世界的認識即對生活的認識[27]。

根據前述雅斯培的說法，世界觀既是主體的態度，也是一種整體、普遍的，因此在世界觀中，我們也認知到個體與全體的聯合。雅斯培對個體和全體的關係的闡釋是：「人的基本狀況是：人一方面作為個別的、終極的生命而存在，然而人同時也認知到全體、整體。人受其終極的此有形式制約，然而人不光是自己奮力對總體做出要求，人也認知到自己不應該只是一個個人，而是應該服從於全體，做整體的成員。……在此一矛盾中，生命只能作為過程而存在。這個永無止境的過程本身，對我們而言是不可解的。」[28]在此一矛盾中，固然全體、整體是重要的，然而個體作為終極生命的本質亦是絕不能被忽略的。如果個體的特殊性受到集體的粗暴忽視甚至打擊，人類的世界觀便會因為缺乏來自於

25 Wilhelm Dilthey, *Gesammelte Schriften, Band V.* Leipzig: B. G. Teubner, 1921, p. 380.
26 Wilhelm Dilthey, *Gesammelte Schriften, Band VII.* Leipzig: B. G. Teubner, 1921, p. 296.
27 Otto Friedrich Bollnow, *Dilthey – Eine Einführung in seine Philosophie* (3. Auflage). Stuttgart: W. Kohlhammer, 1955, p. 49.
28 Karl Jaspers, *Psychologie der Weltanschauungen* (6. Auflage), pp. 379-380.

個體的生活經驗，而日顯貧乏、粗鄙。亦即，當個體受到忽視時，整體亦將沉淪。雅斯培在《當代思想狀況》一書中所做的時代診斷，指出了人類正面臨「個體銷融於大眾機制」的危機。

在哈伯瑪斯編纂的《「當代思想狀況」關鍵詞》一書中，只有兩篇論文直接關聯到雅斯培的《當代思想狀況》，其中一篇是德國社會學者達倫道夫（Ralf Dahrendorf）撰寫的〈文化悲觀主義 vs. 進步期望──一種必要的區隔〉（Kulturpessimismus vs. Fortschrittshoffnung. Eine notwendige Abgrenzung）。在這篇論文中，達倫道夫點出了雅斯培《當代思想狀況》一書中所診斷的「此有（Dasein）戰勝了存有（Sein）」的危機[29]。

危機的根源在於雅斯培所謂的「大眾機制」（Massenordnung），而大眾機制得以形成的前提是人口的增加和技術的進步。亦即，大量的人口需要一部巨大的機器來照料，而技術的進步，使這部任務艱鉅的機器成為可能。雅斯培說：「沒有巨大的功效機器，人民大眾根本無法生存，在此一功效機器中，人作為齒輪一起工作，好使人的此有（Dasein）成為可能。」[30] 人成為這部巨大機器的齒輪，使得「個人銷融於功能中。」[31]照料人的巨大機器，反而成了對人的巨大威脅。雅斯培：「作為照料此有的機器而新形成的世界，強迫一切為其服務。在此一世界無位置的一切，都會被其消滅。人似乎只專注於手段，而非目的，

29 Ralf Dahrendorf, "Kulturpessimismus vs. Fortschrittshoffnung. Eine notwendige Abgrenzung," in Jürgen Habermas (edit.), *Stichworte zur ›Geistigen Situation der Zeit‹, 2. Band: Politik und Kultur.* Frankfurt/M.: Suhrkamp, 1979, pp. 213-228.
30 Karl Jaspers, *Die geistige Situation der Zeit* (vierte Auflage), p. 26.
31 Ibid., p. 29.

更不要說意義了。然而人無法在其中找到滿足；人缺乏給予其價值和尊嚴之物。」[32]「當照料此有的巨大機器使個人成為功能，個人便與本質上的生活內涵脫離，而從前這些生活內涵是作為傳統圍繞著個人的。」[33]當人擴充其此有時，犧牲了存有[34]。

照料人的巨大機器，和大眾機制密切相關，雅斯培：「大眾和機器同屬一個整體。為了賦予大眾此有，一部大機器是必要的。這部大機器必須依據大眾性質校準：它的經營要依據勞動力大眾的性質校準；它的生產要依據消費者大眾的評價校準。」[35]當大眾性質主宰了一切，個體的特殊性便瀕臨滅亡，雅斯培因此說：「大眾機制建構了一個普遍的此有機器，這個此有機器摧毀了特殊的人類此有世界。」[36]個人的自我感覺消褪，興盛的是集體[37]，「人類的存有被化約為普同：化約為有效率的身體的生命力，化約為享受的瑣碎。」[38]

當代法國社會學者Alain Touraine曾說，社會學分析的中心議題已經變成對**社會行動者的消失**(主體的死亡)的研究[39]。由此可見主體危機的嚴重性。雅斯培所謂威脅個體特殊性的大眾機制，以筆者之見，大致上包含資本主義的生產機制、國家政府機器，和與消費密切相關的大眾文化機制。而在大眾文化機制中，個體

---

32 Ibid., pp. 65-66.
33 Ibid., p. 31.
34 Ibid., p. 66.
35 Ibid., p. 35.
36 Ibid., p. 48.
37 Ibid., pp. 29-30.
38 Ibid., p. 30.
39 Alain Touraine, "Sociology without Societies," *Current Sociology* 51 [2] (2003), p. 125.

究竟是大眾性質的犧牲品，抑或大眾文化賦予了個體發揮個性和創造力的機會，是很好的爭辯議題。哈伯瑪斯《「當代思想狀況」關鍵詞》中亦收錄有關於文化、大眾文化的論文，因此筆者將大眾文化作為本文探討的第三個主題。

四、誰的「思想」？──大眾文化vs.菁英思想

哈伯瑪斯主編的《「當代思想狀況」關鍵詞》計分兩冊，上冊題為「國族與共和國」（Nation und Republik），下冊題為「政治與文化」（Politik und Kultur），可見對這場於1978/1979年間所做的時代診斷而言，國族和政治議題具有很大的重要性，然而文化議題亦佔有一部分篇幅。《「當代思想狀況」關鍵詞》當然是一群德國知識菁英所做的時代診斷，然而其中亦有討論大眾文化的論文。其中波惹（Karl Heinz Bohrer）寫的〈三種文化〉（Die drei Kulturen），很能讓人思考精緻文化與大眾文化的消長。

波惹所謂的三種文化是：舊文化、新文化和大眾文化。舊文化和新文化都是比較精緻的，亦即都屬於精緻文化，兩者的區別則在於，新文化俱有實驗性、前衛性，和充滿希望的魅力。新文化有可能轉變為舊文化，例如二次大戰後，1960年代由西方資產階級（即市民階級）發展出的新文化，因為已經失去了其強度，便轉形成為舊文化。起源於小資產階級（即小市民階級）、普羅階級年輕人的大眾文化，則方興未艾。熱門音樂、色情圖片、足球、電視，以及所有「日常生活」的變種，都屬於大眾文化的範圍。新文化的原本要素會在大眾文化中獲得保存，但卻是在缺乏理論

反省的情況下保存的[40]。

　　波惹所謂的新文化，是有知識與文藝菁英參與的。例如1960年代興起的新文化，有懷斯（Peter Weiss）、班雅明、阿多諾等許多菁英的貢獻，因此新文化是有理論基礎的。大眾文化即使吸取了新文化的要素，但因為大眾文化的創造者大多不屬於知識菁英，因此很難提出理論論述。然而儘管新文化理論反省的能力較強，但十幾年後就老化成為舊文化。波惹在上個世紀70年代末期，即已看出非屬菁英文化的大眾文化的生命力。今日大眾文化的實力有更大的進展，已經不止是威脅了菁英文化，而是使菁英文化幾乎已經不成為一個概念了[41]。

　　大眾文化的特徵是甚麼呢？波惹提到的「日常生活的變種」是蠻關鍵的概念，也就是說，大眾文化與日常生活的關係密切，大眾文化是一種生活化的文化。其他學者也有相同的看法，例如阿多諾認為，文化產業導致藝術的解藝術化（Entkunstung），而他所謂的解藝術化，主要是指「藝術與生活的界線應該消失」的想法，這種想法是藝術淪為消費品的主觀基礎[42]。在另一處阿多諾又說，文化產業的基本習性，是「對生活的肯定」（Affirmation des Lebens）[43]。大眾文化發展出一種「美學自治」（ästhetische

---

40　Karl Heinz Bohrer, "Die drei Kulturen," in Jürgen Habermas (edit.), *Stichworte zur ›Geistigen Situation der Zeit‹, 2. Band: Politik und Kultur*. Frankfurt/M.: Suhrkamp, 1979, pp. 647-648.

41　依筆者之見，「菁英」的定義已經非常多元、歧異，而且在商業化、大眾化的效應下，已無所謂菁英文化與大眾文化的明確分野，「菁英文化」一詞因此失去了指涉性。

42　Theodor W. Adorno, *Ästhetische Theorie* (9. Auflage). Frankfurt/M.: Suhrkamp, 1989, p. 32.

43　Theodor W. Adorno, *Einleitung in die Musiksoziologie*. Frankfurt/M. :

Autonomie)的主張，例如普通水平的樂曲也希望被視為藝術[44]，就是美學自治主張的表現。

今天，再普通不過的人，也可以使用網路這樣的新傳播媒介去創作和發表，這使得大眾文化的創作者和傳播者數量激增。許多大眾文化的創作者所做的，不過是將自己的日常生活變形和包裝後，呈現和傳播出去，這是大眾文化與日常生活關係的一個層面。不過兩者間的關係還有另一個層面，亦即精緻文化也會進入越來越多人的日常生活中。施密德(Wilhelm Schmid)即注意到日常生活文化與精緻文化的這種關係。他說，直接表現生活形式的文化，即是所謂的日常生活文化(Alltagskultur)，日常生活文化會表現在面貌、眼神、姿勢與他人相處的方式等。精緻文化(Hochkultur)雖與日常生活文化有所區別，但精緻文化可以作為生活型塑的供應來源和生活藝術的反省[45]。精緻文化經常會透過商品化和庸俗化的過程，進入普通人的日常生活中。因此，一方面普通人的日常生活會朝精緻文化的方向提昇，精緻文化也會越來越生活化甚至庸俗化，這使得精緻文化與大眾文化間的分野越來越不清楚。大眾文化的創作者和消費者，也不再以傳統所謂的小市民階級和普羅階級為主，而是大量吸納了更上層的階級。

精緻文化朝向大眾文化發展，以及大眾文化與日常生活的密切關係，造成藝術的生活化與生活的藝術化。某些人會認為藝術的生活化根本就是阿多諾所謂的「解藝術化」。對藝術的定義做爭辯，恐怕沒有結果，還不如分析形成於普通人日常生活中的文

(續)────────────────

Suhrkamp, 1975, p. 53.

44 Ibid., p. 55.

45 Wilhelm Schmid, *Philosophie der Lebenskunst —Eine Grundlegung.* Frankfurt/M.: Suhrkamp, 1998, p. 131.

化創作與傳統精緻文化的差異。以文學爲例，文學的生活化，或者說把日常生活呈現爲文學作品，使得詩和小說不再強調奇與幻，而是提供讀者熟悉的語彙、角色、場景。佛洛依德認爲詩人所做的與玩遊戲的小孩一樣，亦即詩人創造出一個他非常認眞對待的幻想世界，此一幻想世界俱有大量的激情，詩人將這個幻想世界與眞實清楚地區別開來[46]。布洛赫（Hermann Broch）也說，小說和詩的任務是建構一個夢幻世界、希望世界，在現實世界中永遠無法實現的個別價值體系的期望，能在小說和詩裡面獲得極致的實現，所有生活中理性和非理性的要素，能在小說和詩之中統一起來[47]。然而與這些傳統文學理論不同，今日大眾文化中的文學，對日常生活氛圍的強調，要遠甚於對幻想世界的建構。

在《思想》復刊之際，台灣的大眾文化、庶民思想，正隨著網際網路的發達，爆炸性地削弱文化菁英、思想菁英的影響力。這使我們不得不想到，**《思想》應該代表誰的思想？是各種普通人的思想？還是少數影響力越來越弱的「菁英」的思想？**筆者相信《思想》主要是後者的舞台，這在大眾傳播媒介品質日益低落的台灣，無疑將吹起一陣思想的和風。然而大眾文化中的創造性亦是不可忽視的。當思想菁英拿不出新東西時，其菁英地位就會受到挑戰。此時可以轉身探索庶民的思想，或將獲致創意的泉源。

---

46 Sigmund Freud, *Schriften zur Kunst und Literatur*. Frankfurt/M.: Fischer, 1987, p. 172.

47 Hermann Broch, *Schriften zur Literatur Theorie*（2. Auflage）. Frankfurt/M.: Suhrkamp, 1981, p. 116.

五、結語

前面我們說過，哈伯瑪斯編纂《「當代思想狀況」關鍵詞》一書時，雖感嘆德國左派知識分子的盛況「已成爲過去」，然而他的心情還是樂觀的。他在致思想上的同志的邀稿函中說：

> 未曾陳腐的是知識分子帶著立場和實際性，帶著靈敏度和堅毅，對劇變、發展趨勢、危險，對危急時刻採取反應的任務。知識分子的職責是，使模糊的現狀成爲可意識的。我們不該拱手將此一任務讓給那些認爲「知識分子」是罵名的人[48]。

多麼壯觀的知識分子宣言！然而哈伯瑪斯所不滿的知識分子批判者的論點，亦可供知識分子反躬自省。例如雪爾斯基著《勞動是其他人在做：階級鬥爭與知識分子的神權統治》[49]，其主要論點謂：有兩個階級，其一是從事勞動，生產生活所需的物品的階級；另一種階級則是知識分子，知識分子透過操弄、界定不具生產性的上層結構的意義，成爲社會的統治者。

雪爾斯基所言，值得知識分子警惕，何況今天我們台灣人已不可能再輕信高高在上，對社會缺乏深刻的觀察和理解，卻自以爲一般人迫切需要其啓蒙的知識分子。筆者相信，《思想》將是

---

48 Jürgen Habermas（edit.）, *Stichworte zur ›Geistigen Situation der Zeit‹*（1. & 2. Band）, p. 9.

49 Helmut Schelsky, *Die Arbeit tun die anderen. Klassenkampf und Priesterherrschaft der Intellektuellen*（2. Auflage）.

知識分子表現深度的論壇，也有機會成為台灣知識分子復興的媒介。筆者在本篇論文中，順著雅斯培《當代思想狀況》和哈伯瑪斯《「當代思想狀況」關鍵詞》兩書部分內容的啓發，選擇出三個討論主題，除了主張我們要關懷當代社會中的主體性危機，深思大眾文化的問題與契機，最心有所感的還是上述哈伯瑪斯刻劃出的知識分子的任務與職責。期許《思想》能成為知識分子診斷自己，探討其職責，以進而診斷社會，發展個人和社會思想的園地。

孫治本

政治大學社會系畢業，波昂大學哲學博士。現任交通大學通識教育中心專任副教授，並兼任於同校傳播與科技學系。主要研究興趣包括全球化、生活風格與消費文化、網路文化、科技社會學、經濟與企業社會學、社會學理論。從小對人文和科技都有濃厚的興趣，就讀中一中時因立志從事社會工作，放棄理工，而以社會學系為第一志願。其後因故放棄以社工為職業的想法，赴德遊學，滿足了從小對西方的嚮往。酷愛旅行，仍不斷重返歐洲。對科技的興趣，則從3C產品和建構網站中實現。歡迎讀者遊覽個人網址：http://www.cc.nctu.edu.tw/~cpsun

思想：反省與批判

孫善豪

一、「革命嘍！」——從我的1988年學運經驗談起

1988年，我正在柏林自由大學讀書。某個秋天中午，一位語言班的大陸女同學急敲我的房門。我睡眼惺忪地應門，她劈頭就說：「革命嘍！」我本以爲她在開我玩笑(因我總是口口聲聲不離馬克思，因而被她稱爲「老馬派」)，但是隨她去了自由大學，才知道：眞的「革命」了！自由大學的主建築(「鏽樓」和「銀樓」)入口處被噴漆寫上了大大的 "Don't study, be happy!"；附近各幢建築和主樓的通道，也都被噴漆寫上了各種「革命標語」；各處「自由大學」(Freie Uni.) 的標誌[1]，幾乎都被改寫成「解放大學」(Be-Freie Uni.)[2]：整個大學已被學生「占領」了。一週之

---

1 自由大學並沒有用圍牆隔出的校園。各個系所，無論是大學本身的建築、或是租借附近的民房，都在建築前面的路邊立一個標誌，標明這幢建築是自由大學的某系所或某行政單位。

2 自由大學的全名是 "Freie Universität Berlin"，也可以寫成 "Berliner Freie Universität "。解放大學，其實就是把 "Berliner Freie

內，甚至校長、教授，都宣布「與學生團結」[3]。一時間，傳單四飛：每一張都是致「男／女大學生」（StudentIenen）的（充滿了女性主義的進步色彩）。各種不滿、各種主張，如雨後春筍冒將出來。學生全體大會（VV）一開再開。教室改成了café，成了學生的Öffentlichkeit。由學生自主組成的琳瑯滿目的討論會，取代了大學正式課程……。如此奇妙的景象，真是讓我這台灣鄉巴佬大開眼界。在戒嚴時代成長的我，對「罷課」原本毫無感性認識，只以為是「不上課」而已。但是現在，我見識到了甚麼是「罷課」：「罷課」不是只消極的「集體蹺課」，而是積極的「佔領大學」：「罷課」之「罷」，實乃「霸佔」之「霸」也。如此新鮮的經驗，卻被一位波蘭同學潑了冷水：這有甚麼稀奇呢？他在波蘭——共產黨統治下的波蘭！——就已經有很多次罷課經驗了：都是睡睡袋抗爭的。

雖然是那樣地激情、雖然得到當時西德其他大學的響應，但是這場學運卻被媒體全面封殺了：不僅全德的兩家電視台，甚至即使柏林的地方電視台，也都完全不理會這次的學運。在沒有社會支持下，學運很快就隨著柏林邦議會年底的改選而告終了：社民黨取代了基民盟在柏林執政。雖然社民黨似乎是支持學生的，但是霸佔大學、堅守崗位的學生，照樣在社民黨執政後被警察抬出自由大學，結束了學生的「佔領」。一年之後，一切復歸平靜。

這場學運的導火線是：柏林邦政府因為財政短缺，想減縮教育預算。由於自由大學長久被「左翼」教授控制，憑其「受教平

(續)

Universität"前面的 "rliner" 刪掉、在 "Be" 後面加一個 "-" 而已。

3　例如我當時的指導教授Wolfgang Fritz Haug，就把他博士生的討論課，從哲學系搬到他的 *Das Argument* 雜誌社去了。

等」的理想，而招生無度，以致大學經費無限膨脹，成為柏林邦政府無力負荷的財政赤字，因此邦政府想調整院系，把左翼的系所併入右翼為主的學院，甚至裁撤「不實際的」系所，以便減少學生、從而節省教育開支。此舉使得將被裁併的系所的學生大表不滿，登高一呼，而所有其他學生的各種不滿（例如找不到住房、教授不足、圖書不夠、設備老舊……）也都一併爆發。

柏林自由大學，是當戰後柏林分割之際，在美國佔領區（柏林西南部）裡，以原本就在西柏林的一個獨立的政治學院（Otto-Suhr-Institut, OSI）為基礎，配合（原）柏林大學若干原本就在附近的系所建築，再加上附近新建的幾幢大樓，整併擴建而成的。當時以及其後的幾十年，這個大學以「招收最好和最壞的學生」聞名：之所以能招收最好的學生，因為教授都是一時之選；之所以招收最壞的學生，因為很多年輕人是為了逃兵役才來讀自由大學的[4]。

但無論是「好學生」或「壞學生」，他們卻在「東西對峙的第一現場」的氛圍下，共享了一種「校風」：反社會。因此，在1960年代末，柏林自由大學引領了德國學運的風騷：哈伯瑪斯後來把柏林自由大學稱做「西德的柏克萊」，顯然不是著眼於它的學術成就，而是它的社會實踐或學運重鎮的地位。

確實！當我1987年決定從曼漢姆（Mannheim）前去柏林自由大學註冊時，當地一位親切的神父就曾語重心長地說：自由大學不好，因為那裡的學生都不讀書！

無論讀不讀書，我的親身體驗是：邦政府沒錢，大學經費就

4　西德年輕人有服兵役的義務，但西柏林並非西德領土，而是四強佔領區，故其居民無兵役。

要被砍。無論學生們如何強調人文社會科學的重要性、無論那些說法如何冠冕堂皇[5]，沒錢，就只能向市場看齊！

二、1968年學運

相較於台灣，這場學運，已經是震天撼地了。但是，相較於正好二十年前的（1967到1968年）轟轟烈烈的學運，它卻顯得小家子氣了：當年關注的是「人類社會」，而這次學運所有關注的，卻都只是學生自身的福利。

這或許也是媒體不予關心的主因。

早在1966年，同樣由於「大學改革」的導火線，使得3000位自由大學學生開德國大學先例：首次在大學裡靜坐抗議。6月22日，學生大會中討論了醫學院與法學院學生因為修業時間過長，因而面臨被強制退學的問題。經過10個小時的冗長討論，學生大會決議提出「消除寡頭統治、實現社會每個領域的自由民主」的要求，並進行靜坐示威（sit-in）。此一行動立刻得到數千學生的聯名支持。但是這個行動並不止於大學內部。反而，主導學生大會的左翼學生（主要是SDS：社會主義德國學生聯盟）很快就把它和大學外部事物接了榫：對國內政治，主要是反對當時大聯合政府所企圖通過的（有損害民主自由之嫌的）《緊急狀態法》，對國外，則主要是反越戰，以及反對工業國家對第三世界的宰制。這些示威抗議活動一直持續。1967年6月2日，一位自由大學學生歐訥叟格（Benno Ohnesorg）在一場向到訪的伊朗國王抗議的示威

5　例如當時的口號之一：「沒有人文社會科學的社會，就是一個沒有反省的社會。」

中，被警察從背後槍殺致死[6]。他的死，引起了軒然大波。於是示威不斷，每次示威動輒數千人，並且從柏林蔓延到西德各大學。年底，學生把「自由大學」改名爲「批判大學」。

隔年5月，德國的學生抗議運動感染了巴黎：巴黎的大學生與高中生因爲不滿戴高樂政府爲了發展法國核武而裁減大學經費，也走上了街頭抗議。抗議的口號，很快就從大學本身的利益升高到對整個資本主義世界的批判：大學經費之所以縮減，完全是因爲資本主義的體制。這樣的訴求，很快就得到了法共的支持：總罷工繼之而來，整個法國停工了一整個月、國民會議被解散，國家進入緊急狀態……當時學生高喊的口號是：「戴高樂下台！」、「支持自由的大學！工人的大學！」、「事關你們的孩子！」、「不要警察國家！」、「要老師，不要警察！」……等等。

經過了學運的洗禮，德法的「學運世代」後來逐漸發展出了「議會外」運動，包括各種婦女、草根民主、環保……等等運動。不久前還在德國(與社民黨聯合)執政的綠黨，或許就可以(在經過某種複雜的系譜學歸因之後)算做這股學運勢力的最後可見的成果了——雖然，「執政」本身，雖然是運動的成果，卻也幾乎宣告了運動的結束。

李建復曾唱道：「雖不曾聽見黃河壯，澎湃洶湧在夢裡」。同樣，我雖不曾親身經歷1968學運，但是，1988年的柏林學運，卻使我可以「遙想當年」：彷彿它是我夢裡的「實在」。

即使以今觀昔是可能的，但是今昔的差別仍然不能忘卻：著

6　現在柏林的「德意志歌劇院」旁，即當年的槍殺地點，還立了一座紀念碑。

眼點的大小，或許決定了學運的歷史評價：1968是偉大的，因爲它胸襟廣闊；而1988是卑下的，因爲它只關注自己。

三、六八學運十年後——哈伯瑪斯的邀約

但是這20年之間學生的傾向從「關心人類社會」墮落回「只關注自己」，並不是在第19年才突然發生的。[7]

1978年夏，學運的10年後，48歲的哈伯瑪斯（Jürgen Habermas）向大約50位左派的評論家、作家和社會科學家發了一封信，請他們寫文章，以便編輯成爲「祖爾坎普文庫」（edition suhrkamp）第1000號：《「當代思想狀況」關鍵詞》。「祖爾坎普文庫」是西德戰後祖爾坎普出版社的一系列口袋書。它包括了各式人文社會科學的經典（例如《康德著作集》、《黑格爾著作集》……等等），以及具有反省批判性的當代著作（例如哈伯瑪斯自己的著作、例如各個新左派作家的著作，幾乎都是這個文庫的成員），可算是德國學界、知識界和文化界（當時以迄現在）最富批判意義的一條頑強的「戰線」。因此它的「第1000號」本身，當然已是件盛事。但是，不止於此：哈伯瑪斯更追溯歷史，把「祖爾坎普文庫第1000號」和1931年的「葛宣叢刊第1000號」給牽連了起來。後者，是雅斯培的獨力著作《當代思想狀況》。哈伯瑪斯的意思是：如果1931年，在經歷了一次大戰12年之後，雅斯培可以以一己之力反省檢討他那個時代的「精神處境」，那麼，經

7　搖滾巨星Bryan Adams有一首名曲〈1969年夏天〉。其中，回憶了前一年（震撼的1968年）的種種，但是，卻無一語涉及當時的學運。或許，這正反映了：1968學運，不僅影響有限，而且影響力迅速消褪。

歷了近50年——一個更為巨大的變遷——之後，雖然已沒有任何個別哲學家據有the哲學家的特權地位來反省這個時代了，但是，難道不是應該把所有具有反省能力的學者都聚集起來，對這個巨變的時代作一次徹底的反省嗎？

雖然哈伯瑪斯是用「同為1000號」這個符號來建立起他的論述脈絡的，但是，其實，「1968學運十年後」或許才是他編輯這本書的適當歷史脈絡——儘管哈伯瑪斯曾批評SDS是「左翼法西斯主義」，並退出了SDS，但是，「反省這個時代」之所以是「左派」的任務，顯然只有回到1968學運，才能被理解。

哈伯瑪斯自己對「政治－思想脈絡」（politisch-intellektueller Kontext）的描述，其實也透露了這樣的訊息：一方面是左派的小圈圈（Getto）化，一方面是新右派勢力的抬頭。前者，哈伯瑪斯引用了克勞斯哈（Kraushaar）1978年出版的《自主或是小圈圈》（*Autonomie oder Getto*）一書裡的生動描述：「在很短一段積極行動（Aktionismus）時期之後，繼之而來的，就是數年之久的墨守成規（Traditionalismus）。各種不同的『認同莢殼』各自分支滋長：此一列寧主義，彼一毛主義；此一斯大林主義，彼一托洛斯基主義；此一無政府主義，彼一卡斯楚主義。此一之錯誤角色授彼一以柄，此一解決彼一，甚且亦不乏在歷史舞台上不斷變換角色、行列而過者。時至今日——十年之後——仍然有些人堅持反對把這件錯誤的外衣拿去它該去的地方——博物館。到處都有人在家：無論是中國或阿爾巴尼亞、無論是古巴或蘇聯；唯獨這裡——北從漢堡南到慕尼黑、東起科隆西迄柏林——卻幾乎不見半個人影。」[8] 所謂「十年之後」，正是說的六八學運；而所謂「不見

8　*Stichworte*, p.15.

半個人影」，則各左派都紛紛「躲進小樓成一統」去了也。

至於後者：新右派勢力的抬頭，哈伯瑪斯說：所謂「新」，並不在於：像唯心論那樣顛倒頭腳，或是「因壞消息就懲罰信差」之類，而是在於一種普遍的「習以為常」（Normalität）的心態：危機不是危機、阻礙不是阻礙、衝突不是衝突——這些，據說都只是「被媒體強化了的左派腦袋裡的鬼影」而已[9]：天下本無事，庸人（左派）自擾之。把一切不正當、不正常的狀況都認為「本來如此，何必大驚小怪」，於是就帶來「冷漠」。《達文西密碼》的作者丹・布朗（Dan Brown）在接受國家地理頻道訪問時，為這種態度作了很好的詮釋：「任何爭論，對基督教都是好的，因為『冷漠』才是它最大的敵人：當人們不再討論宗教的時候，正是宗教死亡、而無神論當道的時候。」同樣，當人們對於所有政治、社會問題的討論都嗤之以鼻、認為它們都只是不相干的廢話的時候，右派勢力就正好藉此而復辟了。

這種「左消右長」的「政治－思想脈絡」，對於哈伯瑪斯這樣以「左派」自居的知識分子來說，毋寧是一個非常嚴峻甚或致命的挑戰。所以，他才會以「下英雄帖」的大動作，廣邀各路左派，來反省「當代精神處境」——大有重振左派旗鼓的架勢。

問題是：第一，何以必須反省？第二，何以被反省的不是別的，正是「時代精神」？第三，何以反省者應該是左派？

9　Ibid., p.18.

四、對這三個問題的回答

1. 何以必須反省？

從學運的經驗裡，其實可以看到一個很有啟發性的現象：無論整個運動的眼界是廣闊的或狹隘的，它**都是**從實際生活處境**出發**的：或是大學經費被刪、或是制度的改變將損害學生的權益、或甚至是沒有住處導致精神緊張⋯⋯等等。從這些特殊而具體的事件出發，人們乃開始追問：何以如此？於是他們發現：原來因為，例如，國家預算要用於發展核武，所以只能裁減教育經費了；或者，例如，國家對企業減稅，以致稅收減少，因而無力負擔教育經費了⋯⋯等等。然後，這些問題會進一步變成：這樣的核武國家、這樣的低稅率以圖利資本家的社會，真的是一個「好的社會」嗎？如果不是，那麼，究竟甚麼是一個「好的社會」呢？——一旦問到這裡，問題就會和人類過去幾千年始終在思考的一些問題融合起來了，甚至，如果更進一步：從「甚麼是好社會？」進而追問「甚麼是好？」，那麼，問題就甚至變成了形上學問題了。

問題提高到哪一個高度，直接決定了運動的眼界。換言之，一個運動究竟是「胸懷廣闊」或是「只顧自己」，不取決於它的出發點，而是取決於它的終點。

過去哲學家的思考，當然都可以在我們現在思考自己的問題時提供幫助。但是，如果因為「問題」的相似（例如都是問「甚麼是好社會」），因而以為這些問題「本身」就組成了一個獨立的脈絡、一個「彷彿先驗的建構」、從而抹去了它們原本從現實經驗一路發展出來的痕跡，那麼，就會立刻墮入經院哲學式的純粹思辯之中去了。

哈伯瑪斯指控了左派的「小圈圈化」，但其實，每一個小圈圈，都是這種「經院哲學化」的產物。亦即：它們雖然原本都是從現實出發而一路辛苦思考之後的結論，但是，一旦結論得出了、體系形成了，它們也就跟著僵化了、脫離現實了。

因此，必須反省。也就是，必須**不斷重新回到現實——不斷改變著的、並且始終不斷在改變著的現實——不斷重新回到問題**的出發點。如此，才能確保思想的成果——無論它們現在看起來多麼地玄遠或不切實際——與現實之間，有一個動態的、密切的聯繫。這種聯繫，毋寧才是「思想」的意義或價值所在：脫離了現實的思想，就只是乾枯的概念，而不會是「生命的學問」——不只是「個人」的生命，也是全體人類的生命。換言之，「學問」不能只是一堆死板板的數據、資料，或是與日常生活毫不相干的公式，反而，它必須轉化成為「意志」、成為一種活生生的「源頭活水」，灌注進入實際的生活之中——不僅是個人的日常生活，而且是人類全體的實際生活。否則，思想或學問勢將貽人以「說是一套、做是一套」之譏，這（至少在效用上），是會大大減損「思想」之價值的。

2. 何以被反省的是「時代精神」？

「反省」還可以分成兩個向度，一是反省別人，一是反省自己。前一個向度，或可稱為「解釋」，後一向度，或可稱為「自覺」。

任何思想，究其實際，都與現實脫離不了關係。如果哪個思想家宣稱：他的思想是純粹概念的運動，而與現實絕無關係，那麼，一個旁觀者就很可以幫他反省，亦即替他指出：他自己所提的問題和解答，始終是定錨在一定的現實關係上的。這種「指出」，也就是曼漢姆（Karl Mannheim）「知識社會學」的貢獻所

在。

　　但是，以一指指人，就同時是以三指指自己。如果一個旁觀者如此反省別人、如此「解釋」別人，那麼，他是否因此而取得了一個特權地位了：彷彿他本身倒是一個脫離現實的、客觀的、概念式的存在呢？當然不！因為，他本身（作為一個思想家）豈不也該以同樣的原則被檢驗、被反省嗎？為了保持一致性，他因此就必須把自己對別人的反省本身，亦即他對別人的「解釋」本身，也放回到一個現實之中。於是，有了「自覺」：自己對自己的反省。

　　只是，這時，這種自我反省起了一些變化。因為，這時的「自己」，並不是單純與「現實」相對的某種「思想」，而是對「別人的思想」的思想、是與「別人的思想」相對的思想。於是，反省就不只是和「現實」打交道，也是和「思想」打交道。

　　換個說法：既然其實不會有任何「與現實脫離的思想」，則反過來一樣：也不會有「與思想脫離的現實」。當反省不只是在「解釋」別人思想的現實基礎、而是「自覺」時，則所覺的，就不是脫離思想的現實，而是「現實與思想相互交錯的整體現實」。這個「整體現實」，就叫做「時代精神」（Zeitgeist）或「當代思想狀況」。

3. 何以反省者應該是左派？

　　「反省」之所以能夠進行，其前提是：確實從某些現實問題「升高」到了理論問題。例如，學運，確實從大學經費縮減出發，提出了改革社會制度的要求。而這種「升高」之所以可能，又預設了一種觀點，就是「全面性」或「相互依存性」。亦即這樣一種觀點：沒有任何東西是憑空而來、又憑空而消失的，反而，它

必定有其始（woher）也有其終（wohin）、有其生（Entstehen）也有其滅（Vergehen），而這個「始／終」或「生／滅」，都必然不是它自己，而是某個異於它自己的別的甚麼東西；或者說：它的「存在」，必須以某個「他者」的存在為條件——一如後者也以它為條件。例如，一扇乾淨的窗戶，不會是開天闢地以來就如此乾淨的，它「之前」一定是一扇灰塵滿布的窗戶，而它的「之後」變乾淨，也一定以，例如，一塊原本乾淨而後來沾滿灰塵的抹布，為條件。如果死盯著窗戶看，則當然就只能看到它的由髒而變乾淨、又由乾淨又變髒：彷彿這些改變都只是它自己的改變，而與他者無關似的。但是只要把這「死盯」的眼光放鬆、放寬，則立刻就看得到：所謂「變乾淨」，其實只不過是因為有一塊抹布承擔了它所有的灰塵而已。同理，例如股市，所謂賺錢，往往不過意謂著有別人被套牢；而所謂被套牢，往往也只意謂著有別人賺錢而已：錢從這個人的口袋跑到那個人的口袋了。所謂「一將功成萬骨枯」，所謂「朱門酒肉臭，路有凍死骨」，甚至所謂「自己的快樂建築在別人的痛苦上」，說的都是同樣的道理：此一，必定以彼一為代價。波特萊爾（Baudelaire）的《惡之華》（*Fleurs du mal*）說得好：並不是「某物真，**雖然**它不善又不聖」，而是：「某物真，**正因為**它不善又不聖」。[10]

只有在這種「全面性」或「相互依存性」的觀點下，運動的「升高」才是可能的——否則，例如，大學經費縮減自縮減，與社會制度何干；反過來，正是運動「升高」的事實，才使得「反省」成為可能——否則，例如，「何謂善」的問題自有其純粹哲學史的脈絡，何必牽拖到現實？

---

10 參見：韋伯，《學術與政治》，錢永祥編譯，台北，1997，頁156。

而這種「全面性」或「相互依存性」的觀點，正是典型的左派觀點。所謂左派觀點，簡言之就是：我們現在的社會，是一個貧富不均的社會；富者之所以富，正是以貧者之貧爲條件的。右派不會採取這個觀點。對他們來說：富者之所以富，只是因爲**自己的**努力，而貧者之所以貧，也只是因爲**自己的**不努力：貧／富「之間」，沒有關係。

因此，或許不應該說：「反省」是左派的任務，或是只有左派才反省，而應該說：誰一旦反省，他就是（或至少看起來像）左派；誰一旦停止反省，他就應立刻被歸爲右派。

五、反省與批判

如果反省的前提是「全面性」或「相互依存性」的觀點，而現實處境又都是「不全面的特殊」和「個別獨立而看似彼此無關的事件」，那麼，這兩者（「觀點」和「事件」）之間，就顯然存在著一道鴻溝。

如果要把這道鴻溝填補起來，則需要做的，還不是（如一般常識會認爲的）找出「事件」彼此的關聯，反而是首先把「事件」的「絕對面貌」給「相對化」。因爲，「事件」要成爲「與其他事件有關」之前，亦即在「雖然還不確定它與其他事件有怎樣確定的關聯，但**一定有**某種關聯」的之前，它必須先被看做一個特殊的、並且因而**與其他事件並列、以其他事件爲前提的**事件，而非獨立的、自存的、從空裡來又往空裡去的事件。這個「看做」，其實也就是「批判」。

儘管「批判」這個字眼，無論在中文或西方語言裡，都有一種「道德譴責」的味道，但是，究其實，它所指的，其實也只是「指

出限制」而已。因此，例如，康德對「純粹理性」的批判，是在指出純粹理性的使用範圍或限制：逾越此範圍或限制，即為「超驗幻象」：或是馬克思對「政治經濟學」的批判，也是在指出：政治經濟學只適用於「資本主義社會」，或它只在「資本主義社會」的範圍裡有效：不能用它來理解或取代「人類社會」，否則即成「拜物教」，等等。

換言之，「批判」如果有「道德譴責」的意味，則這只發生在一個狀況：當人們把某個原本只是特殊的東西，當做天經地義、自開天闢地以來就如此的東西來對待、甚至賦予它某種道德正當性的時候。例如，對「三綱五常」的批判、對「髮禁」的批判……等等。

所以，如果去掉「被批判者」（亦即被指出為「有限者」）身上所背負的道德意涵，則「批判」的真正精神就可以顯露出來了：它不過是把所有現象都還原回「有限者」來看待而已。

當所有的事件或現象都被看成有限者、從而必須以別的事件或現象為始、為終，亦即：必須以「他者的存在」為其「自身的存在」之前提的時候，一個「無限者」的想像（Vorstellung）乃即作為一個理想（Ideal）而浮現在彼岸：這個「理想」將會為現實的改變提供方向。

在這個意義上，「批判」才連接起了前所謂「觀點」與「事件」之間的鴻溝。

當柏林自由大學和巴黎索邦（Sorbonne）大學學生紛紛把自己的大學更名為「批判大學」的時候，沙特（J. P. Sartre）在《新觀察者》（*le nouvel Observateur*）的訪談中說：「『批判大學』是不切實際的。……有哪個國家會允許去資助一個公然宣布以反資本主義文化為其標的的大學呢？」他認為比較好的做法，是高茲

（André Gorz）所主張的：「努力去改革，改革的內容是：剷除資產階級大學、削弱整個體系，然後以這個新的情況為踏腳板，再去要求更多的改革。」

　　「批判」如果被理解為：「觀點」與「事件」之間的鴻溝必須「一步到位」地被彌平，那麼誠然是不切實際的。但是，沙特或是高茲所主張的「蠶食策略」，卻也必須包含兩個方面：一方面，必須以「建設性的改革」或德國《基本法》的「建設性不信任投票」或老蔣第五次剿共的「碉堡戰術」的方式，來一步步具體地取代現有制度，而非「畢其功於一役」地在「現有制度的廢墟」之上建立起理想制度；另一方面，則這種一步步的具體取代，唯有以「理想」為導引，才是可能的：否則，「改革」將成為無頭蒼蠅似的「亂撞」，甚至把改革本身當成終極目的：改革，無論哪個方向的改革，反正都比「不改革」來得好。更擴而廣之，則不只是大學，即使整個社會都一樣：一方面，必須有實際的、具體的改革，才可能逐步取代現有的制度；另一方面，也必須有一個時時準備被批判的「理想」作「前導」，而後才有「步步前進」的可能。而這個「理想」的浮現，又是以「把所有現存的成果都當做有限者來看待」、當做「都是不完滿者來看待」，才會出現的。

　　說到底，不過中國一句老話：「登高必自卑，行遠必自邇」：不斷地回到**出發點**、並且把它看做「卑」和「邇」，這或許也就是「批判」和「反省」的精義所在了。

　　更以白話文說來，就是：眼要高、手要低（雖然通常所謂「眼高手低」的意思毋寧是負面的、貶義的）。

六、「台灣的」反省與批判？

哈伯瑪斯的英雄帖，撒在一個素有左派傳統、只不過一時被右派搶了鋒頭的德國學界、知識界和文化界。對照於此，台灣，卻是一個（自1950年代白色恐怖之後）向來右派當道的國度：「黃、藍—綠、棕」的區別，其實只是「右半邊」本身的區別，而與「左半邊」毫無瓜葛。如果並非「凡右派都不反省」，而是「凡不反省的就是右派」；如果並非「只有左派才反省」，而是「凡反省的就是（或看起來像）左派」，那麼，作為台灣「右派當道」的標誌的，或許就不是它的（白色恐怖之後）左派的凋零，而是任何「反省」的欠缺。換言之，台灣左翼運動的傳統——從文協、台共到（白色恐怖所肅清的）山區游擊隊——的實際上的斷絕，其實不足以說明：何以台灣左的、反省的、批判的思想沒有成為學界、思想界和文化界的主流。因為，左的、反省的、批判的思想，其實不是獨立的，而是伴隨資本主義的成長而隨時隨地都會興起的：它不需要任何傳承、不需要任何傳統。在資本主義愈發達的地方，它就愈會（或應該）隨時出現。

若果如此，則台灣之始終沒有出現這樣一種左的、反省的、批判的思想，就不能歸咎於歷史、不能歸咎於「左的傳統的缺乏」，反而，只能歸咎於每一個當前的台灣知識分子的怠忽職守：他們（或我們）不反省。

反省誠非易事：它不是套公式、不是跑data、不是朝九晚五的事業。反而，它要以搔短（斷）白髮為代價。

願意付出代價的，誠然幾希。但是，只要是開始反省了，則反省之力，應該就會源源不絕地襲捲而來、沛然莫之能禦了吧？

如果台灣還有「思想」之可言，則反省與批判，或應是其唯一歸宿？

孫善豪

政治大學政治系副教授。德國柏林自由大學政治學院哲學博士。張君勱學會理事長。主要研究馬克思主義，喜愛魯迅的文章和宋教仁的內閣制理想，據聞常在眾所不疑處有疑。

當代中國大陸的思想景觀

回應《歧路中國》

後極權和當代中國「問題」

徐賁

　　對中國九〇年代思想學術界的思考，其實從九〇年代已經開始。二十一世紀初繼續這種思考，理應更全面深入，這大概是王超華主編的《歧路中國》的初衷。

　　九〇年代由李世濤主編的《知識分子立場》（三卷本，吉林省時代文藝出版社2000年1月出版）和羅崗和倪文尖編的《90年代思想文選》（三卷本，廣西人民出版社2000年7月出版）彙集了當時學術界的思想成果，以爭論的「問題」來收集和歸類相關的文章，這些問題包括「激進與保守之爭」、「民族主義」、「自由主義和新左派之爭」或者「學術規範」（新國學）、「後學」、「人文精神」、「市民社會」、「自由主義」、「社會公正」、「經濟倫理」，等等。這兩個文集對所選的文章都沒有提供任何具體的評述或編選說明，更沒有分析解釋這些究竟是什麼性質的問題，或者為何會在九〇年代的中國形成。這兩個選集給人的印象是，問題就是問題，問題是自然產生的。

　　王超華的《歧路中國》不同，她的目的不是資料的彙集，而是她在導論中說的，描繪「當代中國的精神界風貌。」從這個意義上說，《歧路中國》中所選的名家（即所謂「當代中國頂尖知識分子」）想來都是最能例證、體現或反映這個時代「精神界」

風貌的。但這究竟是一個什麼樣的時代呢？如果我們不知道我們
生活在一個什麼樣的時代，我們又何以討論或評估它的精神界
呢？說得簡單一點，我們該以一個什麼樣的名稱，來稱呼這個時
代呢?在翻閱此書時，我一直在尋找一個答案，但一直未能找到。
對於編者和文章作者們，這也許並不是一個非談不可的問題，但
我覺得它很重要。在討論或者介紹九○年代思想和學術狀況中，
最常見的時代概述，就是用一連串的國家領導人更迭或政策變化
來描述一個現實的社會背景，即所謂的「歷史嬗變」和「社會轉
型」。在中國大陸，這樣做自有不得已的原因。但是，對於在大
陸以外出版的當代思想論述，這樣的處理就差強人意了。當今時
代的思想論述，需要先為當今時代命名，命名集中體現的，是對
它的基本性質認識。

　　李慎之曾提出，中國所處的是一個後極權的時代[1]。後極權
在中國被稱做「社會主義」，但社會主義並不能概括這個時代的
政治制度特徵。鮑姆（R. Baum）和謝夫琴科（A. Shevchenko）曾指
出，海外中國研究因中國改革後的形勢變化而面臨「範型溝裂」
問題。因此，中國問題研究者們迫切需要有對中國大環境的新稱
呼[2]。其中不少新稱呼仍以「社會主義」或其反面「資本主義」

1　李慎之：〈後極權主義時代的人生哲學：《哈維爾文集》序〉，
　　www.novelscape.com。我在這裡用的是已被普遍接受的「後極權」
　　概念，儘管我認為中國式的「新極權」也許更確切一些。見徐賁，
　　〈中國的「新極權主義」及其末世景象〉，《當代中國研究》，2005
　　年，第4期（總第91期）。

2　Richard Baum and Alexei Schevchenko, "The 'State of the State'" in
　　Merle Goldman and Roderick MacFarquhar, eds., *The Paradox of
　　China's Post-Mao Reforms* (Cambridge, MA: Harvard University Press,
　　1999), p. 333.

為名稱主詞。以社會主義為主詞的稱呼有「資本社會主義」、「不
完全國家社會主義」、「地方市場社會主義」、「單位社會主義」、
「社會主義社團主義」、「國家社會主義社團主義」等等[3]。以
資本主義為主詞的稱呼則有「名稱資本主義」、「官僚資本主義」、
「中國特色的資本主義」等等[4]。這些稱呼大多著重於經濟狀態。
白傑明將中國20世紀最後十年，稱做為一個後極權的「絲絨牢籠

3 Frank N. Pieke, "Bureaucracy, Friends, and Money: The Growth of
Capital Socialism in China, " *Comparative Studies in Society and
History* 37: 2 (1995): 494-518. Minxin Pei, "Microfoundations of State
Socialism and Patterns of Economic Transformation," *Communist and
Post-Communist Studies* 29: 2 (1996): 131-145. Nan Lin, "Local
Market Socialism: Local Corporation in Action in Rural China," *Theory
and Society* 24 (1995): 301-354. Peter Nan-shong Lee, "The Chinese
Industrial State in Historical Perspective: From Totalitarianism to
Corporatism, " in Brantly Womack, ed., *Contemporary Chinese Politics
in Historical Perspective* (Cambridge: Cambridge University Press,
1991), p. 168. Margaret Pearson, "The Janus Face of Business
Associations in China: Socialist Corporatism in Foreign Enterprises,"
Australian Journal of Chinese Affairs, no. 31 (January 1994): 25-46.
Vivienne Shue, "State Power and Social Organization in China," in Joel
Migdal et al., *State Power and Social Forces: Domination and
Transformation in the Third World* (Cambridge: Cambridge University
Press, 1994), pp. 76ff.

4 Tony Saich, "The Fourteenth Party Congress: A Programme for
Authoritarian Rule," *China Quarterly*, no. 132 (December 1992), p.
1160. Maurice Meisner, "Bureaucratic Capitalism: Some Reflections on
the Social Results of the Chinese Communist Revolution," paper
presented at the Symposium on "Rethinking the Chinese Revolution,"
UCLA, November 19, 1994. Dorothy J. Solinger, "Capitalist Measures
with Chinese Characteristics," in Dorothy J. Solinger, *China's
Transition from Socialism: State Legacies and Market Reforms*,
1980-1990 (Armonk, NY: M. E. Sharpe, 1993), pp. 126-152.

時代」，這個時代的「中國特色社會主義」雖然添加了市場經濟的成分，但卻仍然標誌著一種延續共產主義極權的意識型態統治，「由粗野的、軍事化的史達林式（也可視為毛式）統治轉化為一種軟性的平民政府。」白傑明指出，「技術官僚重新規劃社會契約，在新的社會契約中，共識代替了強制，合作瓦解了批判。（思想）審查不再是由笨拙的政治機構來進行，而是成為藝術家、讀者觀眾和政治人員共同參與的合作結果。這是一種『進步了的審查』。」[5]

在觀察和分析九〇年代至今的中國當代思想學術問題討論時，不應該被忘記的正是這種「進步了的審查」的因素。錢永祥先生在《歧路中國》的序言中說，他覺得中國的思想界人士「在逃離革命史論述的同時，卻找不到某種具有同樣宏觀視野和力道的替代論述。於是，1990年代的知識分子雖然在歷史的背景前爭論現實和未來，可是這歷史脈絡本身應該如何述說，他們卻還沒有完整的想法，甚至有意的迴避。」[6]缺乏對中國當代歷史處境的「完整的想法」，就是我所說的不知如何稱呼當下的時代。在中國，完整的想法不一定是不能產生，而是即便產生了，也不能說出來。這是因為有後極權「進步了的審查」的緣故。這種審查之所以進步，乃是因為它包括了知識分子的自我審查。

不妨就從《歧路中國》一書中取一個例子。作為《歧路中國》首篇的〈新批評精神〉，顯然是有意提供一個關於九〇年代的完整想法。作者說，「1990年代初的兩個主要爭論」，表明「思想

5　Geremie R. Barme, *In the Red: On Contemporary Chinese Culture*（New York: Columbia University Press, 1999）, p. 7.

6　王超華主編：《歧路中國》（台北：聯經出版公司，2004），頁iv, xix, 8-10。

界的參照系正在起變化。」[7] 留心的讀者就會問：思想界的「參照系」指的是什麼？是指那個時代的政治、社會特徵嗎？對這個「參照系」的完整的認識，難道不該有一個名稱嗎？在論述總體特徵時，避免使用像「後極權」這樣有冒犯性的敏感說法，這是極常見的。而迴避了這樣的整體說法，討論思想界發生的許多事情，就變得有點隔靴搔癢或瞎子摸象。是否涉及時代的完整名稱，這是九〇年代的中國知識分子和八〇年代的東歐知識分子在「宏觀視野」和「力道」上有很大差異的一個重要原因。

在中國拒絕（「拒絕」比「迴避」聽起來要有精神一點）提極權或後極權的主要理由是，這些是冷戰時期的舊意識型態概念，而中國的現狀則應當用一種非意識型態化的「新方式」來加以把握。〈新批評精神〉的作者這樣描述1989年的中國：「1989年軍事鎮壓以後，表面上看是保守派掌握了大權。可是這個標籤要應用到鄧小平身上就不那麼容易了。六四以後，他與姚依林、李鵬等人進行了一系列談話，堅持要繼續推行他的改革路線，而且選擇了江澤民作為自己的接班人，因為江澤民一方面比李鵬要溫和，另一方面又比趙紫陽要強硬。因此，到了1990年代，繼續沿用改革派和保守派的分類已經很難與實際相對應了。」他的結論是，在這種情況下，「中國的政治語彙發生了新的變化。」[8] 我很同意作者的說法，但我想在他的結論後再加一個結論：中國政治語彙發生的新變化，是以「一黨專制權力制度的萬不能變」作為基礎的，所以我們才更需要稱那個人變黨不變的專制制度為極

7 王超華主編，《歧路中國》（台北：聯經出版公司，2004），頁iv, xix, 8-10。
8 同上。

權或後極權。

極權不是一般的專制，而是一個列寧式政黨以它絕對的權力意志主導一切變化的黨國專制。這個黨國的利益高於一切，高於一切它用來包裝自己的政治語彙。在極權政體下，沒有「左派」、「右派」或「激進」、「保守」政黨的輪流執政。當那個唯一的政黨在政治光譜上左右搖擺時，其幅度甚至比多個政黨輪替的幅度更大，從左到右或從右到左的政策跳躍也更大。它永遠無須向公眾交代跳躍的理由。即便政策跳躍損及它先前的正當性基礎，也沒有人敢說什麼。曾幾何時，還在「革資本主義的命」，忽然變成了「讓一部分人先富起來」。一直說「知識分子走向社會」，一下子「公共知識分子」又成了禁忌。整整一代人都是被「以階級鬥爭爲綱」的激進政治塑造出來的，現在還是這些人，卻已經轉而談論「和諧社會」了。若把中共的各項政策擺在一起，誰能相信這是出自同一個政黨的東西呢？誰能相信毛澤東的共產黨、鄧小平的共產黨、江澤民的共產黨和胡錦濤的共產黨，或者姚依林的共產黨、李鵬的共產黨竟然是同一個黨呢？但誰又能因爲它的種種變化，說它不是同一個黨呢？這就是後極權的靈活性和所謂的非意識型態。

當今中國的後極權是一種有自己特徵的極權，最突出的就是對意識型態的再意識型態化。這比哈維爾所說的極權意識型態，又更虛僞了一層。哈威爾曾指出，「意識型態是一種似是而非的解釋世界的方式。它賦予人類以認同、尊嚴和道德的幻象，而使人們與實質輕易地脫離。……意識型態讓人們欺騙自己的良知，掩蓋他們的眞實境況和不光彩的動機，自欺欺人。意識型態很講求實用，但有時則冠冕堂皇地爲上上下下正名與開脫。……意識型態開脫和障眼術的根本功效，是向後極權社會內的支柱和受害

者們提供假象，讓人們相信制度是與人類和宇宙的法則諧調一致的。」[9]

毛澤東時代的極權意識型態，把中國的大鍋飯說成是社會主義，畢竟還有一些社會主義的影子，這就好比用病死豬肉充好豬肉，畢竟還是豬肉。到了鄧、江時代，意識型態被再意識型態化，權貴資本主義被說成是有中國特色的社會主義，這就好比把大白菜說成是豬肉。國內有論者將此稱做為統治意識型態的「精神分裂」，「一方面是『馬克思主義』仍然被稱為『指導理論』，另一方面則是激烈地否定馬克思主義的『經濟自由主義』早已成為指導『改革事業』的主流理論。一方面是『社會主義』離不開『公有制』的限定，另一方面『私有化』已獲得政治正確性，成為『主旋律』。一方面號稱『人民的公僕』，另一方面則是『精英聯盟』對民眾的聯合壓榨，民眾沒有任何對國家政策的影響力。一方面旗幟上仍然寫著『以工農聯盟為基礎』，另一方面則是工人農民的被壓迫掠奪，在商會等強勢群體的組織面前他們仍然不被允許成立屬於自己的自治組織。」[10] 這樣的意識型態謊言已經成為「後謊言」，「現在的問題不是國王沒有穿衣服，而是在衣服下，根本看不到國王。」[11]

意識型態和意識型態的再意識型態化，都是謊言和障眼術。人們不一定相信這些謊言。但他們不得不裝成篤信不疑的樣子，

---

9 Vaclav Havel, "The Power of the Powerless," in Jan Vladislav, ed., *Vaclav Havel or Living in Truth*（London: Faber and Faber, 1986），pp. 42.

10 石勇，〈火山上的中國：極需終結的幾個神話〉，燕南，http://www. yannan.cn, 2005/8/22.

11 吳亮，〈贗品時代的寫作〉，http://www.xys.org/xys/ebooks/literature/ essay/yanpin.tet, 2000/3/29.

至少對一切都默許、忍受，隨波逐流。每個人都只能在謊言中求生，必須承受在謊言中與謊言爲伍的生活。就是這樣，人們確認了這個制度，完善這個制度，製造了這個制度，變成了這個制度。問題是，即使在中國大白菜被說成豬肉了的時候，也還是極少有中國知識分子，像哈維爾那樣，願意冒著與統治權力起衝突的危險，而明明白白地把批判意識型態和「生活在眞實中」，當做與每一個中國人——尤其是知識分子——自己有關的問題提出來的。(順便說一句，崔衛平是極少數這樣的知識分子之一。作爲一個女性，她是否要比入選的「頂尖知識分子)王安憶更具代表性一些？還順便說一句，蕭雪慧選得很好。」

東歐知識分子在抵抗極權和反極權過程中，給人以「宏觀視野」和「力道」感覺的，並不是提出了什麼了不起的政治主張。他們提出的，恰恰是看似無甚新意的基本問題，如回歸人的本眞存在和人的普遍價值。1989年前的東歐知識分子，在抵抗極權和後極權中提出的是一些普遍的人生和價值問題，如文化、社會、國家的記憶和遺忘，謊言對道德主體和人際關係的侵蝕，人的軟弱、內疚和罪孽感，迫害和自我迫害，受害與加害，背叛和出賣，孤獨和恐懼，暴虐統治下的思想平庸，語言枯竭和「媚俗」等等。這些問題的長遠價值，並沒有隨著1989年以後東歐後極權政權的解體而消失；相反地，人們即使在研究1989年以後東歐國家存在的政治冷淡、道德虛無論、玩世不恭、心理失序等問題時，也仍然常常把這些問題當做後極權文化的後遺症來討論。

1989年前東歐國家中與中國最相似的是捷克斯洛伐克。1968年曇花一現的「布拉格之春」，突變爲極權統治的「正常化」。1989年天安門事件後，中國八〇年代的思想解放，同樣突變爲極權控制的正常化，八〇年代的寬鬆也同樣化爲曇花一現。捷克「77

憲章」所代表的「公民社會」力量，主要由知識界人士構成，比波蘭團結工聯的規模小得多。中國的知識界和捷克的一樣，缺乏廣泛民眾基礎。

「正常化」後的許多許多捷克知識分子，經歷了對共產專制自我改革可能性的集體幻滅，形成了「77憲章」起草者揚‧帕托契克所說的「幻滅者的團結」(solidarity of the shaken)[12]。哈維爾即是這些幻滅者中的一員。哈維爾的後現代立場，十分具體地體現爲他對意識型態，尤其是極權意識型態不妥協的批判，這就是他所堅持的「生活在眞實中」。哈威爾從來不把「持異見」當做一種反對派政治立場；「異見」只是因堅持生活在眞實中，而與極權意識型態謊言「衝突」的必然後果[13]。

不同的是，1989年中國正常化後的知識分子沒有形成「幻滅者的團結」，他們當中許多人也覺得幻滅，但那是對啓蒙、對現代化、對普遍人權和民主價值的幻滅。他們還分裂了，分裂成在各種各樣「學術問題」上的站隊者。他們絕大多數與極權謊言絕無衝突，所以他們雖然有許多「意見」，但卻沒有「異見」。《歧路中國》選了王丹，王丹也談到異見，至於王丹因何成爲頂尖知識分子，也許需要對「頂尖」和「知識分子」的定義再加一些說明。

避免和後極權權力起衝突，是中國知識分子不得已的生存環

---

12 Aviezer Tucher, *The Philosophy and Politics of Czech Dissidence from Patocka to Havel*, Pittsburgh, PA: University of Pittsburgh Press, 2000, p. 73.

13 Vaclav Havel, "The Power of the Powerless," in Jan Vladislav, ed., *Vaclav Havel or Living in Truth* (London: Faber and Faber, 1986), pp. 44-45, 79-80.

境所致，也訓練了他們的狡黠和乖巧。王超華在〈導論〉中談到，九〇年代初《學人》的「新國學」主張與1993年官方文化民族主義的「不期而遇」。她說，國學提倡者「寂寞獨行的小道無意中撞上了旗鼓張揚的高速國道。」[14]其實，知識分子的這種「走小道」，它本來就是後極權有效思想控制的一種結果。後極權不一定逼你說假話，但一定不讓你說真話。1991年《學人》出版第一期，提出學術規範問題，走小道步入與政治井水不犯河水的「純學術」。這種迴避是一種公共參與的退卻。1989年天安門事件之後，國家權力合法性難道不是一個比怎麼寫學術論文更為重要、更為基本的問題？知識分子為什麼在這個時候忽然重視起學術規範問題來了？僅僅是因為學術思想的轉化嗎？

有人為這種迴避辯解，說是想用「反思中國現代史，學習瞭解專家學者對這段歷史的研究成果」來反思「對1989年的民眾運動發生過極大影響的『新啟蒙』」[15]。繞這麼一個大圈子，來強調「學術規範」的政治意義，實在是一種自欺欺人的說法。明明是(被迫)從公共政治退入較為安全的學術之隅，卻說是曲線救國在勇敢進軍公共政治。長期生活在極權謊言意識型態下的知識分子，自己也會不知不覺編織類似的學術意識型態謊言。知識分子不能生活在自己思想的真實中，又怎麼能指望他們生活在公共生活的真實之中？1995年國內學者賀奕對學術規範和新國學提出批評，直稱其為「群體性精神逃亡，中國知識分子的世紀病。」[16]

---

14 王超華主編，《歧路中國》(台北：聯經出版公司，2004)，頁iv, xix, 8-10。

15 同上。

16 賀奕，〈群體性精神逃亡：中國知識分子的世紀病〉，《文藝爭鳴》，1995年第3期。

像這樣的文章卻不能在《歧路中國》中被提及，豈止是一個疏忽而已？

九〇年代上半期的其他主要問題討論，都有類似的特徵，如「人文精神」和「後學」。例如，「人文精神」提倡者對大眾文化、商業文化大加撻伐，視其為造成中國道德危機的罪魁禍首。批評這些邪惡的「俗文化」既高尚又安全，當然可以蜂擁而上。但是，中國人的道德淪喪真的是自從有了商業和大眾文化開始的嗎？「階級鬥爭」和「文革」要不要也擔負一些責任？人的徹底群眾化、原子化，因恐懼和不信任而相互冷漠、戒備、欺騙，對虛假和謊言的麻木不仁，這些由極權專制所訓練的國民人格和生存技能，難道真的僅僅是個人道德或一時的集體道德問題嗎?又例如，「後學」批判第一、第三世界間的壓抑真實身分、文化壓迫、暴力、霸權和不平等，但對國內政治和社會結構性的壓迫、暴力、不平等和霸道一聲不吭。不僅如此，後學還以對抗「現代性」為名否認一切可能的普遍人類價值、道德倫理和政治規範，使得極權統治和民主制度成為毫無實質差別的政治制度。

像這樣的討論，永遠給人一種浮在表面的感覺，稍許深入一下，立即就會踢到極權、後極權制度問題的鐵板。《歧路中國》若能涉及當代中國「問題」討論的這一特徵，自會成為與其他類似述評的不同之處。也許《歧路中國》至少可以點明，一個又一個「學術」問題被生產出來，顯得異常活躍，但是，就在慶幸知識界九〇年代的多元和眾聲喧嘩的時候，該注意、該警惕的也許正是熱鬧後面的沉寂、紙面問題後面不允許被提出的問題。知識分子可以因政治條件的限制，不得不對某些問題保持沈默，但不要裝得好像這些問題根本不存在似的，或者把紙面的問題說得好像是最後的「頂尖」問題。

後極權統治對九○年代中國思想界的控制是錯綜複雜、多方面的，有的留下一些痕跡，有的甚至不留下可見的痕跡。揭示這些可見的或不可見的痕跡，也許正是《歧路中國》本可以有所貢獻的地方。王超華對大陸出版界的「自我審查」曾作過批評，可惜的是這樣批評卻未能體現在《歧路中國》一書中。

王超華在評論本・安德森的《想像的共同體》簡體字版（上海世紀出版社）刪除原書第9章時指出，這一章「可能」涉及一個敏感問題，那就是，1970年代末柬埔寨、越南、中國等社會主義國家之間爆發的局部戰爭，究竟對馬克思主義關於民族問題的論述提出了什麼樣的挑戰？安德森以這些國家的社會主義革命的實踐經驗為例，提出一個新命題：「被『模式化』的『革命』和民族主義在傳播轉移過程中，受到官方領導階層利用，並因而走向與人民的對立。」這個結論可能動搖以民族主義為新意識型態的中共政權的正當性，因此，「不能見容於中國目前的思想控制制度」。後極權審查有逼知識分子幹壞事的效果。王超華指出，「即使是在文化大革命中，不但中央編譯局保持了追求精確翻譯的傳統，不因一時政治形勢的得失而在譯品中做手腳，那些參與『黃皮書』、『灰皮書』翻譯出版的專家學者們，也無一不保持了追求信達雅的職業操守。設若翻譯作品可以因一時的政治需要而削足適履，馬恩列斯的著作恐怕也難於過關。可以說，當時的出版業雖然一直受到嚴密控制，但仍然保持了相當程度的專業水準和職業道德。」[17]不留下可見痕跡的審查和自我審查，則是另一番面貌。

---

17 王超華，〈文化「剪刀」的癌變──晚近中國出版界的自我審查現象〉，www.asiademo.org。

後極權對學術思想的控制，有不少特徵值得我們去留意，茲舉三點為例。第一，它的審查是由作者或出版者的自我審查來完成的。自我審查有兩個基本標準，一是不能直接批評後極權權力制度和結構，二是不能涉及「敏感」問題。至於什麼是敏感問題，那是大家「心裏有數」的。後極權是一種所有人生活在心裏有數中的生活，許多事大家心裏明白，只是不能說。至於什麼不能說，大多數人會從自我安全出發，從嚴掌握。少數人會試探極限，在試探過程中打擦邊球。這兩種趨向往往會形成兩類知識分子的差別，前一類是「吃得開」或「能混的」，有一類則是「不安分」或者甚至「異類」的。「心裏有數」是所有大陸知識分子都必須遵守的遊戲規則，「頂尖」的或「不頂尖」的都是一樣。

第二，自我審查有的留下痕跡（如譯文給刪去一章，有原文可以對照），但大多數並不留下痕跡。除非一個人公開說出他原先的意圖，你永遠沒法證明他沒有說的話是他曾經想要說的。但是，如果一個人能說出他原先的意圖，他又根本不會有什麼要說而不能說的話了。這就是後極權統治下言論或話語的「荒誕空白」。我在前面提到的熱鬧後的沉寂，紙面問題後的沒有問題，就是這樣一種荒誕空白現象。這種荒誕的空白，使得後極權思想控制相當有效，只要有熱鬧在發生，有多少人會去在意熱鬧中的沉寂？但是，對留心者來說，這並不是一片不能察覺的空白。

第三，後極權思想控制的成功，必須要求知識分子不僅付出社會良心的代價，而且還付出職業道德的代價。這裏的職業道德也是多方面的。例如，為了避免「敏感問題」，在介紹域外新思想時削足適履、偷樑換柱的事時常發生（在「後學」和「民族主義」等討論中，這種現象尤其普遍）。再例如，後極權下的學術產品經常有學術、無思想。學術產品因不能涉及深層問題而走向

計量化，因追求計量而不道德生產(剽竊)或靠關係生產(學界的結黨拉派和利益交換關係)。在這種情況下，手裏握有學術資源資本者(刊物編輯、學位或學術評獎者職位、顯要頭銜擁有者等等)，便佔有了所謂「自由競爭」的先機。後極權對思想的控制除了強迫、恫嚇和懲罰之外，另一個至今證明極為有效的手段，就是讓學術制度和物質利益充分結合，並充分容忍因此而滋生的不公正和腐敗。知識分子的分化和邊緣化，往往被歸咎於社會因素，其實還有學術和教育界定內部的因素。

正如布迪厄(Pierre Bourdieu)在他的「知識生產社會學」中所分析的那樣，當代中國的許多學術分歧，原本是出於「占位」或「區分」的需要。誰手裡握有的學術資源資本多，誰就比別人有更多的機會在學界冒尖。學術資源資本讓擁有者既可以有機會拉黨結派、大壯外勢，又可以贏者通吃、盡取實利。膽子大一點的，甚至還可以試一試爭當知識界這盤大棋的布局人。好不容易混到這個份上，有幾個願意冒險，真的與專制權力起衝突呢？所以現在有人說，學術精英和政治權力精英的共同利益，大於他們的分歧。在這種情況下，關心歧路中國，大概也需要同時關心一下歧路學界才行吧。

徐賁

美國加州聖瑪利學院英文系教授。著作包括 *Situational Tensions of Critic-Intellectuals, Disenchanted Democracy*，《走向後現代和後殖民》，《文化批評往何處去》，《知識分子——我的思想和我們的行為》，《全球正義和公民認同》(即將出版)。近期研究包括極權歷史包袱和民主公共政治問題。文章散見《二十一世紀》等刊物。

逃避自由？

解讀中國、閱讀中國知識分子

何啓良

一

就中國知識分子的「國內」角度和視野來說，邁向21世紀的中國政經文教此時無疑正處於書題所謂的「歧路」。雖然錢永祥的序文強調這「不必是窮途」，但是更多有識之士所關心的，是處於當今美國霸權主義橫行的國際政治經濟體系和國內極權政治制度的封閉和隔離，以及其他新現象（如區域主義、資訊技術）的紛至沓來之時，中國所選擇的是否是一條末路。當然，從中國周邊的國家來說，更加重要的，是在這個歷史路程中，一個曾經沉睡過、被侮辱過的龐大國度的崛起、萎縮或崩裂時，對他們國家前途的衝擊與影響。無論是歧路、窮途或末路，中國之前景無疑必須放在世界文明史和中國革命史的大架構裡論述，這樣才能真正還它一個真面目。世界思想論述之不能缺乏中國思想這一章，直接說明後者在文明史舉足輕重的地位，雖然劉夢溪曾言「不要誇大」「中國文化對世界的影響」[1]；源自於馬克思主義的中

1　劉夢溪，《學術思想與人物》（河北教育出版社，2004），頁57。

國近代革命浪潮，亦左右了二次世界大戰後發展中國家的建國經驗，幾達一個世紀。此一具宏圖模式的歷史脈搏，端是難以一書而能言盡。

在中國知識分子這些火山爆發似的爭鳴、新語言與相對論述的背後，讀者仍然強烈感受到每一位論者的巨大愛國熱情與沛然投入。這種激流，恐怕不是隨意置放在一般狹隘民族主義的架構就能解釋清楚的。顯然這是一個歷史文化獨特的沉澱經驗所累積而成的，知識界在這巨大遺產裡不斷鍛煉，又在變革的歲月裡煎熬人格和拷問靈魂，雖四面楚歌卻不默而生。他們也因此締造了中國近代歷史上深刻的文化變革，這都不是一些新興國家（如東南亞各國）知識分子的經驗和奉獻所能比擬的。後者可能學也學不來。近半世紀中國社會的發展經驗，一連串的革命、反革命、流放、動盪、拒絕、批判之後，當前中國知識分子的倫理積極面和思想質疑性，達到了超前的引爆。這本書通過一群活躍知識分子的訪談，給予了這個現象一個概括性的介紹。

從一個中國大陸之外的視角、以及以一個非中國籍的觀測者身分來看此時的中國以及知識群的思維面向，我的看法無疑是完全不同源流和格格不入的。但是可能正是這點差異，可以引發出一些不同的論述。「華文世界」思想交流時用中文溝通本就不多，大部分都限制在港臺（如刊物《廿一世紀》），在此之外只有少數在新馬兩地舉辦的中文源流學術或非學術研討會。要知道，我們一般所指的所謂「華文世界」，區域範疇包括了中、港澳、臺、新、馬，去年初在臺灣舉辦的「2005年亞洲華人文化論壇」受邀的與會者，都以這五地為主，但是事實上，只有新、馬真正是在中國領土概念之外。編者在〈導論〉裡所謂的「中華文化溝通交流的國際空間」（頁xiii），基本上還是以中國籍學者為主。因此

「中國—外國」的知識群用中文交流者，顯然是極為有限的。除非我們把臺灣視為一個不同的語言和文化國度。此書內容幾乎全是中國「內部」話語，但是原版卻是英文版，編者要用此書與西方交流的動機不言而喻。其實編者也說得很清楚：「糾正一些以往中西文化思想交流中失衡狀況，力求向英語讀者直接呈現當代中國思想者多樣而不同的觀點立場。」（頁ix）此次以中文原文的面貌（英文「原版」應該是翻譯），不在國內反而在臺灣出版，轉了兩番才與「海外」中文讀者見面，作為一個介紹式的論述，也算是一個有意義的開始。

二

閱讀《歧路中國》可以分兩個層次：閱讀中國和閱讀中國知識分子。就東南亞的角度來閱讀中國，說它在亞洲（甚至於世界的）地位正處於「歧路」之中是貼切的。尤其是經濟發展和軍事領域，中國未來的選擇極具全球性意義。說得更徹底一點，那就是中國面臨的「歧路」亦是東南亞各國的「歧路」。在當前，東南亞各國希望中國在世界舞臺上扮演什麼角色？在政經文教（以及軍事）各個領域裡，中國之對外擴展將會產生怎樣實質性的衝擊？當國際貿易重心已從單一的歐洲重心過渡到了多重重心並存的狀態，中國和亞細安（ASEAN即東南亞國協）是否可形成其中一個重心的格局？主觀上，東南亞各國是希望中國能在經濟和貿易上取日本的領導地位而代之，認定它是區域**經濟增長的「又一部發動機」**，但是在區域戰略上，卻對一個軍事強大的中國實存有疑慮。如果中國加速走向軍事大國的步伐，那麼它的所謂「與鄰為善，以鄰為伴」的外交政策就不能同日而言了。大家似乎還

沒有忘記中國這二十多年的改革開放是「摸著石頭過河」的，如今中國在世界國際版圖的崛起以及其選擇，莫非也是如此？

　　大體而言，當今急於趕搭中國經濟順風車的東南亞，「經濟中國」和「軍備中國」的概念，實遠超過「文化中國」的概念。10年前極為流行的「亞洲價值觀」論述，基本上並沒有把中國大陸文化的種種納入。提倡此學說的「新加坡學派」學者對中國傳統儒家文化不甚了了，在很大的程度上，論者維護政權正當性的動機比學術意義為強，由學術理論基礎薄弱與根據勉強，這個論述提倡不久後就很快式微和邊緣化了。1997年亞洲金融風暴後，也基本上揭露了所謂「亞洲價值觀」的種種弊病。官商勾結金權當道、法制不健全、金融機制透明度低、盲目追求出口導向等等，都已無情的瓦解了這個「亞洲價值觀」的迷思。這幾年來全球化的全面展開，逼使這些國家注意力全部放在經濟制度的改革上，再加上美國霸權的擴充和不停厲聲警呼軍裝中國所會造成的威脅，也無疑提高了他們這兩方面的警惕和防範。經濟和安全成了東南亞各國與中國交往的最大考量。客觀上，一個強大中國的存在已不容各國繼續做駝鳥式的迴避。面對、閱讀、研究、然後作出策略性的判斷，顯然是各國「可以說不」之前和與中國交往必須建立時，要做好的功課。

　　由於中國文化古老燦爛、歷史峰迴路轉和政治錯綜複雜，如何閱讀中國便成了一個議題。有的取巧（引進「外來人才」），有的藉助翻譯，更有一些在急躁改革教育而望速達。當前新加坡的華文教育改革和所謂「雙文化」（中、英）精英的塑造，名為加快步伐面向世界，實為降低學術水平趨向功利主義。用這些令人尷尬的方式來瞭解中國及其文化，其膚淺愚昧不說，其對中國誤讀所帶來的後果是極為危險的。難怪中國人常埋怨外國人不瞭解，

而有意或無意醜化中國。但是東南亞對於「告別革命」後的中國的企圖瞭解，畢竟有了一個開始。魏源的「師夷長技以制夷」和曾國藩的「馭夷之道，貴識夷情」，是(用一句中國的流行語來說)硬道理，東南亞各國執政者不可能不懂。事過境遷，雖然「夷」的概念有變，但是「識」的基本原理卻是不移的。

洋務派出現在中國民族危機的空前高漲之時，走的是一條極端的路線。當前東南亞知識分子顯然沒有類似的危機感和使命感，所以沒有「中國務派」，有的是「友好中國派」。基本上，當前東南亞各國有強烈和迫切的願望要與中國溝通，不限制於政府官方機構，也希望能與中國核心知識層交流。這裡所謂的中國知識層，包括了「官方知識庫」和獨立於官方機關之外的民間獨立知識分子。前者的顯著地位使得彼等聯繫容易而方便，而後者在互動的過程裡則往往被跳過、省略、遺忘。中國的民間獨立知識分子在這個對話裡較低調，甚至被排擠以至缺席，恐怕與各國權勢者對中國國內的國情、學術界和思想潮流的缺乏認知有關。他們的溝通先從官方機構或半官方機構的知識群著手，然後再去傾聽獨立知識群的聲音，這也未嘗不可。問題在於他們分不清這兩類知識分子的差別。即使知道，一時之間也難以分辨出他們論述與認知的異同。

《歧路中國》一書中出現的15位當今中國頂尖知識分子，讓讀者有機會接觸到他們思想的來龍去脈。此書雖然沒有一網打盡，但是一個多元、活躍和豁達的中國現代知識群呼之欲出。通過他們的視野和認知去閱讀中國，又是一番不同的體會和感受。就現階段而言，東南亞各國閱讀當今中國的途徑顯然是有限的，一般「非中國通」看中國，是透過美國或者歐洲政治或學院的眼光。除了華文源流世界裡(大學的中文系、社會的華文文化圈)

對中國歷史文化、經典、文學有較深一層的認識之外，所謂的英文源流的「中國通」少之又少。其他重大課題如中國政治、經濟、農業、教育、社會變遷等等的認識，都是在起步的階段。顯然各國客觀的學術和文化條件不足。歷來各國政府對中文（更廣的是對一切與中國文化有關的）的學習不積極，甚至敵視。大半個世紀以來，中文教育一直處於政治家之「穀」中，惶惶不可終日。如印尼週期性的排華，以及其他土著政府對華人移民的歧視，都可以視為當前本土研究中國資源貧乏的根因。因此當前就出現了一個難堪的現象，有些研究機構，簡直是依賴流放在外或選擇在中國之外就業的中國學者。就以專治當代中國問題的新加坡東亞研究所來說，大部分的學者皆是中國籍的，其餘皆是外籍。這就出現了本土觀點、本土視野何在的問題。外國專家學術水平可能已達國際標準，但是一旦牽涉到國家利益或區域觀點時，新加坡不免會窘態畢露。就以去年新加坡總理（當時還是副總理）李顯龍訪台後所引發的一連串反應（臺灣外長粗語嘲謔，中國大陸怨聲責難）作為一個例子，當時臺灣李濤主持的電視政論節目想邀請一位講中文的新加坡學者闡述新加坡和東南亞區域的觀點，結果無一人可擔任這個角色。這種情況，如何展開建設性的對話和辯論？這是教育制度長期忽略栽培本地學者的後果，而面對中國這位不速之客，難免滿臉尷尬與無奈。馬來西亞的馬來亞大學中國研究所在2004年剛成立，在尋找研究人員亦面對同樣的問題。

反過來說，當今中國知識分子對東南亞的認識又如何？據我有限的瞭解，在《歧路中國》中出現的15位最優秀的知識人，來過東南亞（新、馬）遊學、交流的，大概不會超過5位。以現在中國對亞細安在戰略上的重視以及學術交流的頻繁，這個情勢以後必然會有所改變。或許，因為心態和習慣使然，中國知識分子對

話的主要對象，仍然是鎖定大國如美國和日本（在所謂關心「西學」的大帳篷下進行），然而若是擴大到所謂的全球視野，那麼東南亞情勢就不可不察。陳平原說：「日本和中國的學術界，有一個共同特點，即都注重歐美，而彼此之間不太重視。」（頁85）這句話，恐怕還不能全然點出中國知識分子對日本之外的亞洲國家缺乏交流、認識的缺陷。當然我這個批評顯然是不公平的，當今中國的東南亞研究（「南洋研究」）是一個焦點，學者不乏豐碩的成果。但是就公共知識分子的視野和思維而言，其目光多媚向歐美、俯視東亞、無視東南亞，卻是一個事實。

三

這個互不瞭解的情況下，閱讀中國不易，閱讀中國的知識分子就更難了。

編者王超華謂：「過去10年中，中國知識界的論爭已帶有日益強烈的全球色彩；這些論爭完全可以視爲不僅關乎到中國自己面臨的問題，而且直接關涉整個世界正在面臨的一系列重大問題。」（頁ix）但是我們所觀察到的，至少在這本書裡，當今中國知識界的世界視野與胸懷，應該有更闊大的空間。這裡牽涉到兩個問題。第一，中國知識界論爭的涵蓋面，雖然牽涉到世界思潮，並不等於他們論述的終極關懷是世界；第二，論爭議題直接關涉整個世界的重大問題，並不等於影響到世界思潮的發展。百年中國東西文化之爭，其實大部分表明了中國知識分子對於中國傳統文化「隔斷」和「失根」的焦慮，與世界對話只是其中一種內容，也是一個形式。我的感覺是，更多時候他們是在獨語訴求。他們對自由主義、市場體系、民族主義的反思無疑是深刻的，但是每

每論及中國在世界的處境，其人文的嚴峻批判態度卻一掃而空，言論與政策立場一致，甚至有「八股」之勢。

此一態度，在所謂的中國「和平崛起」的討論和宣傳中，最能表現出來。就當前世界輿論裡，中國「和平崛起」恐怕是中國方面一廂情願的看法。當然中國政府強調與鄰國和睦相處、世代友好(所謂「以鄰為善，以鄰為伴」政策)，而事實上中國歷史也處處顯示中國的確沒有擴張的企圖，向海外的發展，實不像工業革命後西方國家向非洲、東南亞的武力擴張和殖民佔有。近年來有學者提出新理論，把明朝的鄭和下西洋建立朝貢體系和貿易圈，解說成是一種中國殖民主義的伸展和擴充，此說法沒有得到廣泛認可。然而熱戰和冷戰後的殖民主義風行，中國崛起後是否還是持有「鄭和下西洋」省親式的心態，是個未知數，所以各國不可不防範。當然這樣說並不等於贊同「黃禍」 或「紅色威脅論」的說法。「黃禍」之說，充斥著對中國的主觀臆斷、歪曲，以及對中國人的偏見，在東南亞，除了在冷戰時期，這種論調並不普及。只能說，他們希望與恐懼並存，喜憂參半。對中國官方而言，「和平崛起」有「重大的戰略意義」，所以必須大力宣揚雙贏局面。和平崛起理論在很大程度上是為了辯駁西方的中國威脅論，從而建構中國崛起的和平特性、影響以及貢獻。到現在為止，我們很少讀到相反的言論，中國國外的中國威脅論相對的不斷出現，顯然是針對此民族主義論述而發。

不管國家的言論是空泛或真誠，必須有獨立知識分子冷峻的剖析來平衡。然而我們看到的，是大部分知識分子只是一味粉飾太平，鳴鑼開道，難令人信服。或許是為了減少國際社會的疑慮和爭論，中國領導當局現在以「和平發展」代替「和平崛起」，似乎又是一項反駁異議的動作，我們將看到新一輪的宣傳。事實

上，美國為首的西方聯盟想遏制中國，中國「崛起」意味著對世界體系和國際格局的挑戰和威脅。在一個習慣於造神的國度裡，崛起是否會為以後稱霸埋下了伏筆？它是否是中國作為「富國強兵」的幌子？這些言論背後的憂慮與反彈，不應該完全被貶為「誤解」、「猜忌」而完全把他們漠視和擱置。

此書缺乏中國具體外交的關切和探討，雖然提到了中國在當今國際社會的地位，尤其是進入WTO後的種種問題，然而只限於一、二位論者。這是否意味中國知識分子專心致志於國內事務而無暇他顧，還是說他們還未意識到此議題的迫切性？外交是一個政治範疇的題目，國家利益和立場鮮明，一般獨立知識分子不易、不願投入。然而，當前中國知識分子對國家外交政策的反思與批判，顯然是不足的。他們不能條分縷析地指出國家外交政策的反面和側面，這現象與美國知識分子相比，就特別顯著。對於美國先發制人的伊拉克戰爭，其國內不乏猛烈抨擊政府的獨立知識分子（如Chalmers Johnson）。相比之下，中國知識分子對領土問題（特別是對臺灣政策）或中國的世界地位，卻少有反思、矯正和自我否定的能力。

弗洛姆在《逃避自由》（1941）一書中描摹一個極為吊詭的現象，雖然自由給人類帶來了自主和獨立，但又使人類逐漸喪失自我，陷於焦慮孤獨之中。擺在人類面前的道路只有兩條：一是逃避自由的不堪忍受的負擔；二是進一步去爭取建立在尊重個性、把人置於至高無上地位這一基礎上的積極自由。我希望當代中國知識分子不是在「逃避自由」的形式下在逃避世界——當改革開放給中國帶來了富國富民的希望時，這個理想的實現，卻又逼使他們在這個變化多端的世界裡找尋不到自身的角色。當今中國走向市場經濟、開放社會和民主政治的一個歷史轉軌過程裡，當今

中國知識分子也似乎是處於詭異兩難局面之中。以後20年，他們應比當年的康有為、梁啟超、魯迅、章太炎、蔡元培、胡適更有條件診斷中國在當今世界的地位及其局限，站在時間和空間即歷史和世界的高度，以他們更犀利、更敏銳的思考作更徹底、更無懼的承擔和批判。

何啟良

美國俄亥俄州立大學政治學博士。新加坡南洋理工大學人文與社會科學院副教授，曾任新加坡東南亞研究院研究員。編著有《政治動員於政治參與——大馬華人政治述論》（論文集）（吉隆坡華社資料研究中心，1995）；《面向權威》（時評集）（吉隆坡十方出版社，1995）；《文化馬華》（論文集）（吉隆坡十方出版社，1999）；《馬來西亞華人史新編》（共三冊）（合編）（論文集）（吉隆坡大會堂，1998）；《馬來西亞華人思想與人物：匡政與流變（政治篇）》（編著）（論文集）（台北：中央研究院，2001）。英文著作有：《新加坡政策的政治運作》（*The Politics of Policy-making in Singapore*, Singapore: Oxford University Press, 2000）。共發表中英論文八十餘篇。閱讀興趣範圍包括中國和西方政治史、思想史和文學史。亦耕耘文學創作，著有三本散文集和一本詩集。現為新加坡亞洲研究學會學術組主任。目前從事有關中國與亞細安關係、海峽兩岸問題對東南亞衝擊、新加坡和馬來西亞政治治理等研究課題。

顧左右言他：
中國論述的絳樹兩歌

陳冠中

一

歷史學家卡爾·博蘭尼（Karl Polanyi）在1944年的名著《鉅變》中，指出1815年至1914年間歐洲出現的「百年和平」，是基於在大國權力平衡的局面下，英國是單一霸主卻有一個自由主義政府（博蘭尼稱19世紀爲「英國世紀」），而英國的戰略目的是致力做大一個國際順從、自我制約的市場，堅持自由貿易，以實現空前的物質富裕。但到了20世紀第一次世界大戰後，這個當年的全球化局面出現了強力的挑戰者——這裡，博蘭尼主要是指法西斯政權對英國的全球秩序的抵抗。

二戰後有很長時間，共產國家和眾多發展中民族國家的經濟反依賴政策如進口替代與保護主義，繼續抵制全球化市場經濟和佔對立面的美英法等工業強國在戰後重建的新秩序。

一直要到了20世紀最後10年，類似1914年以前的局面——更名副其實的全球化——才再出現，只是單一霸主早已變成美國，目的同樣是做大一個國際順從、自我制約的市場。至於挑戰者——就包括中國在內的主權大國而言——現在還沒有形成這

樣的絕對強勢挑戰者。

對19世紀而言，博蘭尼還特別強調一點，就是「社會」對經濟制度的對沖反應，如以英國爲例，早前被圈地的農民一而再的抗爭，而該國的議會政府，爲了各種主動或被動的理由，有時候以政府行爲對本應是自我制約的市場經濟作出干預，博蘭尼稱之爲「社會被發現了」或「社會的自我保護」，同時令人不安的指出，這種「社會」推動「政治」去干預「經濟」的行爲，使「市場烏托邦」難以持續。

爲了提供談論當代中國現實的參照資源，這裡或許是引進韋伯──另一個令人不安的思想家──的時候。處在「百年和平」的尾聲、一次大戰前的連續五、六年、後俾斯麥時期的德意志帝國，韋伯在寫他的巨著《經濟與社會》。對他來說，統治的原型只有三種：靠傳統的習性統治、靠魅力領袖的信仰統治、靠官僚法律的理性統治，三種原型在現實中永遠是有主有輔的混在一起，而韋伯並沒有規範性的說這三種原型哪一種好或不好。

只要成功的受到被統治者的認可，不論三種統治如何混合，皆有合法性（或作正當性）；反之，如果失去了被統治者的認受，不管是哪種統治，都會失去正當性。他不像許多思想家（如馬克思）去想像政治的終結和最後的永久和諧；他認爲「人對人統治」是人類社會的永恆，期待它的消失是空想。不過，認受與正當性是變動的，統治者必須持續在一個永久政治「鬥爭」的情況下，成功的爭取到被認受的正當性。

韋伯的統治形態的分類，完全不同於一般熟悉的政治體制分類，如亞理斯多德的六種城邦制。對韋伯來說，民主不算是一種統治原型。他把普選領袖的當代民主制，歸類爲魅力領袖統治，而不是想當然的法律理性統治，並認爲大眾政黨組織會越來越官

僚化。

　　作為堅定的現實主義者（因此閱之易令人不安），韋伯是個主張強勢政府的自由主義者，而且很明顯不是英法式民主的全心全意倡導者。他貶低英國普通法，不信服自然法，說人民意志是虛構小說，稱普選的領袖是煽動家，指古希臘是民主帝國主義，並說沙俄若民主化會導致與德國發生戰爭的危機。對他來說，自由憲法以及製造正當性的民主選舉，只是功能性的技術設計，他並且毫無興奮感的承認說，在現代世界，將沒有其他制度可以替代議會制度。為了制衡官僚統治，他參與設計威瑪憲法，既有普選的議會，也有全民直選總統。沒想到挾民意的總統加上憲法第48條的總統緊急狀況特權，後來竟為希特勒上臺鋪了路。這是韋伯政治實踐的大失算——凱撒式魅力領袖，憑民主選舉和憲法，結束民主的致命案例。

　　另一點值得注意的是經濟思想上，韋伯支持利潤導向的資本主義和市場經濟，但反對尋租資本主義和古典放任主義。他反駁來自左右的資本主義批評者，自稱是「相當純正的布爾喬亞」，並認為「不管你愛它或恨它」，沒有比市場導向的資本主義更好的經濟政策。他分開政治和經濟為不同範疇，認為資本主義可以跟威權政府並存。這裡有必要補上政治學家查爾斯·林布隆（Charles Lindblom）1977年名著《政治與市場》裡有後見之明的名句：「並不是所有市場導向的制度都是民主的，但每一個民主制度必都是市場導向的」。

　　重提韋伯和博蘭尼，因為他們都不是理論理想主義者，而是實證現實主義者，不輕易提供簡單的解答和無痛的出路，難以被收編到任何意識型態陣營，切斷了很多非此即彼的左右成見，複雜化了我們對現代性的理解。可能只有複雜「雞尾酒式」的現代

觀和全球觀，才較能說明今天中國的現實。

二

　　在以上述二人觀點作為參照來描述當代中國主要特性之前，我想先用較多的篇幅，對一些我觀察到的大陸思想界的近期爭論，提出我的看法：

　　幾乎不證自明的是，要處理全球化時代的現代性問題，不能故步自封，必須參照全球不同的思想資源，包括一切對現代性提出不同理解以至批判的思想，部分是來自「非西方」的資源，但暫時更大部分是來自「西方」的。對現代性和全球化的理解，我們不可能不重視西方思想家群體的反思，因為那裡也有很深刻的見解。更完全不言而喻的是，要理解現代性和全球化，中國固有思想說不定會有點幫助，但絕對不可能是足夠的。

　　可以進一步說，就算是要理解中國現況，甚至只是勾劃中國自己的當代問題意識，這時候中國的固有思想、鄉規民約、前現代中國觀念等，或許可以做點參考，說不定將來經過思想家的努力研發，可以從而生產出更有用的概念，但暫時是遠遠不足的，將來也不能只靠中國思想資源。此刻要理解中國、解決中國問題，必須反思全球化現代性，也就是說要參照全球包括中國的有用經驗和思想資源。

　　我尊重善意的學者如溝口雄三用「前現代」中國觀念來解釋當代中國的問學方法。可是歷史——特別是思想史——研究有它的局限，用前現代中國作為方法，不單達不到構成世界圖像的目的，連妥善解釋當代任何的問題都談不上，更不用說解決問題了，不論是中國的還是世界的。

　　光是讀儒家經典肯定更不夠用——我不反對學子適量讀點經，但讀經至上主義卻是夜郎自大。儒家固然有可取之處，「國學」當然應該研究，甚至溫和的儒家仁政主張也是可以探討的，但儒家原教旨主義則與伊斯蘭教、基督教或其他一切原教旨主義一樣應受唾棄。主張以儒教立國、學統道統政統合一的復古主義，確是蒙昧主義——那已是很客氣的說法，否則可稱之為反共和國的思想：當代中國作為一個繼承滿清帝國疆土的現代國家，必須是個多民族、多文化、多宗教、一國多制的世俗共和國。

　　任何鼓吹漢文明崛起的言論，其實都在動搖共和國的根基，正如主張伊斯蘭文明崛起者，最終都威脅到伊斯蘭地區的各個民族國家。

　　許多論者都正確的知道兩點：一是中國要崛起，二是中國文化偉大，跟著就腦筋一歪說：所以 ，中國崛起要靠中國文化。這是有很大問題的，問題在「所以」和「靠」。「中國要崛起」和「中國文化偉大」這兩句話本身都沒問題，但一用「所以」、「靠」將兩句沒必然關聯的話連起來，就成笑話，說這話的人很明顯既不瞭解中國文化，也不明白崛起需要多少中外古今多元的文化思想資源。

　　現在中國學者說中國現代性，印度學者則說印度現代性。高麗民族的歷史也很悠久，北朝鮮現在走的路更是舉世無雙，大概是比誰都更有資格說北朝鮮有自已的現代性吧。只是當每個國家說起自已都動輒加上個「現代性」，「現代性」這個詞就已變得修辭裝飾意義大於現實解說意義。

　　中國現代性、中國特色、北京共識等，本來都只是對現實情況的不同描述，但若當做規範性的目標來追求，皆有可能變成是帶強迫性與對抗性的。

我們知道「現代」沒有單一內容，現代本來的確只是人為——你可以強調是西方人——建構出來的概念。我們可以批評別人對現代的理解，但反思現代，不等於中國必然要執著的也去建構一個不一樣的現代。

沒有錯，每個地方的歷史與現實都不會一樣，都有特性，都要走自己的路，要自我理解，要有自己的問題意識，改變要從腳下現有情況作起點。只是，中國以後不管走甚麼路，都是在豐富這個充滿差異、多元卻是全球化的現代，而不應刻意另尋一種由中國創造的現代。

許多論者對普遍主義作出應有的嚴厲批評，但對特殊主義或例外主義卻欠同樣的嚴謹批判精神。我們誠然應該警惕以普遍主義為藉口的欺壓，但這不等於要故意建構自己的特殊，不管那是所謂中國性或印度性（hindutva）或日本人論（nihonjinron），都只是誇大其詞的迷思，學理上本難成立，更切忌本質主義化，若作為一種煽動，則完全是不道德的。

特殊主義在學說上最有成就的，還是要數1920年代至太平洋戰爭結束前的日本哲學界的京都學派。其成員很多留學歐洲，有胡賽爾、海德格的學生，皆曾研習西學特別是當代德國哲學，再向本土固有思想中找資源，建立日本為主體的哲學體系，進而企圖代替西方開始的現代，所謂「近代的超克」。太平洋戰爭前的馬克思主義者戶阪潤，已經稱京都學派是法西斯全戰爭哲學，戰後1950年代的日本左翼繼續捧打落水狗，而西方後現代馬克思主義者到1990年代還稱京都學派為法西斯學派，可見左翼對這類思想應有的一貫態度。我其實傾向贊同另一些從事東西方比較研究的學者，他們主張採用實事求是的態度看待京都學派，認為該學派主要人物西田幾多郎、田邊元、西谷啓治等的有些說法和行

為，的確曾在哲學層面呼應了當時的日本民族主義，但他們的整體思想，只是強調日本固有文化的特殊優越性，從而頗成功的發展出一套有異於當時西方的哲學體系，而不是直接鼓吹軍國侵略，故不必被貼上法西斯標籤(若京都學派算是法西斯，中國許多思想家都可被歸類為法西斯了)。這裡想強調的是，京都學派的遭遇給我們提供了一個警示：這種所謂超克現代的思想——認為本土文化和固有思想資源可建構出超越西方開始的現代的另一種現代——是多麼容易被狂熱民族主義和法西斯主義所利用。

二戰後，一些對西方作出批判的人士，一廂情願寄望中國的革命能發展出有異於西方、日本或普遍現代的新道路。此外，一些身處歐美日本的毛派，亦曾大力肯定文革，其實那種為理念不顧事實常識和人道代價的做法，已不能用一句知識分子的幼稚病就可以原諒，而是做人的汙點，如1930年代史達林暴行已開始曝光，而部份西方左傾知識分子仍故意視而不見。

上世紀80年代中以來，大陸官方忌談文革，而之前也沒有把這段歷史好好抖在陽光下清理，更沒有公開和持續的自我批評認錯。不光是幾十年過去大陸年輕人對這段歷史不清楚，思想界也很容易受蠱惑，分不出宣傳文獻與實踐之間的距離(如鞍鋼憲法)，意願與現實的落差(如文革中的城市醫療資源下放到農村)，對這個時期的各種「創新」望文生義，以表面文獻當事實、以樣板當普遍實況。希望這種現象只是思想界的實證經驗研究做得不到位，而不是思想上的不誠實。

近期較有理論價值的提法是「實踐的現代傳統」，因為每個地方的確都有自己的鋪墊和遺產，實踐總是應在本地開始，所謂以本地作為方法，總結實踐經驗、調整自己的問題意識、修正發展路線，的確是非常重要的。但是，在全球化的現代，如上文指

出，光看本地經驗雖勝過光靠本地思想，仍是不足爲現在及今後師法的，必須同時參照全球各地古往今來的經驗和思想。

哪些才算中國的當代傳統呢？我們不能把一切曾發生的或只是曾被宣傳記載的，都當做該被徵用的當代傳統，正如二戰後德國不會把戰時納粹德國當做應繼承的傳統。

可以說，學雷鋒等理想主義，或多或少還是可被調動的資源，仍是大陸地區的當代傳統，但階級鬥爭這種已被唾棄的實踐就不該是了。另外，男女平等這項中國了不起的社會成就，是當代傳統，但「馬錫五審判方式」這種不講程序正義的非常時期邊區司法，曾在實踐上屢屢淪爲政治迫害的工具，與把人民誘爲暴民的公審一樣，決不適用於複雜的今日社會，我們應慶祝它的結束才對，怎能不加批判的把它當成「民眾意願出發」的當代傳統？

最近還有論者提出了三種中國傳統之說，列舉儒家以仁愛爲精髓的傳統、毛澤東時代形成的平等與參與的傳統、以及改革開放後追求市場經濟與自由的傳統，並援引黑格爾，說中國是一切例外的例外。這些話無一不是聰明人說的聰明話，是販賣給知識分子的民粹主義，因爲其實每個所謂傳統都是充滿爭議性的，不是可以隨便一言蔽之的。譬如說毛時期的特點，如果有論者很形式主義化地歸納爲平等和參與，反駁者也可以很實質主義地指出該時期的特點是敵我對立的階級專政和城鄉分治的二元結構。又如果說中國是世界史的例外，我們也沒有理由不讓日本人說他們也是例外，甚至如當年京都學派所論證的，是比中國更例外的例外。

所有本質主義化的宏大總論，都是應該被解構的，任何對實踐經驗與傳統的繼承，都應該是一種批判的繼承。

1949年以後，如果有眞正的實踐中的當代傳統的話，不管喜歡與否，首先應是指由共產黨人建立的龐大的官僚體系。這一體系只有在文革期間局部受衝擊，而在改革開放後還一直強力延續，是當下後極權中國的特色，兼備了韋伯所說的傳統習性和法律理性兩種統治正當性。

這裡先提一下馬克思曾經主張過的一種特殊主義，即亞細亞生產方式和衍生的東方專制，其中的兩大對立階級——統治者和被統治者——就是官僚和老百姓。恰恰亞細亞生產方式這個馬克思的重要學說，是前蘇聯和中國的共產黨從來最不願多提的，而現在主張特殊本土主義的中國思想家，也很方便的把它當做西方炮製的東方主義，而拋在一邊。馬克思或許是東方主義者，不過他卻誤打誤撞作出準確的預言：難道今日中國政制的特色，不正是一種可稱之爲「官本主義」的行政主導官僚統治？

三

在這裡我想試著借用韋伯式與博蘭尼式的視角，來描繪今日中國，看看能否做到比別的思想進路更貼近現實。

□中國現在的主導統治方式是「後魅力領袖統治」的官本統治，加上一點傳統習性統治。這種統治方式只要能夠不斷獲得被統治者的認受，是可以具正當性地持續下去。

□現在看來，這樣的統治可能會延續很長時間，因爲統治者與被統治者的正當性新共識，受到了希望穩定發展的頗大一部份人的支持，特別是有財富和話語優勢的城市人口。這不等於說支持現狀的人對政府和執政黨不會作出批評，或社會矛盾不尖銳。

□這是精英管治、官僚吸納精英的年代，大量的知識精英正

在為這樣有正當性的統治服務，而財富精英也與統治官僚關係緊密，既有勾結、也有制衡和反制的關係，但總的來說還是官僚階層佔絕大的主導權，所以可以用「官本主義」來形容中國。

　　□為了獲得廣大被統治者的認受，官本主義的統治需要越來越頻密的調整自己，如近期提出的和諧社會、以人為本、三個代表、以及共產黨內大規模的保持先進性教育，可以說是因應「社會被發現」的人民新訴求。並因為傳統習性因素已不足以維持統治正當性（魅力領袖因素更弱），故需要進一步的理性化：依法治國、宏觀調控和全面、協調、可持續的科學發展觀──胡錦濤和統治班子並因而得到不少掌聲。

　　□「政治」的中國官本統治，將持續的受到兩方面的壓力而要不斷調整，即全球和國內的市場化「經濟」與民間「社會」的自我保護。這裡，我們還可以加一個較新的範疇：生態資源。經濟、社會、政治與生態所追求的目標是不相同的，四者之間不僅不會完全和諧，甚至是互相牴觸的。這四種難以調和的力量所產生的張力，卻更讓許多人認為，只有一個強勢的中央政府，才能替發展中的中國總體把關，在任何一個關口找到最優化的選項，實現可持續發展計劃，並保障中國不亂。官本主義的支撐點在此，強勢政府被認為是必須之惡。

　　□政府可成事也可敗事，但不能缺席。許多公共政策如金融和國企改革、轉移支付、宏觀調控、區域協調、產業政策、基礎建設、醫療教育社會保障、城市規劃、環境保護、公共衛生、危機處理、公共財提供、能源開源節流等，的確不是市場自已能找出最優選項的，甚至不能等市場失靈才干預，而是長期需要精英預計和表現集體意志的公權的到位。不過，官本統治本身也是發展的雙刃劍，利開山闢石和規劃調控，卻容易造成資源配置失誤

和腐敗。

□任何對政治學有點認識的人都知道，大政府不等於強政府，更不一定是好政府。官僚體系，毛病必多，用法蘭克福學派社會學家克勞斯‧奧佛(Claus Offe)的說法是：「依賴、惰性、尋租、官僚作風、裙帶主義、威權主義、犬儒主義、財政不負責任、逃避問責、缺乏主動和仇視創新，如果不是徹底的腐敗的話……。」在中國的具體情況，我們還可以加上各級政府、部委部門、中央與地方博奕不已，公民權備受侵犯，而團結、穩定、協調、合作、和諧等口號，容易淪為對異議者和抗衡群體的打壓。官僚自我糾錯的能力和改革的誠信受到懷疑。不過，這不表示官本統治局面延續不下去。

□中國官本主義對政權穩定的過度強調，不無反諷地助長了地方政府的腐敗，因為地方掌權者每以影響穩定為理由打壓廉政者、改革者、投訴者和媒體，加上地方政體內的政法不分、缺乏制衡，誘使地方政權「蘇丹化」，瞞上騙下、集體腐敗、濫用公權、公共與平民資源被吞佔，連有良好意願的中央政令，也常遭到扭曲和抵制。近年已曝光的官民衝突、人為災難和重大弊案，更多發生在地方層面。

□在官本制度下，包括執政黨在內的政府(特別是中央政府)舉足輕重，政府的質素和管治能力，對經濟、社會、生態都有關鍵性的影響。政府政策是左右中國發展的最重要國內因素，政府有形的手在經濟領域到處可見。故此在改朝換代和革命議題式微的今日中國，向政府問責和推動政府改革，的確應是公民——特別是公共知識分子——致力的第一課題，關注點體現在憲政、立法、政府功能轉變、制度創新、公民維權、媒體監控、中央地方權責、地方檢法自主、基層民主選舉，以及國際社會的「善治」

共識，包括廉政、法治、透明、問責、包容、講效率、無歧視、要先咨詢、要有回應、可參與和程序公正。

❑在中國式官本主義制度下，中央政府若被極左、極右意識型態所劫持，包括毛澤東主義、狹隘民族主義、文明衝突論等，或過度受制於軍方思維，都將是中國與世界的災難，故此應是頭腦稍為清醒的、現實主義的、愛國的、以政治為志業的統治精英們必須警惕和抵制的。

❑韋伯曾提到一種實質理性，有別於現代官僚法律的形式理性。依這個思路，一些在今日中國已深入民心的實質理性文化觀念，例如西方開始的公正、實質自由、人道、人的自主和尊嚴、社會民主主義價值觀等，印度開始的眾生平等、慈悲等，中國開始的天下大同、天人合一、民為貴、誠信、和而不同、求同存異，以及已成形的當代傳統如天下為公、博愛、民族共和、德智體群美、個性解放、男女平等、安居樂業、環境保護、為人民服務、實踐是檢驗真理的唯一標準等等，將持續與法律、科學、經濟和官僚的形式理性，有著施壓與被壓、挑戰與被調用的互動關係，都可以是深化改革的文化動力。

❑在1980年代，胡耀邦和趙紫陽政府曾比較高姿態的聆聽知識分子頭面人物的意見，這是1949年後的例外。1990年代後，政府回復對知識分子的戒心，然而官僚吸納精英的行為卻只有更為積極，更多高學歷者成為官員或替政府做計畫（我們談到大陸公共思想時不應忽略這方面的思想產出），而不能被政府吸納的知名公共知識分子或黨內外的異議份子，則被選擇性的分化、冷落或禁聲。胡溫當政後，對言論出版的尺度比後期江澤民時候更收緊。但不管喜歡或不喜歡，官本主義的中國要改善管治，需要有效的把理智的批評者以至忠誠反對派納入體制內。

　□「社會被發現」的中國，有一個浩浩蕩蕩的現象已在推動社會面貌的大轉變，就是大量農民主動或被動的離土離鄉。這將是世界史上最大規模的遷徙，其背後一大串相關連的問題，要求政府和思想界投入心智，例如農村建設問題、貧富兩極化問題、城市化問題、民工問題、移民問題、勞工保障問題、地區不平衡發展問題、糧食問題、環境問題、對外地人的包容問題、下一代機會平等問題等。

　□官本統治是可以跟包含私有企業與市場的混合經濟並存的，或換句話說，包含私有企業與市場的混合經濟本身，不會終結這樣的統治。不論是從所有制、公部門私部門、市場或計劃等任何一個角度來說，中國既不宜被濫稱為資本主義，也確實不全然還是社會主義，甚至說成社會主義市場經濟依然是不準確的。宜借用上世紀的西方中性名詞「混合經濟」以暫名之。

　□這裡加一個韋伯的論點：公民社會的發展也不會自動結束這樣的官本主義統治（我們只要想想香港就知道）。他認為國家統治與公民社會是兩個不同的自主範疇，而且公民社會內的資源和價值之爭是永遠擺不平的。必須承認，近年中國人私人生活的自由度提升了不少，人民對權益和生活質素的要求也相應提高，在經濟發展需要盡快增大內需的壓力下，個人收入與消費領域將更市場化和多樣化，中產和小康階層漸成氣候，這一方面可能有助於督促政府提供善政服務，另方面卻不見得能動搖官本主義統治。如上文所說，較富裕的城市階層可能因重視穩定發展而選擇維持現狀。

　□戰爭或許是會結束這樣的統治的，故統治官僚首要避免與其他大國的大衝突——小衝突是免不了的，但要限制在可控範圍內。

□中國越來越深入全球經濟，而且在現階段是經濟全球化的受益者，連同國內市場發展，經濟高速成長，創造了巨大財富和國力，舉世矚目，無數人生活水平也因而有所提升。中國極有機會成爲現代的發展成功故事、當代傳奇。但這並不表示中國經濟發展不會慢下來或痛苦的硬著陸。

□中國越發展，與其他國家在局部環節上會越多糾紛，但若收放適度，將不至升級成大衝突。例子是中國引進外資卻拒不開放金融市場，諾貝爾獎經濟學家斯蒂格利茨（Joseph Stiglitz）反因此稱讚中國政府敢於抗衡華盛頓共識。有些利益和資源競爭如石油爭奪，是有較大的潛在風險，但並非不可以通過經濟和外交手段解決。只要中國在國際事務上繼續用現實主義而不是意識型態作爲決策基礎，中國的長遠國家利益將較有保障。

□中國深入參與全球化市場經濟還有一個理由：中國崛起需要時間，所謂戰略機遇期，和平的外部環境很重要。如果今後中國影響的擴大只是在經濟和文化軟實力上，甚至在國際社會扮演更顯著的大國角色，但政治上內斂而軟硬有度、意識型態上不對立不狂熱、軍事上不外展不爭霸，將不致於給美國鷹派及其盟友一個清楚的藉口去說服西方特別是美國人民，再去支持像1946年開始的對當時共產國家的全面實質圍堵政策。

□因爲各大國都深入全球市場，無一可脫身另闢新路，如當年的法西斯德國、蘇聯和毛澤東的中國，故在恐怖主義陰影驅之不散，國與國、區與區的磨擦不斷的局面下，大國之間的全面戰爭應可避免，中長期和平並非完全空想。

□中國崛起後，成爲美國這一個逐漸弱化的霸主之外列強權力平衡的其中一強，結束了現下19世紀式不平衡但大致和平的美國單霸紀元，到時候世局將出現新的變數。在一個比較好的情況

下，屆時仍很有可能逃過20世紀上半葉式的列強爭霸戰爭，也不再重現20世紀下半葉式的雙霸恐怖平衡局面，而是進入一個沒有獨大全球霸權的多極恐怖平衡世界，眾多區域性強國皆擁有核武，但相互間都沒有徹底阻擋對手還擊的第一擊能力，故也不敢輕易以常規武力發動全面戰爭屈服別國，同時確實也脫離不了全球化的市場經濟體系。這時候，各大國或許就會更願意漸進的接受民族國家與世界主義組織的全球分工共治，而不去終結和平。

四

現在，很多人表揚中國，也有很多人批評中國，還往往是這樣的：順著話語的路徑依賴，說中國好的時候就越說越一片光明，說中國壞的時候也越挖越恐怖。兩邊都好像有道理，兩邊都會引來反駁，而且反駁者亦很有道理。而當大家月旦中國的時候，無可避免會說到中國政府和長期執政獨大的共產黨。

中國的混合經濟官本統治，是受「戰時共產主義」意識形態影響的指令經濟全能極權大政府的後續。指令經濟雖已讓位給混合經濟，政府也一直在自我調整，但中國的事總還是大比例的牽涉到政府，哪怕現在是非全能的後極權大政府。不過有大權力就應有大責任，中國弄不好，中國政府和執政黨肯定要負最大責任。當然，中國好，中國政府和執政黨大概也做對了些事。

現在，中國、中國政府政黨以至混合經濟的一切，好與壞似是撐在一起，而不是非此即彼。這大概也是很多人的印象和常識吧，是一個平凡但很真實的感覺，只要是睜著兩只眼睛，誰會看不到？

但若我們注意一下大陸思想界的相關論述，會驚訝的發覺，

頗有一部分好像是只睜一隻眼，非此即彼，相互抗拒、以偏概全。在政府、政黨、機構、企業等組織大量吸納精英的年代，加上爲了順應國際學術流派的壁壘，說話受自身利益立場限制的情況應不在少數。

我想，其他論述者並不是看不到全貌。一是爲了不碰言論禁區以免麻煩，或只能在審查底線迂迴而有所不能明言。二是免於抵觸群眾甚至只是網民情緒而不作敏感之言。另外是學界現實：有些話只能按下不表，不然說得越全就越像雞尾酒，不成一家之言——理論界頭上的奧卡姆剃刀。

也有可能只是體系化的思想，總是落後於現實。20世紀雖已過去，但人們的思想資源，包括其中的理想主義成分和認知典範，包括本文引用的韋伯、博蘭尼觀點，都是來自上一個世紀或更早的，都與它們生成的時間和問題意識分不開。可是中國現實吊詭而擅於移形換影，我們經常是眼鏡度數不對、腦筋轉不過來、話語不夠用。

據說唐代有一名叫絳樹的歌女，可以同時唱兩支歌，「一聲在喉，一聲在鼻」，「二人細聽，各聞一曲，一字不亂」。那本事不是人人學得來。

思想界更不好學「絳樹兩歌」，一張嘴同時唱說兩首歌，確是可疑，但不是這樣，中國的事情總好像不能說得全。

本文援用了兩位現實主義學者的視角，也只是想在同一篇文章內用稍爲陌生的密集語言，重新描繪狡點的現實，顧左顧右而言它，絳樹兩歌似的爲當下的思想討論弄點難以歸類的雜音。在我們還沒學會用更精確的語言來表述21世紀雞尾酒現實之前，至少做到同時睜開兩隻眼睛。

陳冠中

上海出生，香港長大，曾住臺北6年，現居北京。就讀香港大學和波士頓大學，修社會學、政治學和傳播學。1981年在香港自費出版《馬克思主義與文學批評》，很可能是第一本以中文寫成的西方馬克思主義、結構主義及後結構主義專著。其他著作：《太陽膏的夢》(1984)、《總統的故事》(1996)、《什麼都沒有發生》(1999)、《佛教的見地與修道》(1999合譯)、《半唐番城市筆記》(2000)、《香港未完成的實驗》(2001)、《波希米亞中國》(2004合著)、《香港三部曲》(2004)、《我這一代香港人》(2005)、《移動的邊界》(2005)。《香港三部曲》曾獲選為《亞洲週刊》2004年十大中文好書之一。1976年創辦香港《號外》雜誌，並曾任北京《讀書》月刊海外出版人。監製或策劃多齣香港電影包括《等待黎明》、《不是冤家不聚頭》、《花街時代》、《顛佬正傳》、《聽不到的説話》等和美國電影《喫一碗茶》(*Eat a Bowl of Tea*)、《命賤》(*Life is Cheap*)等。編寫舞台劇本《傾城之戀》及《謫仙記》，電影劇本《等待黎明》、《不是冤家不聚頭》、《花街時代》等，以及合編的《上海之夜》、《烈火青春》等。參與創辦台灣《超級電視台》和大陸《三聯生活周刊》、《大地唱片》、《現代人報》等項目。參與發起環保及文化團體包括綠色力量、綠田園有機農場、香港電影導演會。

「文化大革命」
就是形形色色的人相互報復的革命

文革四十週年反思之一

丁 學 良

一位美國老太太的提問

這大約是在1987年的暑假，哈佛大學的幾位資深教授（其中包括在西方名學府首開「中國文化大革命」一課的Roderick MacFarquhar[馬若德先生]），應邀赴美國西海岸三藩市地區的哈佛校友會作系列學術演講。此乃哈佛的傳統，在校友集中的北美洲的中心城市，每隔一、兩年舉行圍繞一個大專題提出系列報告，以便於哈佛歷年畢業的校友們有機會更新知識，瞭解他們所關心的那些學科裡正在從事什麼樣的開創性研究。這種知識的聯繫，會引導校友們對母校的捐贈和支持。

那一年哈佛校友會三藩市分會的新任會長是位李姓華裔人士，三藩市地區又是美國華人的主要聚集地之一，哈佛大學的教授演講團選取的大主題，因此都是與東亞區域的歷史、政治、經濟、社會和文化的變遷相關的。我當時剛剛通過博士資格考試，鬆了一大口氣，也被邀請進演講團。馬若德教授要求我以親身經驗為背景，講一講中國的「無產階級文化大革命」：為什麼那場激進得無與倫比的革命，卻導致了共產主義世界迄今為止規模最大的資本主義化革命——鄧小平的市場導向的改革開放？

每個講者只有一小時的時間，一半演講，一半回答聽眾的問題。我以我的初級階段的英語，概略的講了一下我當初為什麼成為紅衛兵中最狂熱激進的一翼的骨幹分子，把本校、本縣、本地區的走資派統統打倒了還不過癮，又殺奔外地，先是到省城去參與打倒省委書記、省長的造反行動，後又不辭辛苦，跑到鄰省的南京去聲援江蘇的革命造反派打倒他們省裡的頭號、二號、三號走資派的壯舉。我還講了我們怎麼編印紅衛兵戰報——我當年最

有成就感的革命傑作之一，便是用19世紀的老式鋼板、鐵筆、蠟紙，手刻出小報的「原版」，以手推滾筒的技術，每張蠟紙「原版」油印出一千幾百份的紅衛兵小報，與全國各地的紅衛兵組織交流。我還不忘記強調，「文革」是我輩一生的首次、也是一生中最豐富深刻的一次政治訓練。懷存由「文革」學來的經驗教訓，你不但可以在中國政治風暴裡潛下浮上、死裡求生，而且可以在異鄉他國的政治濁流中辯風識潮、進退自保。

我的話音剛落，坐在聽眾席前部第三、四排右邊的一位六十出頭的清瘦高挑的白人老太太站立起來，用緩慢有力、一字一頓的語氣向我發問：「根據我從書籍、報刊上讀到的，從電視、電影上看到的，中國的文化大革命使數千萬的人受迫害、數百萬的家庭喪失了親人、無數的學校和文化遺產被毀壞，人類文明史上很少有幾次政治運動，破壞規模能夠比得上中國的文化大革命。我又讀到聽到，所有那些破壞人的尊嚴和生活、搗毀文化和教育的激烈行動，都是由毛澤東的紅衛兵組織當先鋒隊的。令我不理解和驚訝的是，你作為一個紅衛兵參與了那些激進活動，如今已經來到美國，進了我們國家最好的大學讀博士學位，竟然至今你不為你們在文化大革命中的所作所為感到懺悔。你在談論你們當年從事的造反運動的時候，甚至有自豪的語氣。我真為此感到非常困惑！」

老太太問完，並未立即坐下，立在那兒好幾分鐘，大概是胸中怒氣難消，凝視著我，示意她是在等候我的答覆，頓時全場氣氛凝重。我雖然被她重炮轟擊質問，但她一臉正氣，儼然是為不在場的千千萬萬「文革」的受害者們仗義執言，我也不好把她的嚴詞質問當做是對我的人身攻擊。於是清清嗓子，禮貌地作了應答，大意是「文革」整體雖然是件大壞事，但「文革」中被批鬥

衝擊、皮肉受苦的人並不全然是無辜的好人。他們中的許多人曾經無法無天地騎在老百姓頭上稱王稱霸、作威作福，造反派在「文革」中對他們的批鬥體罰，很大程度上是受害者的藉機復仇洩憤，雖然也不合法，但是有正義性，云云。

我所應答的，確實是我想說明的一個大道理，可是當時就覺得沒能把這個道理說透；沒說透，是因爲沒想透。自那以後，每逢與人討論起關於「文革」的評價，我總是想起那位正義凜然的美國老太太，而我也老是不能忘記，當時她顯然並沒有信服了我的解釋。這麼多年來，我時不時地在腦子裡點擊那個問題。我也特別注意到曾經參與「文革」的海外人士中，有兩個同我的觀點很接近——楊小凱與劉國凱；這兩位關於「文革」的主要評論，都列入我開的「中國文化大革命——激進學生運動的比較」課程的學生參考讀物中。他們兩位都堅持對「文革」中的一些造反行動的原則性肯定（這一點使人易於誤認爲他們是「極左派」立場），他倆同時又堅持對毛澤東「文革路線」的徹底批判（這一點又使他們與所謂的中國「新左派」、「極左派」涇渭分明）。

事過多年，我倘若再面對那位美國老太太的問題，會這樣向她解說：中國的文化大革命是一場各種人報復各種人的亂糟糟的大革命——說它亂糟糟，是因爲一個本來就沒什麼法制的巨型社會，又讓一個自稱「和尚打傘、無法無天」的毛皇帝把他平時管治民眾的官僚體系踩得稀巴爛——其中有壞人報復好人，有好人報復壞人，有壞人報復壞人，也有好人報復好人（這四類經典分法的出處下文有交代）。當然這四種類型的報復所占的比例不一樣：似乎壞人報復好人的，最終要遠超過好人報復壞人的，而其他兩類報復的比例更小。所以親身經歷過「文革」的，每個人都有自己的「文革」，它都不同於一般化了的（generalized）「文革」，

不論這「一般化」是由哪一個政治立場(中共官方的也罷，中共官方對立面的也罷)做出的。

「永世不得翻身」

我已經記不清是1967年上半年至1968年上半年的哪一段時間的哪一天，我的母親——她從來不理解我做的事情，但從來為我擔憂不止——悄悄的問我：敬亭山(就是李太白所詠的那座「相看兩不厭，惟有敬亭山」的皖南山巒)國營農場的張書記的老婆想來看看我，不曉得我給不給她一個面子，接見她？

母親老老實實轉述的這句話，令我觸電般一震之餘，感到天下真是變了！毛主席親自發動和領導的文化大革命，讓我們人下人翻身一躍成了人上人。我這個十幾歲的未畢業的初中生，憑藉一枝筆(文章和大字報)、一張嘴(演講和大辯論)，成了本地紅衛兵的文攻主將，整個一大派造反組織的風雲人物。這「糞土當年萬戶侯」的革命小將凜凜威風，竟也令張書記的老婆低聲下氣的求見！「文革」以前，張書記在縣城十多里開外的敬亭山麓下，可是令男女老少聞之喪膽的名字。他領導的那個大農場，是這片頗為貧瘠的黃土地上數千農場工人及其家小(其中包括母親和我)謀生的亦農亦工的國營單位。聽說張書記當過解放軍裡的副營級幹部，見過外頭的大世面，也識得一些字，對他手下那些多半為文盲半文盲的農場工人和家屬，根本就把他們當做農奴加以管教。張書記走夜路時清清喉嚨隨便咳嗽一聲，周圍原本汪汪叫的狗們也會嚇得四處逃散。

在全農場裡唯一不怎麼怕張書記的，是位高副場長。高副場長也當過兵，是連級幹部，但他在「抗美援朝」的惡戰中被美國

兵一槍打壞了一隻睪丸(即在臺灣頗爲有名的“LP”)。他算得上是一位革命的浪漫主義者，一旦爲什麼事極不順心，就會拎著瓶燒酒，爬上辦公室或者自己家的屋頂上(都是比較高的一層茅草大屋)，坐在那兒邊喝酒邊罵人：罵缺德的美國兵哪兒不打，專朝他的命根子打，害得他成了半條漢子；罵某某同事(多半是農場領導班子成員)不尊重他這個老革命，欺負他大字不識一個，給他鳥氣受；然後就是向黨組織提訴求，要「賠老子一隻卵蛋」。那年頭的共產黨並沒有掌握先進的生物工程技術，哪來活生生的「卵蛋」賠他？張書記對他也只好讓三分。農場裡的任何其他人，都缺乏高副場長那樣的革命履歷，對張書記和對他家養的那條大狼狗一樣，畏懼之極。

大約是在1962年的夏初，農場由上級部門分配來一架模仿蘇聯型式的小麥收割機。巨大的木鐵結構的收割機停放在露天的曬糧食的場地上，對我們這些從未見過現代化大型農機的鄉下孩子來說，不亞於是侏羅紀的恐龍再現。孩子們圍著收割機又是看又是摸，膽子大的甚至爬上駕駛座，裝模作樣地扶著方向盤。夕陽西下的初夏的熱烘烘的曬場上，孩子們興奮過了頭，竟然沒有注意到下班路過的張書記。張書記一見到他視爲無價之寶的嶄新的收割機旁竟然圍滿著小孩，小傢伙們竟敢對收割機又是撫摸又是攀爬，怒不可遏，大喝一聲，撲將過來。他有條腿不太好，平時走路，手裡常撐著一根木拐杖，時不時地也可以用來揍職工兩下。這當兒那根棍子被充分地利用，孩子們揍得哇哇鼠竄。

這群孩子裡數我個子最瘦小，而且我也不喜歡玩動手動腳的物事，全因爲我手腳明顯的笨拙(往後長大了才知道那是小腦不甚發達的緣故)。別的孩子圍著收割機動手動腳，我只是站在一邊看熱鬧；張書記用棍子揮擊孩子的時候，我趕緊躲到遠遠的大

草堆旁，還是看熱鬧。張書記沒去追逐孩子，轉身回來察看收割機，大叫一聲短缺了什麼東西。抬頭看見我站在草堆旁，喝令我走過去，問我是誰擰下了那只大鑼絲帽子？我搖頭說不曉得。張書記不由分說，揪住我的一隻耳朵就往他的辦公室拖。一邊拖，一邊斥罵：「你們這幫小雜種，敢碰我的收割機。一只大鑼絲帽幾十塊錢，你們拿小命來抵也抵不了。」他的辦公室離那塊曬場有一、兩華里之遙，中間還隔著一個小山坡。我的左耳被他緊緊擰著，跌跌撞撞地跟在後面小跑。開始的時候左耳根的劇痛還令我哼哼嘰嘰地哭叫幾聲；漸漸地，耳根麻木了；又漸漸地，左半邊臉也都麻木了。被他拖拽到辦公室後，他讓我靠牆站著，命令勤務員傳話到養兔隊去叫我的母親來訓話。

　　兔子養殖隊是國營農場下屬的一個小分隊，距離農場總部辦公室也有幾里地，張書記不耐煩再等下去，他拖拽著我跑了那麼遠，也累了。於是叫勤務員看管著我，自己先回家去歇氣乘涼。等到我母親從養兔隊跑來，我已經在張書記辦公室裡背靠牆根坐在地上半睡著了。母親看著我腫了半邊的臉，紫紅的成了一條線的眼睛，渾身的灰土和草葉，拖破了的膝蓋結著血痕，不知道發生了什麼天大的事。張書記的勤務員交待了幾句，就讓母親把我先領回去，說扣工資賠鑼絲帽的事明天再處理。母親問我事情的原由，我說我沒碰過收割機。母親把我渾身上下一搜，果然沒有什麼鑼絲帽。看著我腫得像爛南瓜一樣的臉面，母親眼淚一把、鼻涕一把地牽著我回家了。

　　那個初夏的夜晚原是很靜美的，敬亭山農場坐落的丘陵地帶有成片成片的桃樹，馬上就能收割的麥子散發著暖烘烘的、有點叫人頭暈的野香。天空清藍，月亮跟星星離我們都很近，收工回來的鄰邊的農場工人家裡冒著炊煙，把茅草的薰味播送到近近遠

遠的四處。母親沒有生火做飯，她給我泡了一碗鍋巴，自己到屋後的草地上去哭訴。我對此已經習慣了——恐懼地習慣了。自從父親三年多前病逝以來，每逢遭遇到自己沒辦法對付的難事，母親唯一的去處，便是到亡父的墳頭上(如果路近的話)或者一片四周無人的荒地上，去跟父親的亡靈哭訴。母親相信父親在地下能聽得見她講述的一切，所以哭訴得實實在在、仔仔細細。末了她一定會埋怨父親為什麼把這樣重的一副擔子推給了她，讓她這麼一個一字不識的沒用的人活在世上，照看他的唯一的骨肉(指我)？為什麼不讓她去頂替了又識得幾個字又有一份正式工作的父親去死？老天為什麼瞎判人的生死？

第二天母親開始收拾東西，稍微有點用能帶走的，打起包；不能帶走的，送給了四鄰。幾天以後，母親領著我離開了國營農場，又開始了幾近討飯的生涯。兩年多以前，我們母子倆就是從幾近討飯的境地來到這家農場的。在母親送四鄰東西的時候，鄰居勸她不要捨了農場出走，這裡好歹有一口雜糧糊飽肚子。母親說她曉得，三年大饑荒剛剛熬過，誰還敢看輕了有口雜糧吃的日子！可是母親有她的擔心，對鄰居說了，大家也無言以對：「我孤兒寡母，張書記要你的命，你也只好給他。小歪頭(我在鄉下時的別名)大大——金寶圩的土話，即『爸爸』——只有他這個親骨肉，臨死的時候託付了我，做牛做馬也要把他帶大。呆在農場裡張書記把這孩子打成殘廢，我也沒的地方去告狀。」

誰也想不到的是——這不是套話，真是任誰也想不到——不過五、六年的光景，張書記的老婆竟然哀求我接見她！母親一輩子受人欺負，對所有的落難人都一律同情，要我趕快答應下來。接見是在宣城北門的一間賣豆腐的小店鋪裡進行的，是在一個陰冷的多日的上午。人高馬大的張書記老婆不但自己來了，還帶來

了她的大女兒和小兒子，讓我看在她孩子們的份上，幫她家說句話。「你曉得，」她說，「老張他死了。」她挽起破爛的外衣下擺擦擦眼睛，雙眼完全失去了光彩，往日裡令農場大人小孩不敢仰視的又冷又辣的光彩。

張書記的死訊我也是得悉不久，據說——我在這翻天覆地的「文革」高潮風頭上，忙得根本顧不上去敬亭山農場——他是被農場造反派連連批鬥而病死的。造反派們對這位走資派施加了比對其他的走資派酷烈得多的懲罰：給他戴的高帽子特別高，頂著這麼高的帽子遊街示眾，一不小心掉下來，就會挨耳刮子。有時候給他掛的牌子是用特別厚重的木板做的，鑽兩個孔，細鐵絲穿過去，掛在脖子上，批鬥會開兩、三個鐘頭下來，頸子的皮肉都磨破了，滲出血滴。天不冷的季節，還會罰他穿一條單褲跪在尖細石子地上，向所有受過他種種欺壓——辱罵、捆綁、關押、毒打——過的農場工人和家屬們請罪。張書記剛開始的時候還嘴硬氣傲，不主動向他往日視同農奴的下屬們下跪請罪，造反派就強按著他的腦殼，一腳橫踢他的內膝，便撲通一聲倒地。幾次下來，他就學乖了，要他怎麼跪就怎麼跪，要他怎麼罵自己就怎麼罵。據說他的血壓與日俱增，人瘦得像根枯藤，可面容浮腫。那個寒冷的冬天他沒能挨過，「翹辮子」了。

「老張他以前迫害革命群眾太多，民憤極大，死有餘辜，我們全家堅決跟他劃清界限。」張書記老婆像背書一樣熟練地說著那個年頭無數的黑幫、走資派的家屬都不得不說的話。「不過，」她的眼淚又淌下來，「他死後的喪事，我們家請求造反派按照毛主席的政策辦。」原來，農場造反派得知張書記死了，不讓他的家屬立刻入土安葬。據說造反派頭頭們為此專門開了會，做出革命決定：把張書記家那條咬過許多農場職工和家屬的大狼狗給打

死，與張書記合埋一個土坑，潑上豬血人糞，這叫做「惡狗伴惡人」。

在那一片鄉村，按照代代相傳的信念，一個人死了若是與豬、狗之類的畜牲同葬，又潑上血糞汙物，死者就永遠不得轉世為人，而會一輪一輪作豬狗，死者的子女後代也永不得好運，像豬崽狗崽一樣卑賤，任人宰割。文化大革命中每天都呼喊的一句口號：「把某某某(走資派的名字)打翻在地，再踏上一隻腳，叫他永世不得翻身！」敬亭山農場的造反派們古為今用、推陳出新，要用這個葬法來具體落實「叫他永世不得翻身！」的革命造反判決。張書記老婆就是為這事來的，她求我去跟農場造反派頭頭們說說情，不要讓張家的子女後代因為張書記生前的作孽而落到永世不得翻身的境地。張書記老婆說著說著，就要讓她的女兒和兒子對我下跪哀求，我母親立時擋住了，說我一個孩子受人跪拜，會折陽壽的。張書記老婆馬上補加一句：小丁(她不敢再以我的鄉下別名稱呼我)也受過老張的迫害，不過小丁是毛主席的紅衛兵，革命小將，心大志大肚量大，不會計較過去的事。所以來請丁小將出面打個招呼，讓農場造反派手下留情。

我鐵著臉，沒表態。張書記老婆說到這裡，給我母親低頭深深彎腰一鞠躬，帶著兩個孩子退了出去。母親問我出不出面講句好話？我莊嚴的告訴母親：這不是張家跟我們家之間的私事，這是革命造反派和走資派之間的鬥爭大事。最終，我也沒有去和農場的造反派替張家講情；我不迷信，並不相信張家的子女後代會因為張書記與狗同葬而淪入萬世不劫的厄運，不過我認定惡狗伴惡人下土坑的葬法，乃是革命的正義的行動。

「五湖四海戰鬥隊」

在皖南宣城、郎溪、廣德的丘陵和山區一帶，有多個勞改和勞教農場，那些多半是1950年代末尾建起來的，主要是收容和關押從沿海地區及本省各地押送來的犯過小罪、判了輕刑的所謂「壞分子」。犯過大罪、判了重刑的，就不會關在我們那兒，而是送到青海、甘肅、新疆去了。

1967年上半年，文化大革命的風暴開始衝擊到了「公（安）、檢（察院）、法（院）系統」，勞改和勞教農場都是它們管轄的，也隨之亂了套。管教幹部多半成了被批鬥對象，被管教的勞改和勞教人員就趁機逃離囚羈之地，跑到自由社會上來。他們中的一部分膽大之徒甚至成立了造反組織，通常起名叫「五湖四海戰鬥隊」——這隊名乃是對毛主席著作活學活用的產物，毛的小冊子《為人民服務》裡有段名言：「我們都是來自五湖四海，為了一個共同的革命目標，走到一起來了。」逃離囚籠的勞改和勞教分子自稱為「五湖四海」，是雙重意義上的誠實：他們來自五湖四海，是從各地被抓被押運來的；他們從今以後流竄五湖四海，哪兒能混日子，就到哪兒去。他們把毛澤東的游擊戰術學得也挺地道：打一槍換一個地方，讓你逮他不著。想來這也自然，千百年來的綠林強人，包括水滸梁山好漢和毛澤東當年率領的游擊隊，都是靠這方法謀生存的。

五湖四海戰鬥隊中的一部分，原本就是因為小偷小摸、拐騙欺詐、調戲婦女、破壞公共財物而被抓被關的；在關押期間，少不了承受管教幹警的打罵，於是把歷年所有積壓的憤恨，都及時地在五湖四海戰鬥隊的大旗下發洩出來，報復正常的人們。他們

當然不敢去攻擊有武裝有組織的軍隊和造反派團體，也不敢到城市來搗亂，就專撿偏遠的鄉村去騷擾農民、搶劫財物、屠殺牛豬、調戲民女、乃至縱火焚燒老百姓的房子，都幹得出來。被多次騷擾的偏僻鄉村，有些就沿用中國歷史上兵荒馬亂年頭的辦法，自組民團保衛家園。每個村莊都設立了瞭望哨，一發現有五湖四海戰鬥隊流竄而來，就吹號鳴鑼，周邊鄰近村莊的民團便趕來接應。雙方的武器，多半也就是長矛大刀、鳥槍土炮。偶爾有被民團活捉的五湖四海戰鬥隊隊員，他們就捆綁來送到城裡的駐軍部隊。在三縣兩省互不管的地帶，民團活捉到五湖四海戰鬥隊的，往往就動用私刑來報復他們。我們聽到的最駭人的一件，是宣城和鄰縣交界處的山區裡，民團把在當地屠殺耕牛、洗劫孤立小村子的五湖四海隊員抓獲，就將他們「栽」進麥地裡，只露出肩膀以上在地面，然後把耕牛套上犁，鞭抽牛耕耘而過，幾個來回，露出地面上的幾顆腦袋就被犁得乾乾淨淨。用這個辦法報復五湖四海戰鬥隊，是為日後萬一上面有官追究責任，好脫干係，村民中無人可被明確認定為「動手殺了人」。

1968年夏末秋初的一天下午，我們正在本派武鬥大本營區域的一個小院落裡休息——白天休息，是為著準備夜間打仗——突然院門外哨兵通報有貧下中農代表來求見。進來的五、六個農民訴苦，說他們那一帶久經五湖四海戰鬥隊的侵擾，好不容易把民兵組織起來跟他們打了一仗，俘虜了一個人，綁交當地人民解放軍，部隊卻拒收。拒收的理由也說得過去：部隊沒有監獄，把俘虜關在哪裡？部隊一接到命令就得開發，帶著個五湖四海分子，又怎麼辦？貧下中農代表說：這年頭他們最相信的人就是毛主席親自領導和指揮的解放軍，和毛主席的紅小將。既然解放軍不接收，只好請紅衛兵小將們處理俘虜了，你們最懂毛主席的路線政

策！

　　貧下中農代表把捆成一團的俘虜往地下一丟，就告辭走了。當時在院子裡負責那一支武衛小隊的，是白大舌頭。他出身農家，忠厚耿直，嫉惡如仇，聽說俘虜是一個為害鄉下農民的小土匪，就喝令立刻升堂審訊。審訊犯人得要有法律上的依據，紅衛兵小將們雖然狂妄透頂，也多少曉得這個道理。白大舌頭的武衛小隊商量了一下，拿不出個主意，也讓我們文攻小隊的成員過去參與討論。討論的結果是：「最高指示」就是法，毛主席最高最新指示裡哪幾條能對得上號，馬上就運用起來。紅司令沒讓他的紅小將們失望：《毛主席語錄》小紅書裡能在這場合用上的，有好多條，比如，「凡是反動的東西，你不打，他就不倒。這也和掃地一樣，掃帚不到，灰塵照例不會自己跑掉。」「如果他們要打，就把他們徹底消滅。……消滅一點，舒服一點；消滅得多，舒服得多；徹底消滅，徹底舒服。」「必須懂得，沒有肅清的暗藏的反革命分子是不會死心的，他們必定要乘機搗亂。……不管什麼地方出現反革命分子搗亂，就應當堅決消滅他。」

　　「無產階級革命造反法庭」──這是紅小將對他們臨時組成的審判機構的命名──由白大舌頭擔任審判長，他挑選了他信得過的幾個人作助手，基本上全是武衛隊的隊員。俘虜像一個大濕泥團，歪歪斜斜的半躺在地上。審判開始的時候，我不得不趕到本派總部所在地縣麵粉廠大樓去，負責明天清早就要印出來的《戰報》上「血淋淋的戰鬥檄文」──那是我的本職，每天夜裡都要紅著眼睛幹到兩、三點鐘的革命事業。第二天中午吃過飯回到那間小院子去睡大覺的時候，一進門就發現與平時不大一樣，氣氛壓抑，遇到的人都不怎麼說話。一問，嚇我一跳：出人命了！

　　昨天傍晚的審訊進行了兩個來小時，俘虜供認了很多：他原

來是勞改農場刑期未滿的「壞分子」；在五湖四海戰鬥隊裡擔任小囉嘍；曾經參與過多起搶劫農民財物牲口的行動；那一次放火燒村民房屋是不得已，因為人少打不過貧下中農自組的防衛大隊，情急之下爬到一家茅草屋頂上，掏出火柴吆喝威脅：「你們再不退到遠遠的我看不見的地方，我就點火燒屋了！一盒火柴二分錢，燒你幾十間！」農民自衛隊沒後撤——他們哪個敢撤？所有的動產不動產全都在村子裡哪！

俘虜說，他見不動點真的嚇不走農民，就劃著了一根火柴，朝茅草屋頂湊去，邊湊邊吆喝：「我真要燒啦！」誰知夏末秋初的天氣，茅草屋頂讓烈日烤得脆乾，那根火柴還沒有碰上屋頂，就「騰」地燃燒起來。俘虜說，他嚇得一滾身摔下屋頂，躺倒在地爬不起來，被生擒活捉；十幾間茅草屋立時就燒塌了。俘虜的供詞劃了押，「無產階級革命造反法庭」再一次請示了「最高指示」，毛主席《對鎮反工作的批示(1950年12月19日至1951年1月17日)》早就教導說：「對鎮壓反革命分子，請注意打得穩、打得準、打得狠，使社會各界沒有話說。……所謂打得穩，就是要注意策略。打得準，就是不要殺錯。打得狠，就是要堅決地殺掉一切應殺掉的反動分子」。縱火燒掉那麼多貧下中農房屋的監獄逃犯，當然屬於「一切應殺掉的反動分子」之列。於是自封的「法庭」審判長審判員們一致投票，判處被俘的五湖四海隊員死刑。

死刑宣判了，可是執行卻成了問題：紅衛兵小將們敢於判決——那是抽象的殺人，卻不太敢去執行——那是具體的殺人。日後上面追查起來誰出頭露面去負這個責任呢？這個關鍵時刻，我們紅衛兵武衛隊的總頭目「大肚子」回來了，問清了前後緣由，把白大舌頭一夥人痛罵了一頓：「你們這幫蠢貨，為什麼

攬這種事？解放軍都不接收，你們充什麼大頭？你們以爲農二哥（那年頭叫工人老大哥，農民老二哥）自衛隊都是老土？他們就是不願把這種殺人的麻煩事做到底，才把這個爛西瓜捧到你們手裡的！」白大舌頭他們被罵開了竅，發現這個爛西瓜眞正是不好收拾了：你不能把他給放了，放出去他再搶劫縱火甚至加倍報復村民怎麼辦？你也不能把他給斃了，你畢竟不是國家正式的法庭和行刑隊，槍斃犯人跟武鬥中互相開槍亂打是不一樣的。你把他往哪兒送呢？「公檢法」機關已經被打倒了，那裡早就沒人上班了。想不出個好辦法，他們只好把俘虜捆綁在院子中間的那棵大樹上，怕他半夜裡跑掉，手腳都給粗繩子打了死結。

開始的時候，俘虜還哼哼唧唧的，叫「痛啊，痛啊」。紅小將們喂了他幾口水，又灌了他一點稀飯，就把他擱在那兒了。第二天早上七、八點鐘紅小將們醒來，發現那俘虜不吭不唧的、軟軟的靠在樹上，很慶幸他半夜裡沒有逃掉。過了一陣子見他還是沒動靜，也不要水要飯，就納悶的過去察看。湊近一看，人已經沒氣了。

「死人啦！他死啦！」所有的人都被這叫喊驚動到院子裡，望著那具死屍，束手無策。請示過本派大本營之後，紅小將們還是去把當地駐軍的代表纏過來，把前前後後的緣由說了一遍，做了筆錄，然後把那具死屍埋葬了。部隊來的一位軍醫（他臨時充當了法醫）說，那五湖四海隊員早就讓農民自衛隊給打得半死了才送過來的，而且好像是包在厚麻袋或者破棉被裡狠打的，所以不怎麼露外傷。農二哥們很精明，把這個麻煩輕易地拋給了革命小將。

一年多一點以後，武鬥息止了的宣城，置於全面的軍事管制之下，白大舌頭被軍事管制委員會下令逮捕，罪名是非法設立法

庭、打死一名遊民。白大舌頭被關押了將近一年，其間他的可憐的父母家人為他四處奔波，找證人寫證詞，證明那名遊民其實是非法逃離勞改農場的犯人，證明他逃出來後還累累為害鄉民，證明那逃犯其實不是白大舌頭動手打死的，證明當時解放軍的兩名幹部還到場察看了五湖四海隊員事件的處理。近一年之後，大約是在1970年的年尾，白大舌頭被釋放。是無罪釋放？不是。是帶罪釋放？也不是。在既非「有罪」也非「無罪」的含含糊糊的背景下，白大舌頭日後好不容易找到一份賣力氣的活，養家糊口。

在白大舌頭被捕、坐牢的關頭，足智多謀、同時也是主要見證人之一的大肚子也幫不上忙，因為大肚子自己也落了難。他三次被莫名其妙地抓捕，三次被莫名其妙地釋放(邪門的是，他每次被捕，我都在場)。在看守所裡，他經受了各式各樣無產階級專政的折磨，包括大熱天正午烈日下，頭頂一盤水跪在水泥地上「反省」，水盤翻倒了就再加一個鐘點；把他的一隻手同另一個犯人的手鎖在一起，讓他們吃、睡、拉、撒都難伺候自己；24小時對他的「號子」(即小間牢房)播放高音喇叭，或者24小時在他的號子裡亮著五百瓦的大燈泡，讓他發發神經病。

大肚子反反覆覆被抓被放，也是宣城的專政部門趁心跟他玩「貓捉老鼠」的把戲：明明搜集不到他該坐大牢的證據——他雖然是我們紅衛兵的武衛隊大頭目，不過並沒有親手打死、打殘過人，也就是沒有血債、沒有債主——但卻恨透了他，要讓他嘗嘗「沒有終結的恐怖比恐怖的終結更恐怖」的滋味。此乃是因為「公檢法」系統在1966年夏至1967年冬期間，是屬於對方保皇派陣營的，經常被我們這一派衝擊，幾個主要的幹部也被我們戴高帽、掛牌子、遊街和批鬥過。用他們日後私下裡的話說，「我們專政系統的人，從來沒有給人當猴子玩過，你玩我，能讓你白玩？等

到老子收拾你的那天，就要你大開眼界了。」

說白了，還是報復：被毛澤東「革命無罪，造反有理」的號召鼓動了的造反派造過反的「專政機器」，同樣憑著毛澤東的「我們的專政工具不能削弱，還應當加強」的號召，報復那些造了他們的反的造反派頭頭。1969年下半年宣城處於軍事管制之下，老「公檢法」系統的幹部就專司臨時看守所——一處位於宣城北門長街中段的大院落，四周高高的、憂鬱的灰磚牆，那裡成了我們眾多紅衛兵頭頭和骨幹分子的「學習班高級階段」。「學習班」是「毛澤東思想學習班」的簡稱，是毛式政治智慧的精妙體現——不循任何法律程序把人抓起來、關起來，進行期限不確定的心理的、肉體的多維度懲罰，而又不冠以「監獄」的惡名。

「學習班初級階段」的所在地，便是我們宣城中學第二教學大樓的樓下大教室，可以容納二三十張上下鋪雙人床，我們這一派紅衛兵的頭頭和骨幹分子四十多人，都住、吃、「學習」 在裡面。「學習」的內容就是每日每時沒完沒了的檢查交待：在過去的兩年武鬥期間，有沒有打砸搶抄抓、衝擊軍事禁地、搶奪槍枝彈藥、劫取國家機密、組織大規模武鬥、殺人放火放毒？其實所有的人都知道，所有這些都是毛主席和他的親密戰友們——特別是林彪和江青——前兩年號召我們幹的，現在又反過來對我們秋後算帳。

每天清早我們就得起床、點名、排隊、上操，然後就是一整上午、一整下午外加夜晚幾個小時的「學習」。每隔兩三天，通常是上午十點來鐘或者下午三點來鐘、正值我們學習班成員精力充沛之際，就會有軍事管制小組和看守所的軍警人員來到我們學習班門口，學習班的班長——實為監管我們的人——一聲緊急集合口令，學習班成員們必須放下手頭的所有東西，跑步出教室來

到樓前的小操場上排列成隊。這時刻從看守所來的原「公檢法」幹部就從口袋裡掏出一張紙，大聲地、緩慢地念到：「根據偉大領袖毛主席『不管什麼地方出現反革命分子搗亂，就應當堅決消滅他』的最高指示，經過縣無產階級專政部門的查證，報縣軍事管制領導小組的批准，特此宣布對壞頭頭(或打砸搶抄抓骨幹分子)某某某實行隔離審查。」此時立刻就會有如狼似虎的三、四個「公檢法」人員搶進我們的行列，抓住被點名的那個人的頭髮，反扣他的雙手在背後，推搡出行列。扭轉他的身子，面朝向我們，來的警員拾起手中的紅白相間的一公尺多長的大棒，一個橫掃將他擊跪在地，帶上手銬。與此同時學習班班長帶頭呼喊口號：「坦白從寬，抗拒從嚴！頑抗到底，死路一條！」震天的口號聲中，人被跌跌撞撞的帶走。

　　所有這套程序，對我們紅衛兵小將實在是太熟悉了，熟悉到黑色幽默的極致高度。在過去的兩年多裡，我們每天每日就是用這樣的程序對走資派們(包括那些「公檢法」系統的頭頭腦腦)作革命專政的——當時稱之為「颺十二級紅色颱風」，或「紅色恐怖」；現在對我們這幫紅色恐怖的先鋒部隊實施同樣顏色的恐怖，一點不改，一絲不苟，真是妙極了！我們學習班開辦之初，有四十餘人；就這麼每隔兩、三天被提走一人，誰也不知道人被提走的詳細緣由，誰也不知道提走以後會發生什麼，誰也不知道誰將是下一個被提走的——沒有終結的恐怖，遠勝過恐怖的終結，法國大革命陰影下的雨果之言，不虛矣！

　　一個半月的「毛澤東思想學習班」辦到末尾，我們「學員」裡面少了十幾個人，剩下的每個人少了十幾斤肉。我們那一幫人對中國政治、對毛澤東的思想和實踐、對文化大革命的實質之悟察洞悉，在「學習班」期間有了突飛猛進。

還是江青説的到位

　　眞正把文化大革命發動者的深層動機和這場革命自身內在的動力學一語點破了的，還是江青。她在「文革」一開始，就著手系統地迫害那些1930年代在上海演藝界比她有名、有錢、有地位、讓她吃過肉體或精神虧的男士女士們。演藝界裡她最想幹掉的人之一，是孫維世；孫是周恩來的乾女兒，中共那一代裡有名的美女和才女。她非但瞭解江青1930年代的底細，瞧不起江，而且據說1946年孫剛從蘇聯留學回國後，便被毛澤東看中且染指，是江青的多重意義上的敵人。1967年秋天武鬥高峰上，江青對林彪的夫人葉群說：「現在趁亂的時候，你給我去抓了這個仇人。你有什麼仇人，我也替你去抓！」孫維世於是被葉群動用空軍部隊秘密抓捕關押，一年後不明不白的慘死獄中[1]。1966年7月28日，江青在北京的一場大會上評說：「我們不提倡打人，但打人也沒有什麼了不起嘛！」「好人打壞人，活該；壞人打好人，好人光榮；好人打好人是誤會。不打不相識。」林彪對此進一步展開：「壞人鬥壞人，這是『以毒攻毒』」[2]。

　　這兩位對「文革」中各色人等相互打鬥報復的精彩評說，大概都是摸透了毛澤東的心路思路。1966年北京和全國的「紅八月恐怖」的廣泛打人狀況傳到毛那兒後，毛的議論便是：「黨的政

1　參閱《歷史的審判——審判林彪、江青反革命集團案犯紀實》，上冊(北京：群眾出版社，2000年4月再版)，頁285-301。張朗朗：《孫維世的故事》(浴火鳳凰：http://chinatown, 無出版年月)。

2　王年一：《大動亂的年代》(開封：河南人民出版社，1988年12月版)，頁74，268。

策不主張打人。但對打人也要進行階級分析，好人打壞人活該；壞人打好人，好人光榮；好人打好人誤會」[3]。當時官方檔案稱江青為「文化大革命的旗手」，稱林彪為「毛主席最好的學生」，真不是拍馬屁；他們兩位對毛發動「文革」的心機和動機，確實理解得格外準確。

革命就是報復

我終於達到「革命就是報復」的普適性的理智認識，要歸功於一條後來查無實據的新聞報導。1989年六四慘案之後的頭一、兩個星期裡，各種各樣的謠傳飛滿天下。某一日我從美國的一家英文媒體上讀到，四川、重慶赴北京遊行示威的大學生們被從天安門廣場清場趕出京城後，悲憤於他們的同學和平請願卻挨殺被捕，立志要報仇雪恨，於是星夜趕回四川，欲去鄧小平的故鄉廣安挖掘鄧家的祖墳，這麼幹的理由是：「你老鄧下令殺大學生，讓別人家斷子絕孫，我們也要刨你的祖墳，讓鄧家斷子絕孫。以眼還眼，以牙還牙。」

這條報導寫得有聲有色，令人讀來始而血脈賁張，繼之毛骨悚然——到了20世紀的末尾，中國統治集團中最具世界視野和大歷史感的改革總管鄧某人，與中國社會裡思想最激進、最渴望政治自由的大學生，在血仇報復這一點上，卻是那麼的心心相印！

以後的幾個星期裡，我一直密切關注著英文中文媒體對這條消息的追蹤報導；奇怪的是，猶如石沉大海，再也沒有了音訊。

3　據紅衛兵1967年編印的《毛澤東思想萬歲》（未正式發表的毛澤東言論集），第二卷，頁204。

我揣摩，那篇英文報導，當是洋人記者基於在中國的現場採訪參加學潮的大學生而寫成，因爲那種刨祖墳報仇雪恨的觀念是典型的、地道的中華傳統的，非洋人所有。發了那種豪言壯語的大學生，可能說時有意，到了行動的時候或許就沒了膽；或者有膽量也沒機會——鄧家祖墳乃是龍脈所在，豈是不設防任你外人可進可出可動土可移石的？

　　把所有這些可能性考慮進去，仍然改變不了那篇報導所透露出的歷史深層訊息——革命就是報復。文化大革命中千千萬萬普通的中國老百姓乃至社會底層的賤民們，利用了紅色始皇帝毛澤東「對走資派造反有理」的聖旨，報復了自1949年10月以來一直騎在他們頭上作威作福的紅色官僚特權階層（此前，任何這類犯上的言論和行動，都會遭到及時的鎮壓）。鄧小平作爲這個階層的最高首領之一，不但自己丟職喪權、受了諸般凌辱，他的基本上無辜的大兒子也被折磨成終身殘疾。1989年5月底至6月初，鄧小平報復了膽敢再一次要掃除官僚階層的制度性特權的大學生——在他們的口號和行動上，鄧看到了二十多年前把他打倒了的那幫紅衛兵和造反派的幽靈再現[4]。

4　這當然不是毛澤東死後鄧小平對「文革」造反派的首次報復之舉。1984年我出國前夕，在北京聽一位德高望重的老前輩說，北京大學校長周培源的原辦公室主任、哲學系名教授郭羅基剛剛被驅逐出京，發配至南京大學，就是有人恨郭的自由主義思想對時任中共中央總書記的胡耀邦頗有影響，故在鄧小平面前告狀說：「文革」中鄧的大兒子就是被郭的那一個造反派組織折磨至殘的（告狀者並沒有出示任何證據，很可能毫無根據）。原本對郭羅基個人並沒有什麼印象的老鄧，勃然大怒，下令立即把郭「趕出北京」。

旁觀者清

1989年底至1990年初的那個冬天，我在哈佛文理研究生院宿舍的原來同樓層的好友Blanford Parker——他是哈佛大學英美文學系公認的過去十幾年裡最優秀的研究生[5]——忽生奇想，要與我合作一本英文書，敘述我自幼年起一直到進入美國為止的經歷。我們在飯後飲餘（他滴酒不沾，但每日飲胡椒味可口可樂的消耗量是我飲啤酒量的三到四倍），談論我的經歷跟他這樣同年齡美國人的經歷之差異時，他每每感歎：在他們聽來，我1980年代以前在中國的生活境況，是屬於西方工業革命以前的那些時代才可能有的事情。所以他覺得眾多的美國讀者一定會對這本傳記感興趣的。我們把書名都初擬好了，叫做My Grandparents Had No Names（「我的爺爺奶奶沒名字」）——我告訴過他，我的祖父祖母是偏僻之極的鄉村裡貧賤之極的農民，活了一輩子只有姓，沒有名。

每星期有兩個下午，我倆在火爐旁坐下來，準備那本傳記。我口述，答錄機轉動，他隨時提問，發掘細節，理順故事的脈絡，一共錄音了將近40盤磁帶（每盤60分鐘）。他主張：我們的書就從1989年六四事件後四川籍大學生誓言要去鄧小平老家挖掘祖墳

5　他的成名之作是研究18世紀宗教與詩歌關係的著作，學界對之評論極佳：Blanford Parker, *The Triumph of Augustan Poetics: English Literary Culture from Butler to Johnson*（Cambridge University Press, 1998). 他堪稱慧眼識聖：早在1985年若望‧保祿二世（John Paul II）任教皇的初期，他就對這位宗教領袖敬仰不已，稱之為當今世界上兩、三位最偉大的人物之一。20年之後，2005年4月8日星期五，全人類都見證了這一點。

的報導起頭，因為——他解釋說——這個情節最具有古典希臘史詩和悲劇的意涵及韻味：它用「復仇」這一人類最本能、也最強烈的動機，把文化大革命同「文革」以前中國的政治社會不公，與「文革」以後的中國政治陰謀和搏鬥，天衣無縫地貫通一體。

還是旁觀者清。他對中國當代政治鬥爭在「革命」的大纛之下演繹出的一幕又一幕，比許多的中國問題評論員——黃皮膚的或者白皮膚的——看得都要明白。

丁學良

出生於皖南農村。香港科技大學教授，國立澳大利亞大學高等研究院兼職研究員。1992年以博士學位畢業於美國哈佛大學，此後在環太平洋諸國家和地區從事比較現代化的研究和教學，研究聚焦於轉型經濟的非經濟方面，包括大學體制和國家競爭力的關係。著有《從新馬到韋伯》（聯經，1991）、《液體的回憶》（聯經，2004），及其他中英文著作，分別由劍橋大學出版社、牛津大學出版社出版，近作《什麼是世界一流大學？》，由北京大學出版社出版。2005年年底因為提出「中國真正意義上的經濟學家最多不超過5個」的看法而引起持續不斷的爭論。

思想的溫柔與殘暴

柯斯勒百年誕辰讀《正午的黑暗》

唐諾

　　先來說，這本書的書寫者柯斯勒最終是怎麼死的——這位出生於匈牙利的猶太裔英籍小說家（複雜得很的身分和必然有事的生命位置）一直是英國某一團體的成員，他們主張人有權結束自己的生命、有這樣的道德選擇自由，他於1983年服藥離開，他的第三任妻子跟他一起走。

　　是的，這個鬥士型的作家沒陣亡在戰場上，儘管機會多得很。他生前可說是敵人滿天下，幾乎涵蓋了當時一整個歐陸而且還散落其他地球各處。他反納粹，在法國維琪政府的集中營待過；參加過反法西斯的西班牙內戰，在這場著名的「詩人戰爭」中被捕還判了死刑；而更多更久更悲傷的仇敵則來自左邊，或者說起自於柯斯勒自己內部，是史達林掌權肆虐的革命祖國蘇聯。這原來是柯斯勒半生信念和希望所繫之地，但莫斯科的血腥審判（1936-1939），以及一連串獰惡的真相（奴工營、思想和言論的全面控制、經濟凋敝、社會破毀、一人的集權統治、以及數以百萬千萬人的真實死亡云云）不得不叫醒這個聽實話講實話的正直之人。1949年，柯斯勒和訪蘇歸來的同志兼小說同行紀德，合寫了那本絕裂宣言的書《不能顯靈的神》。而此時此刻我們手中的這部小說《正午的黑暗》，則完成於稍早的1940年，在莫斯科審判的第一時間，揭示了第一代老革命家化為歷史灰燼的經過及其一層一層的心理過程，既是控訴，其實也是內省，並為日後的出走鋪路。

　　歷劫歸來的柯斯勒，在多年之後已不再糾纏於革命、甚至厭倦於談政治的晚年，平靜自由的死於自己之手，基本上應該是幸福的，即使一言難盡。可仔細想來，自殺仍是他合情合理的生命句點，意義相聯，邏輯一貫，對他這樣子的人生做最後一次帶著清晰意志的說明。

說來，柯斯勒的一生，和我們通常紊亂、隨機、意義晦暗不明而且滿是岔路的人生圖像不大一樣。他的一生像一部結構嚴謹、有頭有尾、意義太過明顯的理念型小說；像一部書寫者高度控制的小說，當然是更現實的，可是也同時更戲劇性，其中的衝突、挫敗、危機、轉折和處理收拾，包括他大約在1956年後的全面轉向科學和神秘之學的探索，都仍在這同一道路上，仍遙遙指向著原先那方向，並且都不懷疑可追問得到答案、凝結得出啓示來。文如其人，今天，從純粹文學的角度來看，柯斯勒不會被當成是多頂尖的小說家，其中或許也有才份之類的緣由，但重點不在此。真正的重點是，柯斯勒不是這樣處理自己生命的。他始終有更迫切、更非關一己的事情得做，小說只能謙卑的站第二順位，服從於這個堅定的意志像個無怨無悔的忠僕，必要時可解雇可犧牲。這和一般小說家那種「拆掉自己生命的房子來建造小說的房子」的基本認知完全背反。

然而，好也好在小說自身有驚人的柔軟度、彈性和寬容，裝得進盛得住各種硬塊式不易溶解的理念東西，甚至像勞倫斯說的，禁得起各種理論的「騷擾」（儘管勞倫斯說此話時充滿嘲諷）。具體證據是，在業已流淌了幾百年的寬廣小說長河之中，我們的確擁有著一批嚴重牽動讀書之人神經的理念型小說，仍保有像《正午的黑暗》這樣的作品。今天，你走進任一家盡職的書店，十成十會在經典小說的架上找到此書，而它的旁邊是托爾斯泰、是杜斯妥也夫斯基或納布可夫，半點不刺眼亦不羞慚。

莫斯科審判的監獄

監獄是個罪惡之地，或至少是個奇怪的地方，儘管對於我們

這些善良守法或懦怯或走運的社會公民而言，它的存在正常合理到壓根想都不會去想。但對於那些置身其中的不幸或活該人們，這卻是逼你想東想西的一處強迫思考之地——統計學的巨大數字所告訴我們，古往今來數以億計人們進過監獄這一事實及其普遍性，絲毫不減損它對單一個人的特殊性，以及真實的作用。這是一個古老又古怪的數學悖論。在此地，生命被逼入了小小一方死角。我們曾經擁有和理應擁有的那些東西，包括法律所應允我們的、歷史和社會文明所應允我們的、乃至於生命本身所素樸應允我們的，一樣一樣被凍結、禁錮、取消和剝除。而且，時間的意義及其模樣在這裡也變了。它截去了過去、阻斷未來，把時間扁平化為某種「永恆的當下」，長而空洞而循環不變的當下，人孤獨的被拋擲其中，總要想出個道理、想出個出口、或至少得靠想這想那好打發無聊的漫漫時光。所以我們有契訶夫、有格拉姆西、有布朗基、有王爾德、有司馬遷和周文王姬昌云云。事實上，人類還據此發明了地獄不是嗎？就算想像另有出處另有靈感，但起碼其物質基礎和經驗細節是此地借來的不是嗎？

《正午的黑暗》也是一部監獄之書，開始於老革命家魯巴蕭夫的半夜睡夢中忽然被捕，結束於他審判認罪之後的後腦勺兩槍，場景幾乎沒更換過，除了一些脫逸出去的回憶。奇怪那業已不存在的，反而是全書僅有的幾處有溫度有色彩的畫面。

關於監獄，柯斯勒本人無疑是有夠豐碩的第一手經驗材料，但《正午的黑暗》意不在此。這本書有更迫切更特殊的任務，它專注的凝視並試圖解釋一個看來極不合理卻反覆出現的駭人事實。請注意這裡，不是誰憂心的推斷，而是一再重覆的事實，那就是——在史達林全面整肅的極權打造過程中，那些不乏出生入死實戰經歷、挨過迫害、忍過酷刑、死亡都屈服不了他們的硬漢

般老革命同志，為什麼忽然全變成一隻隻軟弱溫馴的綿羊，不反擊，不答辯，最奇怪是他們完全配合演出審判的荒謬劇，主動承認加諸他們頭上的莫須有反革命罪名（多年後相關機密資料出土證明全係誣陷），不僅沒生物本能的保衛自己性命，就連自身最後一點榮譽乃至於尊嚴也拋擲不顧（前者可能不操之在手，但後者是做得到的）。

人類歷史上諸如莫斯科審判的不義審判多矣。我們曉得，通常這反而是受迫害者的專用舞台，是慷慨陳詞以明志的迴光返照時刻，留下最多超越了死亡才可能痛快講出來的歷史證言。也因此，迫害者總想盡辦法迴避公開審判。如今天大家所熟知切·格瓦拉的迅速處決，以免審判實質意義的必然顛倒，即為一例。相對的，從被統治者、受迫害者的角度來看，爭取到公開審判，一直被視為人權歷史的重大進展。然而，這一批老革命者卻逆向的選擇「默默的去死」，最後講的是「我向國家，向群眾，向全體人民跪下雙膝」這麼卑微不堪的話，這到底是發生了什麼奇怪的事？這些人在監獄中等候死亡緩步但必然到來的綽綽有餘時間裡，他們究竟都想些什麼？是如何看待自己這即將蓋棺的一生，並做成這麼不可思議的最終決定的？

日後，在毛澤東掌權清算的中國大陸，這個古怪的畫面又一次一次出現，從秦城監獄到酷寒的北大荒。

人不畏死，以死亡來恫嚇是徒勞而且笨的事情。很明顯的，關鍵答案所在的地方，不是外部的死亡和肉體酷刑的獰惡脅迫，而是人心，受迫害者的獨特心理。我們應該追問的問題是，他們究竟在保護什麼？還有什麼比人的生命、榮辱、尊嚴、乃至於最後那一點是非真相更重要？或換一個角度想，到底存在一個什麼東西，會讓生命、榮辱、尊嚴和是非真相全變成這麼可犧牲、這

麼無所謂？據此，柯斯勒在書前那段制式題詞，便顯示了沉沉的重量和宛如封印著的祕密了：「本書中的人物都是虛構的。但是決定他們行動的歷史環境則是眞實的。尼‧薩‧魯巴蕭夫這個人的一生，是所謂莫斯科審判的許多受害者一生的綜合。作者認識其中好幾個人。本書謹獻給他們作爲紀念。」

決定他們行動的歷史環境是眞實的，意思是，這不是某個單一個人的不需理由的胡思亂想。魯巴蕭夫不是個特例，他的奇特抉擇和行動相當程度而言是被「決定」的，被某一個歷史現實裡的巨大東西抓住並驅使。因此，《正午的黑暗》不是一部所謂的心理分析之書。人心的奇特變化，源自於某種歷史環境，源自於某個外於人而且大於人的怪東西出現。

沒有人，只有神

先來想，在莫斯科審判之前的人類長段歷史裡，人們可曾擁有過這麼超越這一切、而且視這一切如糞土的最重要東西（且不管是不是錯覺）？可能有的，比方說神，尤其是喀爾文教派相信的那種神。

喀爾文教派的神，不是柏拉圖式至善代稱、一切美好價值總合而且自動和睦相處的那種神。當然，他們仍說祂是至善的，但有關這個神的至善屬性始終語焉不詳，只知道殊少人性的道德色澤，毋庸更接近某種蠻橫的、至高無上的強大力量。或者說，祂的至善不是當下的事實，而是遙遠的應允；不是慈悲的賜予，而是人得爲祂爭戰、爲祂打碎既有的一切才可望降臨。由此，喀爾文教派有一個極其特別的天國預定之說，構成了其信仰的眞正內核——天國一定會來，這是神預定好了的，但沒人知道何時。這

個神極其陰深，有完全不可知的一面。喀爾文教派曾用月亮來比擬祂，說正像月亮有一面永遠背著我們。而這個預定好了的天國，又是人完全無法干預無法改變的，包括誰進天國誰下地獄也都由神事先決定，行善積德這種普世宗教的萬用入場券，在喀爾文教派獨獨是行不通的。

一般我們把喀爾文教派這樣的預定說，稱之為「最後的辯神論」。這裡的「最後」，不是高明精深到再無可挑剔辯駁的意思，而是指他們不再打算和大家講道理、關閉大門一切，到此為止。喀爾文的神決定一切，惟獨祂自己完全不受約束，包括祂自身創造頒行的法則，包括邏輯，也包括道德。這個全然自由、想幹什麼就幹什麼的神，其實返祖回到《聖經・舊約》的那個狂暴耶和華，而其最生動的描述則是〈約伯記〉裡在旋風中現身講話的樣子。〈約伯記〉裡，祂容忍甚至嘉許滿口怨言的約伯，只因為約伯自承渺小，不知道也無法解釋神意欲何為；卻不留情的出手懲罰以利法、比勒達和瑣法這三名努力為祂（道德）辯護的倒楣鬼。祂禁止人自認有詮釋祂的作為的權利和地位，不允許人冒出來某種程度的自我意志，只因這裡頭隱藏了某種具備繁殖潛能的平等種籽，不僅褻瀆，而且極可能是危險的，會改變人和神的必要特殊關係，會讓人緩緩離開他渺小如螻蟻、單一如工具的身分。

更重要的，神的作為如果需要解釋，就代表了祂仍受到某種約束；祂就不再是萬能、超越一切的神了。

所以絕非偶然的，所有至高無上者，總是不允許人有說話談論的自由的，往往連滿懷善意的詮釋或讚頌都不可以。不只是內容問題，而是根本上就不該有這個說話談論的位置。約伯以他的卑小順服、而不是以他的睿智堅忍稱義。他最終獲得什麼獎賞呢？除了更多財富之外，神還「補給」他7個兒子3個女兒，比原

先為了試煉他弄死的那7個兒子3個女兒更好更美麗。只是，人命真的可以這樣讓渡、這樣替換、這樣純數字的以這個補那個嗎？像壞掉的零件，像電腦升級，這倒真是絕佳的隱喻了。

由此，我們來看《新約》著名的「登山寶訓」，便得到完全不同於一般的圖像了。耶穌在論起誓、論愛仇敵、論施捨、論禱告、論禁食等教諭裡頭，皆再三強調這些作為「不要行在人前」、「若是這樣就不能得你們天父的賞賜了」。世人不知甚至誤解都沒關係，而且可能還是必要的。唯一重要的是神與人的一對一私密關係，你知祂知；是孤獨但高傲堅決的行在神已鋪好的道路上；你真正的報償在未來的天國，你面向它，自然就會把此時此刻的塵世置諸背後。也就是說，即便是道德善行，也不是人與人之間善意善念的彼此領受感染交流，從而希冀它風吹花開般在人間擴散開來，成為一個更溫柔的當下世界，而是人只做給神看，證明給神看，既是信仰的精純試煉，更是人在神的道路上的做工前進——我們在《正午的黑暗》小說中，清清楚楚看到魯巴蕭夫正是這樣侍奉他的神。

這樣，我們就得到一幅非常詭異的至福圖像了——天國早就造好了，但卻在未來。早已完成的天國，你既無需參與創造，亦無從參與創造，甚至連思考它討論它都不必也不好（完美事物的任何改變，都等於是破毀）。留給人們的，於是就只剩一張時間表：人要問、要想、要忍受、要行動、要犧牲拼命等等等等，都只能限定在這紙薄薄的時間表上。更影響深遠的是，既然天國早已造好等在那裡了，意思是此時此刻這個寒酸的世界，即使還摻雜著一點好東西，亦不值得珍視存留。如果燔燒它們有助於這張時間表的實現，我們便不應該因為此地還有5個10個義人而遲疑卻步；如果，更常被想到被主張的，因為這些小善小美的東西存

在，讓人不捨當下，讓天國降臨的時間延後，那它們無疑是更大的惡，更該狠狠的拔除掉。眾所皆知，馬克思便是這麼看待人道主義的。

人命，人的榮辱和尊嚴，以及人所最後堅持的那一點是非眞相，俱屬這些容易捨不得的小東西。但用句宗教者常用的謙卑話語來說——在永恆面前，這一切又算得了什麼呢？

新宗教的懺悔

社會主義，其中教條的那一部分社會主義，尤其是日後掌權的那一部分社會主義，便成爲新的神，給予人們同樣一個已完成的未來天國，以及同樣一紙時間表。《正午的黑暗》書成十年之後，柯斯勒和紀德合寫的那本告別之書《不能顯靈的神》，書名直通通的便是這個神，同時直接針對的便是這紙時間表及其指向的應許天國。

乍看很怪，馬克思是最厭惡宗教的人，斥之爲蒙昧無知，且名之爲鴉片，但日後他卻成爲最巨型的宗教教主，以至於雷蒙·阿宏以子之矛的用「知識分子的鴉片」爲書名來嘲笑他修理他；一如他畢生苦苦思索並相信自己已找出來人完整的、終極的、從政治到經濟到人性的全面自由解放的歷史規律和道路，可是日後他最虔信這些規律、最堅持走這條路的信徒像魯巴蕭夫這樣的人，卻是一個讓我們驚駭萬分的如此不自由不解放的人，別說未來天國還遠在虛無飄渺雲端的那一端，就連人類歷史辛辛苦苦掙扎到此時此刻人所普遍握有的，他也都復歸失去。我們這裡指的，不是他的繫獄、審判和最終的兩顆子彈而已，而是他從情感到意志的全數無效、徹底空無。書中，魯巴蕭夫貴爲新政權的人

民委員，有顯赫無比的功勳和革命資歷，但他眼看和他有男女關係的女秘書阿洛娃莫名遭到逮捕入罪，眼看他一個個老戰友被當叛徒處決並從這個國家的歷史被塗銷，眼看「第一號」（即史達林）清清楚楚把權力拓展成無限大，眼看人們更窮更苦，社會更糟糕……，他什麼都看到了，甚至預見並再三夢到自己被捕，時時解嘲的自語「他們要槍斃你了」。但這一切，只要把它們一一擺進那紙神聖的時間表中，在最終的天平上用另一端的至福天國爲砝碼來秤量，就魔術般一下子全合理了、必要了，你不僅不該去抵抗，你還應該竭盡所有去配合。

我們說，《正午的黑暗》是一部監獄之書，但其實更正確的說，是兩種監獄、兩重監獄之書。世人所害怕的有形有體那一個，用石牆、鐵門、大鎖、哨兵獄卒以及國家暴力組合而成，魯巴蕭夫其實並不那麼在意。他在此經歷了三波並未被拷打凌虐的提訊，並失去了身體的自由，但除了餓過兩餐、牙痛復發、香菸斷過糧、以及程度尚稱節制的疲勞審訊而外，魯巴蕭夫並沒有真的受苦，也不以爲苦。真正困住他的，是天國及其時間表所造成的無時不在無所不在巨大監獄，其由來久矣，遠遠早於那半夜敲門的聲音。魯巴蕭夫必須在愈來愈荒謬的當下現實和永遠掛在地平線那裡的天國，找出更積極有力的論證解釋，好重新銜接起這不斷遠離、發出低沉嗚咽聲音如都卜勒定律、眼看著就要斷去聯繫的兩端。同時，如果可能的話，他還隱隱約約希冀這個新的解釋新的體悟，也能一併爲他重新找到一己的站立位置、價值，以及可能的行動。不爲著改變——他最駭怕的正正是改變，改變意味著他整個生命的瞬間崩解；而是要重新確認——確認自己的存在不疑，以及和他大神的私密親切關係。我們大致可以這麼說，魯巴蕭夫，和「正常」的人犯完全不同，壓根是不想越獄的。他愛

這個宛如他畢生產業的監獄，他在這裡也遠比在自己家中睡得踏實安穩。真正危險的、深刻的、他曉得自己消化不了的，是監獄宛如磐石之上、之外不斷在眼角餘光裡瞥見的那一點點天光雲影、那幾顆細碎閃爍的夜星，透露出某種自由、某種他得拚盡力氣抗拒的廣闊無垠，美麗得令人痛苦。這同樣是他親身經歷並鑽入他記憶不去的片斷，包括阿洛娃的身體氣息和頸子的柔和曲線，包括那個信任他卻自殺結束一切的熱情革命青年小洛埃，包括他奉命工作的異國城市光景，包括那幅釘住他腦子卻說不清楚意思的悲傷聖母像云云。

跟杜斯妥也夫斯基《卡拉馬助夫兄弟們》裡大宗教審判官寓言故事講的一樣，魯巴蕭夫不要自由，他要的是信仰和神蹟。

以理念掛帥並以理念直接命名的《正午的黑暗》，並非依靠文學書寫技藝取勝的小說。但我們得說，書裡頭寫得最好的（就文學專業判準而言），是魯巴蕭夫那一抹奇特的興奮之情，自始至終鬼魅的浮現在生冷乏味的監獄石牢以及可預約的悍厲死亡之上。這彷彿是魯巴蕭夫他最需要的，是「老戰士」重回他魂縈夢繫的戰場最後一役，是他的大神終於又想起他、啓用他如《聖經‧啓示錄》中說耶穌來叩門，是他總算有機會又被那張神聖時間表所納入並要求他做點事了；一句話，他又「有用」了。因此，魯巴蕭夫那三次審訊，是掌權者和人犯兩造間的無情鬥爭和討價還價。但若我們把目光拉到歷史時間表的高高雲端，就再清楚不過看出來了，他們其實面向著同一個天國結伴而行。這宛如一局棋戲，彼此都熟悉而且遵守遊戲規則，尤其是魯巴蕭夫自己，這他經驗太豐富了，唯一的差別只是這次輪到他持白子扮演犯人角色而已。因此，這更是一次自我辯證自我對話，審訊席上坐著的人，先後戴了老伊凡諾夫和新格列金的假面，但其實也正是昔時

的魯巴蕭夫自己。犯人的全新位置、處境和視角，讓魯巴蕭夫正反辯證出他過往無從達到的深度和高度。他更看清楚自己和這張時間表的獨特關係，光榮的接受這最艱難也最深奧的最後使命，那就是像那位想必已安居於天國的窮寡婦般捐出自己僅有的兩枚小錢，一是他的命，另一是他的名譽（這是過往從未有過的），在已搭建好的公開審判舞台上，向世人坦承他犯下那些他從未犯過的叛國罪行，就像「登山寶訓」裡耶穌所揭示的那樣。

如此，這部獨白的、反覆自我辯證自我潔淨的《正午的黑暗》，很容易讓我們想到一些過往挺熟悉的書，比方說聖奧古斯丁的著名《懺悔錄》，和他另一本稍微沒那麼著名的《上帝之城》。犯罪並不是我真的做了什麼見不得人的具體罪行，因此所謂的懺悔，其實是積極性的再次確認自己的卑微位置，讓自己更渺小，好照見出另一端神的巨大；讓自己更低賤，好照見出另一端神的崇高；讓自己的生命殞沒，另一端的神也就永生了──個人的懺悔，卻帶著為世人受過的覺醒意味，因此他雖然匍匐在神前，卻對世人毫無慚色，甚至還是個領頭者，是率先獲救的人，有這樣的得意和驕傲。

只除了一點點不同──魯巴蕭夫這位新宗教的新聖徒，在他很幸福很平靜步上槍彈等候的祭壇途上，還是保有一絲不甘心的人味。他有點想要像法國大革命審判法庭上的丹東那樣大聲控訴：「你們糟蹋了我的一生。但願我的生命能再起來向你們挑戰……」「你們要把共和國扼殺在血泊之中。自由的腳步成為墓石必須繼續多久？暴政已經出現了；它已揭去面紗，抬著頭，在我們屍體上踏過去。」他也有點遺憾，想去研究天文學，看看廣闊無垠的宇宙可還有另一種天國，可還容得下另一個天國，沒那麼嚴酷那麼嗜血但一樣至福的天國？或甚至沒有天國？（日後，

柯斯勒自己為魯巴蕭夫走了這條路）他也有一點來不及想清楚的狐疑，隱隱約約覺得有哪裡不對勁，在他為這紙時間表所找尋出來的「無可爭辯的原則」，一定哪裡有處裂縫，但他只能微弱的詢問，為了目的真的就可以不擇手段嗎？「他有一次在日記中寫了什麼：『我們拋棄了一切傳統，我們唯一的指導原則是後果邏輯。我們的船沒有倫理壓艙物。』／也許邪惡的核心是在那裡。也許人類不宜沒有壓艙物就航行。也許理性本身是有缺陷的指北針，把你引向這樣一個迂迴曲折的航道，以至最後目標也消失在濃霧中了。／也許現在就要降臨大黑暗時代。」

魯巴蕭夫只走到這裡。1940年當時第一時間反應莫斯科血腥審判的柯斯勒，亦暫時只走到這裡。

從巴札洛夫到格列金

這裡，我們稍稍停一下，來看書中另一個人物，格列金，接替伊凡諾夫審訊魯巴蕭夫的人。這是魯巴蕭夫而外，小說中唯一成形的人物，也一如柯斯勒講魯巴蕭夫那樣，是「許多人的綜合」。

格列金讓人很眼熟，他在小說自身的世界之中有個大名鼎鼎的先行者，一個業已鑄造完成的原型，那就是屠格涅夫半個世紀前既存實又洞見所寫出來的巴札洛夫、《父與子》書中那個「子」、一個狂風暴雨般的第二代年輕人。他嘲諷思想，嘲諷理論，視上一代人和歷史如朽物如糞土，只在意當下，在意有形物質，在意到肉見血的行動。原《父與子》小說末尾，巴札洛夫急病死去，屠格涅夫只讓他宛如流星一般，劃破老俄羅斯的冷凝鄉間莊園天際。唯巴札洛夫這個典型卻栩栩如生的活了下來，不僅僅只作為

一個不朽的文學掌故，而是真的在現實世界繁殖生養，如天上星海裡沙，其中最主要的一批，皈依了輾轉多年才由西歐抵達俄國的革命馬克思，找到了主義，也找到了實踐方式，果然造成了人類歷史翻天覆地的改道而行。

　　整個半世紀之後的格列金，很明顯是巴札洛夫的墮落版本，僵硬版、淺薄版以及貧窮版。這麼說，重點當然不在於比較屠格涅夫和柯斯勒的文學書寫能耐，而是真實歷史所發生、而且幾乎是必然發生的變化，其中一個相當關鍵的因素是權力。格列金是革命成功之後掌了權的巴札洛夫，但又不只如此。

　　格列金，小說裡告訴我們，出生於貧窮農村，16歲才知道1小時分成60分鐘。他革命資歷有限，大致上只跟上個尾巴跟著搖旗吶喊，教育程度也極有限，談不上什麼文化教養和思想水平。他戲劇性的踩上和自己並不相襯的權力位置，除了歷史層出不窮的機運使然而外，還有一個並非不常見的特殊原因作祟，那就是第一代革命者掌權後的權力鬥爭。尤其是史達林這樣意圖獨攬所有權力的人物出現之後，得把對他構成威脅的同代人提前報廢送入歷史灰燼，最堂皇、最聽來正當無私的做法便是，奉世代交替為名行權力集中之實（正常民主社會哪有這種集體性的權力轉移邏輯？），不斷不次拔擢這些理應輪不到他們的下一代人。而這些格列金們，心知肚明自己手中的生殺大權，既不是自己出生入死打下來的，亦非通過表現一點一滴結結實實堆積起來的，而是上帝點名般由某一個人恩寵授予的。趙孟貴之趙孟賤之，因此他們的命運無可避免的和這個人牢牢綁一起，把原先對革命天國和時間表的信仰，轉成了對單一個人的忠心和死力。於是，神被偷偷地更換了。放眼全世界的革命救贖，在此變成一人獨裁，宛如風吹花開的革命大軍，穿上筆挺僵硬的制服，而成了禁衛軍。所

以小說中魯巴蕭夫對他們的第一眼印象總覺得不舒服，想到的是希特勒手底下的機器人統治工具，而這不是他們要抵抗要打倒的嗎？

格列金現象是集權的徵象，至少是一個集權的打造過程，我們得如此警覺——1940年，真實的歷史時間，正是史達林和希特勒簽署〈德蘇互不侵犯條約〉的第二年。權力結構的一致，讓極左的蘇維埃和極右的納粹法西斯合而為一。

語言的變化是另一個有趣之處。《父與子》中的巴札洛夫議論縱橫咄咄逼人，而《正午的黑暗》中的格列金一樣侃侃而談應答無礙。然而，在大致相同的民粹議論方向，大致一脈相承的語彙元素之外，我們仍可以輕易看出來，真正起了變化的不是語言所表述的內容，而是語言的「外形」或說「外殼」——語言的線條拉直了、僵硬了、固化了，也像穿上了漿得筆挺的制服一般，只剩單一的面向和任務。從巴札洛夫的狂暴到格列金的森嚴，從革命者的辯論到掌權者的訓示，其間，轉折不見了，弱點和縫隙被遮蓋了，所有的靈韻、想像以及可能性全消失了；也就是說，語言已被抽走了「反骨」，它必要的桀傲不馴、必要的自我懷疑自我顛覆（亦即自我更生）、必要的觸類旁通全數消滅了。這成了一條語言單行道，用最簡單的「是或不是」二選一打造而成，通往早已準備好在那裡等著的只此一種答案。至此，語言已不再思考了，如今它只是某種空洞的神聖符號。

不必思考，照著覆誦即可，這於是也解答了格列金古怪的能言善道。格列金此人，我們以台灣的普遍經驗來說，實在很像軍隊中新兵訓練中心或士官隊幹訓班的教育班長，講起話來奇怪的流利、奇怪的滔滔不絕，和說話者本人的智商不相襯，亦和說話者本人的學識、教養、經歷乃至於所謂的口齒口才完完全全不相

襪。每一個看起來再笨的班長，只要穿上那一身制服，背起值星帶，當場就跟上了身一般幻化成另外一個人。當然，沒當過兵的人，也有其他現成的實例可想，比方說那些教會、寺廟、佛堂、精舍拉你進去非要拯救你不可的好心善男信女；還有，搭計程車時收音機頻道永遠鎖住地下電台的熱血司機——格列金是遍在的、俯拾可得的，只因為他是如此語言發展的末端副產品。

從巴札洛夫到格列金的如此語言變化，很顯然就不是所謂國家合法暴力的具體政治權力單獨一項所能解釋、所能支撐起來的了。語言，有自身的來歷和繼承，亦有自身的專屬戰場和奪權之路，平行於國家權力的鬥爭和攫取。事實上，由於它的隱晦性，語言的集結和戰鬥通常遠遠早於政治動員，也往往先一步完成奪權，而成為政治奪權的鬥爭利器甚至必要條件（所以論者才說，法國大革命在開始之時其實已經完成）。語言的權力冠冕，一般我們稱之為「進步」，由新的某一個視角、某一套邏輯和某一組特定語彙所構成。當它奪權成功，站上所謂進步思潮的最頂峰，它便從諸多平等並列的對手中單獨拔昇出來，而成為是非善惡的終極判準。這也就是說，它不必再解釋自身了；所有的舉證責任丟給那些背反它、質疑它、挑戰它的對手（一如法庭辯論的經驗，得負責舉證的那一方通常是輸的）。因此，它亦無須辯論、無須騰挪說服，如巴札洛夫那樣，使用它、說它的人也再不需要有什麼真材實料，理不直氣也壯。如此舒適且暫無風險的位置，對外通常會急速吸來一堆原先詆毀它的趨炎附勢之輩（這些年來，我們每個人心裡都積了一長串的姓名不是嗎？），對內則是自身視角和邏輯這兩樣比較困難、比較不具象的要件失落，只留下那一組「硬體」式的特定語彙。因此，如羅蘭·巴特再三指出的，它抽空、綁架、硬化成為某種神話、某種信仰，甚至倒過頭來反抗

最原初創造它、鑄成它的那些人。

馬克思在世之時，如摩西般無緣親眼看到他的革命大軍昂然進入牛奶與蜜的應許之地，但馬克思卻來得及親口感慨，說他絕不是個馬克思主義者。

在格列金此人身上，我們看到的其實是這兩種權力的合一加持，也就是說，一種既是國家又同時是神話的怪東西——把這兩者合而為一來追溯、來討論、來破解的卡西勒，在他那部《國家的神話》書前序文就先如此告誡我們：這是無法講理，無法說服，無法用語言攻穿的。但樂觀點來說，你其實亦用不著和那些格列金們臉紅脖子粗辯論，一如你不會和一架錄音機辯論一般。當歷史的進步思潮再次改道並易主（歷史總是持續這樣），這些人一樣會自動跟著改變或消失無蹤。

思想的殘暴樣式

波赫士，在和作家薩瓦托的一次對談途中，隨口以法語引述過這句漂亮的話：Les idees naissent douces et viellisent foroes——思想產生時是溫柔的，衰老時是殘暴的。

這句話，令一輩子胸懷激烈政治思想的薩瓦托失神了？好半晌，中斷了兩人流水般的對話：「對不起，可我真的被您引用的那句話打動了。想一想那些以基督的名義幹下的壞事吧。還有史達林以《共產黨宣言》的名義犯下的罪！」

1940年彼時，一如自己筆下帶著疑惑赴死的魯巴蕭夫，柯斯勒本人對於共產思想也並未走遠。在這個法西斯開始肆虐整個歐陸的歷史特殊時刻，他勇敢站出來拆穿莫斯科審判的神話鬧劇，但他仍試著要把目的和手段分開來，以道德的僧袍來代替權力的

制服（「也許新的政黨的黨員會穿僧袍，教導大家只有手段的純潔才能證明目的的正當。」），來保護他所信仰並爲之出生入死戰鬥的那個終極目標。換句話說，彼時的柯斯勒，對共產思想而言，只能稱之爲「異端」，還不是個反叛者背教者。用著名的彼時歷史譬喻來說，這個階段的柯斯勒仍相信共產思想是純潔的、是會成爲救世主的聖嬰；它只是很不幸（提前）誕生於蘇俄這盆髒水之中，你得拯救這個嬰兒，毅然把這盆髒水給倒掉。

10年之後，他和紀德一起宣告這個神不會顯靈，天國時間表只是廢紙一張，柯斯勒才正式而且公開的成爲反叛者背教者，那個譬喻也一變而爲，不只水是髒的，原來水裡頭那個嬰兒還是個非得除去才行的惡魔。柯斯勒斷言，往下的人類歷史，將是共產黨人和前共產黨人的鬥爭。他的判斷是，人類的焦點歷史課題仍是共產主義，而唯有從共產世界裡頭走出來的人，才眞正能洞悉它的本質和弱點，才知道這場歷史的決定性戰役怎麼打。

可歷史再次無預警的陡然一轉，如今冷戰結束，共產政權或崩毀如夢或名存實亡，共產主義不復是歷史課題；沒改變太大的是，人們仍在衝突、亦持續的受苦。

波赫士的引述話語給了我們很好的答覆，也一併提供了更寬廣的視野和線索——問題不在於思想，而在於思想的外形和樣態。同樣的思想，它可以是很溫柔的，也會是極其殘暴的。殘暴並非共產思想專有的本質，更不是它的一貫樣貌。沒錯，在史達林手上，它是如此蒼老而且猙獰。但我們可別忘了，只要試著把時間往前推個一百年兩百年，推到國王貴族和僧侶統治的年代，推到資本主義殘暴肆虐的年代——起來，飢寒交迫的奴隸，起來，全世界受苦的人……——它把歷史的目光往下移，從英雄帝王將相轉到底層那些無權無產又無名的人們，恢復他們的存在，

還賦予他們尊嚴和希望，也給了我們一個真正包含所有人的完整世界。它曾經如此睿智，而且是最溫柔最同情的不是嗎？

魯巴蕭夫的受難及其抉擇，的確一如柯斯勒所講的，是許多人的綜合。然而，這所謂的「許多人」，數量其實遠比柯斯勒心中浮起來的面孔和名字要多太多了。固然，史達林的極權殺戮統治給了它一部分特殊的、駭人的受難表現形式，但它也可以是人在某一個思想變得蒼老殘暴時刻的普遍處境。史達林之前，我們曾在比方說中世紀的神權統治時刻再三看到過，史達林之後，我們此時此刻仍看得到它，包括不遠處就在我們說話的當下台灣。未來，我們依然會一而再再而三看到它。也許，是不至於絕望到需要如魯巴蕭夫這樣子自誣，並且把一條命拿去填補未來至福和當下苦難的裂縫。但深陷在自我神話中，被某個天國幻象及不顯靈的時間表所綁架，從而喪失人最基本的同情、最簡單的是非乃至於自我意志，靠喟歎和無所事事過日子，把自己提前作廢。——這我們一樣都「認識其中好幾個人」不是嗎？

這麼說，我們無意把所有不同的思想一傢伙抹平掉，等於是虛無的不去細究每一種思想的獨特關懷、視野、具體內容、目標結論、可能的實踐和使用方式、以及它的歷史落點和機遇。事實上，不同的思想，的確有著不同的「危險指數」。柏拉圖的、耶穌的、馬基維利的、黑格爾的、霍布斯的、盧梭的、達爾文的、尼采的、佛洛伊德的云云，開放封閉的程度不一，誤讀誤解誤用的機率也不一；同時，不同思考亦從不間斷的彼此質疑、辯論甚至沒風度的仇視攻訐，時時爆出激烈的火花，延燒到純學理思辯界線外的現實世界來。但我們得這麼說：儘管不同思想有著不同的歷史風險，然而人類的歷史經驗基本上早已對此做成了結論，那就是我們願意承受這些風險，也必須去承受這些風險，甚至直

接將它視爲人的基本處境來接受它。在某一個極特殊的、極迫切的或急怒攻心的歷史時刻，也許會有某些人脫口指控哪個思想是邪惡的，但這裡終究有一道不容踰越的底線，那就是每一種思想都該有一處它的棲身之地。也許我們有人會多慮的爲它標示幾句警語，就像藥品或香菸的包裝外殼上那樣。但沒有任一種思想不容許它適切的表達它自己。思想可能會死亡，也可能被消滅，但絕不是因爲它邪惡或它危險這種層次的理由。

這在我們今天，已是莊嚴的原則了，但此一原則的漫長打造過程裡，其中其實也包含了世故且小心翼翼的功利性考量，以豐碩的眞實歷史經驗，一點一滴加總計算出來的。消滅任一種思想，認眞結算下來，我們損失的通常總是比所得的多，而且多很多。

進一步來講，思想的危險，通常總是被不當的誇大，就算不是別有意圖，也是混淆了思想內容本身和其特定歷史形貌的結果。這裡，我們來看一個文學書寫領域、書籍領域裡常常被提出來的有趣話題，所謂的「童話化」，意即童話的演變及其形成。很多深知此一過程來龍去脈、保有著長段歷史記憶的人，總帶著莞爾的語氣告訴我們，今天我們視之爲最安全、甜得滴蜜的童話故事，曾經是激烈的、狂暴的、殘酷的、恐怖的，就連成人都不宜。遠的不說，就像史威夫特的《格列佛遊記》，那是多尖酸多淋漓暢快的現實批判之書，足夠讓書寫者上絞刑架的；或像吉卜齡的《叢林王子》，誰都曉得書寫者本人是個多堅強有擋的帝國主義者，而這本書想講的，正是帝國主義哲學基礎中達爾文主義弱肉強食的返祖叢林法則；還有《愛麗絲夢遊仙境》，裡頭所謂的仙境，其實記憶的是書寫者嗑藥後的狂亂幻境和夢魘，包括那隻可怕的貓，包括那個動不動就大喊「把他拖出去砍了」的紅心

皇后。

兒童的床邊故事世界如此，成人的常識世界亦復如此。比方說，哥白尼的地動說，它所揭示的曾經被看成幾乎就是世界末日了，會讓堅實大地之上的所有人甩到虛無漂流的太空之中。但今天，我們仍安然被地心引力拉住，雖然不見得快樂，但活得好好的不是嗎？

最極致的證據之一，可能是今天依然健在的喀爾文教會。這支曾經最殘暴最凶狠、四處開宗教法庭、把人綁上柴堆燒死或酷刑車裂而死的宗教團體，此時此刻依然保有他們的天國圖像，仍然在苦苦計算並狐疑他們的天國或末日時間表，但已是一臉慈眉善目的表情了，於是我們也就用不著去砸去燒他們的教堂，把他們從按理說他們並不在意的罪惡地球上根絕乾淨。

時間會讓思想變蒼老變殘暴，可我們也看到了，時間也會拔去思想的尖牙，磨掉它傷人的稜角，讓它過度和睦地和世人相處。因此，真正的關鍵不在於思想內容本身，亦不在單純的時光流逝，而是在某種特定的時間中發生的思想形式外殼的異變，是歷史性的，而非本質性的──思想自以為找到神了，或者直接變成了神，召徠一大群身穿筆挺制服的信徒，時時準備為它而死，因此加倍的不會在乎犧牲他者。這是蘇東坡昔日對章淳的憂心預言，一個人連自己生命都不在意了，這樣的人一定會殺人的。果不其然！

我正在改變撒哈拉沙漠

如果說今天喀爾文教會依然存在，我們實在想不出有任何理由主張或判定，共產主義會徹底崩毀、化為歷史灰燼云云──它

當然有它深刻反省的歷史功課得做，畢竟人類曾給過它如此巨大豐厚的機會，而它搞砸了不是嗎？

同樣是1940那年，同樣在歐陸，同樣和馬克思思想有關的另一樁完全不同悲劇，也就是為躲避法西斯迫害，絕望自殺於法西邊界的渥特‧班雅明，在他如瓶中遺書又如歷史讖語的《歷史的概念》一文，最開頭一段便這麼說：「據說有個機器人可以擋住棋手的所有攻擊，因此必然獲勝。這個機器人聽說是位身上穿著土耳其風味服裝的人偶，坐在扶手椅上，口中抽著水煙。擺棋盤的桌子裡面設有特殊裝置，但是有一整套精心設計的鏡子反射機關，使得觀眾看不出這個裝置。在桌子裡面，其實藏著一個駝背的侏儒，他牽著繩子來操縱人偶的動作。這名侏儒是位棋奕大師。我們大可想像一個類似的哲學裝置。那位一定擊敗比賽對手的，乃是另一具玩偶，名叫『唯物史觀』。如果神學這位滿臉皺紋、聲名狼藉的老女僕可以為他服務，他便會所向無敵。而且，神學所能做的最好的事，便是躲在沒有人會懷疑她存在的角落。」

所以，班雅明亦不認為問題在共產思想本身。

班雅明口中這個聲名狼藉的老女僕，執拗的懷抱著她的天國目標和時間表要求實現，因此她喜歡在權力宮廷服務，或至少尋求為有力量取得權力的主人服務。她在宗教現實力量式微、退回去勸惡教善修橋舖路之後離開她的第一個主人，幽靈般飄蕩在人間，找尋新的人偶新的宿主，共產思想不是第一個，也不可能是最後一個。

一旦這個胸懷無限目標、永不饜足的神學老女僕成功侵入國家，操控著凱撒的大權，會發生什麼事？其中極特別的一樣是，和古老的改朝換代不同，也和近代國家的建構不同，它不會認為這是完成，可以解甲歸田，把戎馬放回原野山林，把刀劍熔鑄為

犁鋤。眼前這個國家，既然只是個階段，是很快得廢去的，那談得上什麼治理不治理呢？國家的諸多面向之中，它通常只關心其力量和聲威這兩部分，把國家資源尤其集中在宣傳和軍力上頭，因為這兩項和其天國的夢想直接相關。老百姓的身家性命也不真的是它在意的，因為這同樣只是資源，只有拿來使用才得到意義，也才是道德的。畢竟，和永恆的至善一比，我們其實都是罪人、都可以算是邪惡的不是嗎？如果我們不幸，像約伯原先那七兒三女在神的試煉道路上光榮犧牲，他日神一定會補償更好的7個兒子3個女兒，不是嗎？

沒有治國，只有持續的革命和運動；沒有各種具體有限目標的廣泛責任，只有無窮遠的單一天國允諾。於是，我們遂不斷看到一個荒唐的現實景象：明明是統治者了，卻依然盤據街頭聲嘶力竭的鬧事，好像在某個無何有之鄉，還存在一個集昏憒、懶怠、貪污、邪惡於一身的真正掌權者，該為眼前經濟的衰敗、社會的不寧、言論自由的控制、施政的糟糕品質還有流行感冒的傳染負全部責任。也就是說，它既是在朝的，也是在野的，它既擁有國家的所有資源和權力，也還擁有革命者不受任何法令節制的自由。

既有的國家權力制衡機制，從議會到媒體，很難理解這個「統治／革命」的兩頭蛇新怪物，更遑論如何抵禦，因此通常總選擇觀望和讓步，「捍衛現狀的陣營，開始把革命力量的抗議視為戰術。他們認定後者其實接受現有的合法性，但為了爭取談判籌碼而誇大本身的不滿；彷彿一些有限的讓步即可撫慰他們的委屈。提醒危機即在眼前的人，被歸類為杞人憂天；至於勸告大家適應現狀的人，則是行事通達及穩健。」（季辛吉，《復辟的世界》）相對於現實防禦力量的不知所措，這個經驗豐碩無比的老女僕則

再明白不過，她曉得抽象的天國及其時間表，如果要在更廣大的群眾身上產生並凝聚取用不竭的激情，它得要造像，要一個實體，要一個活生生的人，好讓群眾的情感有對象有焦點。昔日，她曾把一個悲憫的木匠之子死後復活幻化成神，今天她仍如法炮製，把掌權的統治者偷偷掉包成神。現實防禦力量的讓步負責製造凱撒，神學老女僕負責製造上帝，當兩者逐漸疊合爲一，革命在此便成了私產，成爲比空洞口號更壞的東西，掩飾而且聽命於一人集權。

我們常講思想產生力量，這是眞的，但思想也許在某個人的某個片刻會閃爍出驚喜的、孤寂的激情，可基本上，它的力量是寧靜的、綿延的、杳遠的，而且，它還是講理的。思想也可能影響甚至改變這一整個世界，但走的不會是快速急躁的道路。也許就因爲如此，這裡便永遠有一個弱點，一個浮士德式的誘惑，不是思想本身，而是心中藏放著它的人，當他意識到年老，意識到死亡，意識到時間不夠了，當他渴望親眼看到它全面的勝利。

這也許才是魯巴蕭夫悲劇的眞正根源所在，也是他的怯懦。他不認爲自己再有足夠時間回頭，他害怕他的神棄他而去，儘管他不祥的察覺出這個神已不是他信仰並奉獻的那個，可是怎麼辦？他已押下去幾乎全部人生了。要讓自己這一生虛無、毫無意義、鬧劇一場嗎？他比誰都苦苦思索，但不是思想者的思考，而是信徒的懺悔。作爲一個忠貞的信徒，就像所有的信徒，他勇敢到可以拋開所有而赴死，但作爲一個人，他卻怯懦到不敢成爲一個自由的人。

格雷安・葛林在他小說《沉靜的美國人》中有兩句對話，很合適描述並且回應魯巴蕭夫——「你不覺得沒有上帝，一切都會沒有意義嗎？」「正好相反，我常覺得有了祂，所有一切才變得

毫無意義。」

讓神離開，我們才有機會真正認清思想的能耐，人的能耐，以及眼前世界的真實樣子。近些年來，我個人所知道最好的一段話出自波赫士《圖片冊》書中的〈沙漠〉一文，短短的全文是這樣子的——「我在離金字塔三四百米的地方彎下腰，抓起一把沙子，默默的鬆手，讓它撒落在稍遠處，低聲說：我正在改變撒哈拉沙漠。這件事微不足道，但是那句並不巧妙的話十分確切，我想我積一生的經驗才能說出那句話。那一刻是我在埃及逗留期間最有意義的回憶之一。」

唐諾

台灣宜蘭人，1958年生。台大歷史系畢業。現任職出版公司，並從事自由寫作，以「專業讀者」角度撰寫的書評文章尤其受到注意。著有《文字的故事》、《唐諾推理小說導讀選》(I、II)、《讀者時代》、《閱讀的故事》，譯作則以推理小說為主。

柯斯勒評價

彭淮棟

柯斯勒1983年去世，2005是他百歲冥誕之年，紀念情況難謂熱絡。《泰晤士報》文學副刊11月刊出德裔美籍歷史學家兼政治評論家拉克爾(Walter Laqueur)一文，評介法文與德文柯斯勒傳記各一，兼論柯斯勒生平經歷與著作大要，已屬「紀盛」，斯人逝後，堪稱寂寞。

相較於並世名流沙特與西蒙波娃，柯斯勒身後尤顯寂寥。拉克爾從著作、政治等方面討論個中原因。柯斯勒生前身後俱爲沙特與波娃所掩，乃不爭之實。沙特與波娃創宗立派，通吃學院內外，既開風氣復爲師，桃李無數，附庸尤眾，又辦文學雜誌以廣影響，在世人多勢眾，過世枝繁葉茂。柯斯勒獨行俠，不立山頭，爲人與文章又長於樹敵而拙於結友，各方面都難與二人頡頏。

文學方面，柯斯勒小說，1939年的 *The Gladiators*，及1943年的 *Arrival and Departure*，皆不滿人意，歐威爾與柯斯勒大致相善，當年已嘗言之。柯斯勒操管寫劇，亦乏善可陳，遑論成家。他不擅哲學，不讀當世顯學胡塞爾與海德格，又失一城。沙特則縱橫哲學界，復挾哲學入戲劇，至少在法國文學史穩據一席之地。

至於波娃，可言主要在女性之義。柯斯勒某些方面可能比沙特與波娃更應獲得女性主義者善待。新近有二書談沙特與波娃關係，一是羅里(Hazel Rowley)所寫《波娃與沙特》(*Tete a tete: Simone de Beauvoir and Jean-Paul Sartre*)，一是拉布蘭(Bianca

Lamblin)的《瘋女回憶錄》(*Memoires d'un jeune fille derangee*)，
於沙特與波娃二人君子協定其名，爾虞我詐其實的關係，說之甚
明，寫沙特對女性觀念行爲之醜，以及波娃助成其醜種種內幕，
尤其開人眼界。柯斯勒對女性的態度固多不足爲訓，但其長處短
處近於凡夫俗子，使性忘形之外，亦能浪漫而愛，並不以理飾非
文過。拉克爾認爲，與兩人相形之下，柯斯勒簡直可稱開放誠實
的模範。不過，平心而論，女性主義者如同一切「主義者」，知
人論事有其主觀好惡之選擇，柯斯勒這些勝(於沙特、波娃)處，
難獲理睬。

以言政治，則沙特在世之日諸多盲昧言行與判斷，即其最狂
熱徒眾亦覺難堪，但今昔法國知識分子率多不揚家醜，吾愛眞
理，更愛吾師，沙特無論何其荒謬，概以小德出入視之，絕少深
究嚴詰。柯斯勒則人單勢孤，而且反共其罪，至今猶招白眼。拉
克爾說，主因柯斯勒「政治不正確」，相較於沙特恬然自欺欺人，
他大夢先覺，早識眞相，迷途知返，不可原諒。

但眞知仍有識者，並非派性是非所得埋沒，好書亦有定價，
並非論者好惡所能減值。《正午的黑暗》早成經典，地位不容否
認。柯斯勒餘作價值不論，僅此已足傲世。

柯斯勒傳至今仍待作手。他百歲冥歲，兩本傳記應時出版，
一是拉瓦爾(Michel Laval)的法文本《不妥協的人》(*L'Homme
sans concessions*)，一是布卡德(Christian Buckard)的德文本《極
端人生》(*Ein extremes Leben*)。拉瓦爾於1930年代與1940年代歐
洲左派瞭若指掌，爲歷來所有談柯斯勒生平者所不及，呈現柯斯
勒作品的時代背景與內在政治、文化根源，幅度廣，視野寬，一
目了然。不過，傳記之作，輕重點調度不易，大小景配置爲難，
「不」書之長，適成其短，副題"Arthur koestler et son siecle"已透

端倪，全書偏重交代柯斯勒之敵友，疏於細寫柯斯勒其人與作品，其得與失，讀者自可評量。

《極端人生》，則雖云"Leben"（一生），實則並不完全，專寫柯斯勒對猶太教、猶太復國主義（錫安主義）及巴勒斯坦／以色列的態度。此書交代柯斯勒早年生活經歷，自布達佩斯童年，求學維也納，浪跡巴勒斯坦，以至1920年代爲記者，詳明得未曾有。作者巴卡德掌握當時柯斯勒以各種語言所寫文章與報導，讀來引人入勝。柯斯勒師從錫安主義右派領袖雅波丁斯基（Vladimir Jabotinsky），在巴勒斯坦卻加入左翼；熱衷錫安主義，於猶太傳統、歷史與文化卻興趣缺缺，政治意識型態了無連貫，矛盾百出。這位歐洲知識分子1930年代靠向共產主義，遂無足爲異。

拉克爾提及，詩人奧登曾勸柯斯勒勿寫小說，只寫自傳。實則柯斯勒作品多樣，題材萬變，而筆端所出，處處即其生平寫照。只是寫照支離，頭緒凌亂。時代激流裡的倒影，掌握爲難。

若然，柯斯勒諸作之中，何者將能傳之久遠？拉克爾說，柯斯勒作品良莠不齊，但他補一句：偉大作家何嘗不然。柯斯勒關切多方而興趣多變，遊移跳宕，自我相謬，至其用力之處，則自具精髓，有百世不易者在。他所寫時代，如西班牙內戰、莫斯科大審、猶太浩劫，已成過往，但所含主題並未與之俱往，政治手段與目的的問題，即爲亙古彌新之大問。

當今文學理論與批評鉅子布隆姆（Harold Bloom）於2004年編成一套「現代批評詮釋」（*Modern Critical Interpretations*）系列，其中收入柯斯勒的《正午的黑暗》，編輯前言說，《正午的黑暗》是period piece，意義限於特定時期，「三個世代之後，即永逝無聞」。但《正午的黑暗》問世逾60年而墨瀋未泯，筆力未減，其激人深省，不讓古今諸多經典。「現代批評詮釋」系列收

入荷馬《伊里亞德》，莎翁名劇《皆大歡喜》（*As You Like It*），及狄更斯《厚望》（*Great Expectations*）。《正午的黑暗》與之並列齊駕，也是種伏筆，其中消息，不言可喻。

（彭淮棟，專業翻譯家，譯有多種經典名作。他的譯筆在信達之外更稱典雅細緻，可供讀者玩賞。）

眞相就是眞理

韋伯《新教倫理與資本主義精神》一百年

張旺山

　　1903年夏，韋伯(Max Weber, 1864-1920)這位以學術爲職業的學者，在進入不惑之年時，一方面由長期的病痛憂鬱中甦醒了過來，發表了延宕多時的一篇棘手的方法學論文的第一個部分[1]，展開了另一階段多產的學術生命；但也在這一年，韋伯正式辭去了海德堡大學的教職——用韋伯的太太瑪莉安娜(Marianne Weber, 1870-1954)的話說：正值盛年的韋伯被逐出了他的王國[2]。辭去教職後，韋伯決定與宋巴特(Werner Sombart, 1863-1941)和雅飛(Edgar Jaffé, 1866-1921)接手主編《社會科學與社會政策文庫》(以下簡稱《文庫》)[3]。這份刊物，給韋伯的學術生命提供了廣闊的園地[4]。光是1904年這一年裡，韋伯不僅爲新系列的《文庫》寫了一篇簡短的〈編者弁言〉(Geleitwort)、一篇反省刊物的性質與方向並藉此論述社會科學的方法論問題的重要文章〈社會科學與社會政策的知識之「客觀性」〉(以下簡稱〈客觀性〉)、一篇探討普魯士財產權問題的文章，更在1904年11月在《文庫》中發表了〈新教的倫理與資本主義的「精神」〉(*Die protestantische Ethik und der "Geist" des Kapitalismus*，以下簡稱《新教倫理》)的第一個部分，並在翌年6月(美國之行返德後)發表了第二個部分。

　　這篇文章發表後，引起學界熱烈的討論：首先是費雪(H. Karl Fischer, 1879-1975)於1907年在《文庫》25卷中發表評論，韋伯在文末附上了回應[5]；1908年費雪在《文庫》26卷中又對韋伯的回應做了簡短的答覆，韋伯也再度在文末對該答覆做了一些說明；接著是1909年歷史學者拉賀發爾(Felix Rachfahl, 1867-1925)在《科學、藝術與技術國際週刊》(*Internationale Wochenschrift für Wissenschaft, Kunst und Technik*)連載長文〈喀爾文主義與資本主義〉(Kalvinismus und Kapitalismus)，不但批評韋伯的《新教倫

理》，還要求韋伯的好友神學家特洛爾奇（Ernst Troeltsch, 1865-1923）對韋伯的觀點表態； 1910年，韋伯在自己的《文庫》第30卷中作出了答覆，而特洛爾奇則在該週刊中作出了回應；拉賀發爾意猶未竟，立即又在該週刊中發表〈再論喀爾文主義與資本主義〉（Nochmals Kalvinismus und Kapitalismus），這下子韋伯火大了，同年在自己的《文庫》第31卷中發表了一篇〈針對「資本主義精神」之反批判的結束語〉（Antikritisches Schlußwort zum "Geist des Kapitalismus"），主動結束了這場論爭[6]。1920 年4-5月間，韋伯完成了《宗教社會學論文集》（*Gesammelte Aufsätze zur Religionssoziologie*）第一卷的定稿與校樣，《新教倫理》的最後定稿就收錄其中作為整部論文集的第一篇論文。就在韋伯於6月7日決定將這一卷題獻給妻子之後的一個星期，也就是在1920年6月14日，韋伯就因為所患的流行性感冒引發深度的肺炎而過世了，享年56歲。

由於《新教倫理》有這二個版本，因此在今日談《新教倫理》就首先必須注意《新教倫理》的「版本問題」。雖然韋伯在1920年版所加的第一個註腳中強調：他在這個版本中「**並未**刪除這篇文章中**任何一個**具有實質重要主張的句子，也未對任何這樣的句子作出新的解釋、使其減弱、或加上實質上有所**背離的**主張」；因為他覺得完全沒有這個必要，並相信「論述的進展」（Fortgang der Darlegung）終將使得「始終還有所懷疑的人」不得不信服這一點。（RSI: 18）然而，在經過「批判與反批判」的論爭之後、在韋伯將自己的研究計畫大幅更動之後，韋伯在1920年的版本中為避免已發生或可能會發生的誤解並針對各種批評意見而對1904/05版本所作的修改與補充，還是值得我們注意的：這二個版本的對照閱讀、尤其是1904/05年版與韋伯的幾篇「反批判」

的對照閱讀，對於釐清韋伯的「問題」將有很大的幫助。

《新教倫理》發表到今天，已經整整100年了，韋伯辭世也已經有85年了。「時間的力量」（Macht der Zeit）業已確立了《新教倫理》的「經典」地位。這是無庸置疑的。但任何對《新教倫理》稍有涉獵、對《新教倫理》出版後、乃至韋伯過世後直到今日關於《新教倫理》的種種詮釋與爭議稍有所知的讀者，應該都會感到困惑：為什麼這篇韋伯發表在自己主編的、一再強調其「學術性」的刊物中並且自認為是「純歷史性陳述」（RSI: 204）的論文，卻不僅在其生前、更在其死後，不論在文章的「問題」、對該問題的「探討方式」與獲致的「結論」等方面，都產生爭議、產生如此多的「誤解」甚至「不解」？也許更有趣的一個問題是，韋伯雖然在1917年11月所發表的著名演講〈學術作為一種職業〉（Wissenschaft als Beruf）中強調：學術的研究無所逃於一種「進步」的過程，任何學術研究的成果都將在10, 20, 50年內「過時」，並認為這就是學術研究必須臣服其下的命運、甚至是必須獻身追求的意義——任何學術上的「完成」（Erfüllung）都意味著一些新的「問題」，並且想要被「超越」與過時。然而，不但韋伯在《新教倫理》發表15年之後強調1920年版對1904/05年版中所有具有實質重要性的句子「一句不改」，甚至在《新教倫理》發表了100年的今日，我們不但不覺得《新教倫理》已經「被超越」或「過時」了，甚至覺得他所提出的問題正是我們現在所面對的問題。為什麼會這樣呢？韋伯在《新教倫理》中問的究竟是**什麼樣**的「問題」？他所做的又是**什麼樣**的「學術的」研究？

韋伯在1920年為《宗教社會學論文集》所寫的總序〈文前說明〉（Vorbemerkung）中說，他置於《宗教社會學論文集》卷首的《新教倫理》和發表於1906年的〈新教教派與資本主義的精神〉

（Die protestantischen Sekten und der Geist des Kapitalismus）這二篇舊作，乃是試圖：

> **就一個重要的個別之點去更接近問題之通常最難以掌握的那個側面**：某種經濟形式（Wirtschaftsform）的某種「經濟信念」（"Wirtschaftsgesinnung"）：「倫理」（"Ethos"）之受到某些特定的宗教上的信仰內容（制約）的制約性，並且是以現代的經濟倫理（Wirtschaftsethos）與禁慾的新教之理性的倫理（rationale Ethik）的關聯為例子的（RSI: 12）[7]。

　　這句話可以說是韋伯自己對《新教倫理》所要作的研究工作之最後、並且是最簡潔扼要的說明，特別值得我們重視；因此，在這篇短文裡，我想以這段引文為中心展開論述，試著去回應前面所提到的疑惑與問題，並就教於方家。

　　首先，這段引文中所說的「**問題**」，指的是1920年韋伯為整部《宗教社會學論文集》定調的問題：為什麼全世界其他的地方無論在科學、藝術、政治與經濟的發展上，都沒有走上西方所特有的那些理性化的軌道？西方文化所特有的「理性主義」是什麼樣的一種理性主義？韋伯想要透過這些「宗教社會學」的著作去認識西方、尤其是現代西方的理性主義的獨特特徵，並說明這種特徵是如何產生的。然而，為什麼韋伯會想要透過「宗教社會學」的研究——而不是像馬克思（Karl Marx, 1818-1883）的歷史唯物論那樣，透過對「經濟生活」的發展的研究——去認識並說明西方文化所特有的那種「理性主義」的產生呢？韋伯自然非常清楚，經濟生活對於任何一個文化的發展都具有根本的意義

（fundamentale Bedeutung），任何這類的說明，都不能忽視經濟條件的重要性。換言之，韋伯是承認西方文化所特有的那種「理性主義」，在很大程度上**也**是受到經濟的發展制約的。關於這一點，自馬克思以來，已有不少的著作做了深入的探討——他的好友宋巴特就在1902年出版了他的六大卷鉅著《現代資本主義》（*Der moderne Kapitalismus*）。韋伯的太太瑪莉安娜多次提及韋伯常說：「我沒做的，別人會做」。我們大概也可以想見，韋伯會說：「別人做過的，我就不必再做了」。而韋伯會想要做的，自然是韋伯認為重要、但卻還沒有人做或至少沒做好的。

在韋伯看來，經濟條件對西方所特有的理性主義的產生所具有的制約性（Bedingtheit），畢竟只是因果關聯的一個側面；整個因果關聯還有另外**一個**相反的**側面**，不能忽視：韋伯所要探討的，就是這個側面。韋伯強調：「經濟的理性主義」的產生，不僅有賴於理性的技術與理性的法律等等外在條件，也有賴於「人之採取某些特定種類的實踐上理性的**生活經營**（praktisch-rationale Lebensführung）的能力與傾向」（RSI: 12）。換言之，「經濟的理性主義」不僅受到客觀的經濟條件的制約，也受到某種主觀的「能力與傾向」的制約。要「發展出」經濟的理性主義，是需要有特定的「主觀的條件」的。當這種主觀條件受到抑制（當然，這種「抑制」也是一種來自靈魂深處的抑制）時，某種「經濟上理性的生活經營」的發展就會遭遇到頑強的抵抗。而韋伯之所以特別重視「宗教」對這種「理性的生活經營」的影響，乃是因為他認為：在過去，「巫術的與宗教的力量」以及「建立在對這些力量的信仰上的種種倫理上的義務想法（Pflichtvorstellungen）」，毫無例外都是「生活經營之最重要的形構性元素」[8]。在這種想法下，韋伯將「問題」的這另一個側面

以一般的方式描述爲：「某種經濟形式的某種『經濟信念』(『倫理』)之受到某些特定的宗教上的信仰內容(制約)的制約性」。《新教倫理》所要探討的，只是這種一般的制約關係的一個例子：現代資本主義這種「經濟形式」的「精神」(信念、倫理)之受到禁欲的新教的「理性的倫理」(精神)制約的制約性。簡單地說，《新教倫理》所要探討的，乃是宗教與經濟這二個實質的生活領域之間的某種「精神與精神」或「倫理與倫理」之間的制約關係。

事實上，這種制約關係，亦即關於「現代資本主義的產生與基督新教的信仰內容相關」的想法，並不是韋伯的新發現。問題是，當人們想到這種制約關係時，浮現在心頭的，都只是一些模糊的一般想法，恰似「滿天金條，要抓沒半條」，很難說出個所以然。因此，韋伯認爲這個側面是問題之「**通常最難以掌握的**」(meist am schwierigsten zu fassende)側面。而韋伯嘗試要做的，就是要去「**更接近**」(näher zu kommen)這個側面，將心頭浮現的那不清楚的東西「盡可能清楚地表述出來」(RSI: 29)。用視覺的比喻說，就是要將問題的這個側面「看得更清楚些」。問題是：要怎麼「看」才能「看得更清楚些」呢？「看」得越清楚，意味著能夠越清楚地將所看到的說出來、用語言表述出來。

問題是，韋伯所要「看」的，無論是新教的「倫理」或資本主義的「精神」，都是錯綜複雜的歷史現象，而每一個「歷史現象」都具有「無法窮盡的多樣性」(unausschöpfbare Mannigfaltigkeit)，具體地說，無論是新教的「倫理」或資本主義的「精神」，事實上都指涉著在歷史上的無數多的人的腦袋中、以無數多樣的型態與深淺層次存在著的精神性的東西，絕非現成的完整可認識的對象。對於這樣的對象，是不可能依照傳統的定義方式[9]加以

定義的。韋伯在《新教倫理》第二章一開頭，就對《新教倫理》標題中的研究對象「資本主義的『精神』」的概念掌握問題，進行了簡略的方法論反省，並借用好友新康德主義哲學家李凱爾特（Heinrich Rickert, 1863-1936）的說法，將「資本主義的精神」這樣的對象稱為一個「歷史性的個體」（ein historisches Individuum）。所謂「歷史性的個體」是一種邏輯意義上的個體，亦即是某種可以作為言說的對象或陳述的主詞的東西，並且這東西還是以某種方式「存在於」歷史之中的。但是，這並不是說：歷史上真的有個現成的東西叫做「資本主義的精神」，而是我們（研究者）就**文化意義**（Kulturbedeutung）的觀點而將**歷史實在**（geschichtliche Wirklichkeit）中的許多關聯（Zusammenhängen）**在概念上**結合成一個整體所形成的複合體（RSI: 30）。用來標示這種「歷史性個體」的概念，韋伯稱為「歷史性的概念」（historischer Begriff）。

　　這樣的一個概念，由於在內容上涉及的是某種「因其個體性的特徵而富有意義」的現象，因此依其本性就必須逐步地由其個別的、從歷史實在中取得的組成成分加以組合起來。因此韋伯才會說，我們對資本主義的「精神」最後會得到什麼樣的概念上的掌握，只能在整個研究結束時才見真章。換句話說，對這樣的研究而言，鋪陳研究成果的**論述過程**是極為重要的，也因此——正如本文前面提到過的——韋伯才會信心滿滿地認為，他全沒有必要改變1904/05年版《新教倫理》的重要實質內容，並相信「論述的進展，終將使得始終還有所懷疑的人，不得不信服這一點。」韋伯甚至明白的說：他將在論述過程中、並作為《新教倫理》整個論述的一項重要成果加以展示的，就是「我們可以如何**最佳地**將我們所理解的資本主義的『精神』表述出來」，並補充說：所

謂「最佳地」，是說「對我們在這裡感到興趣的那些**觀點**而言最適當的(adäquatesten)」。但韋伯同時也強調：他在《新教倫理》中所採取的那些觀點，並非我們分析《新教倫理》所要考察的那些歷史現象之「唯一可能的觀點」。只是，不同的考察觀點將會產生以不同的特徵爲「本質性特徵」的結果。這一點適用於對所有歷史現象的考察。因此韋伯認爲：「人們完全並非必然**只**能夠、或必須將資本主義的『精神』，理解爲那**我們**覺得是它身上對我們的觀點而言具有本質性的東西」，而之所以如此的理由，「就存在於『歷史性的概念建構』(historische Begriffsbildung)的本質之中」，因爲這種概念建構爲了自己的方法上的目的，不會想要將實在(Wirklichkeit)裝進一些抽象的類概念之中，而是要將實在安排進一些具有「總是並且無可避免地特具**個體性的**色彩(individuelle Färbung)之具體的、發生性的關聯中」(RSI: 31) [10]。

　　這段方法論的反省，在1904/05年版《新教倫理》中就有了。熟悉韋伯的方法論思想的讀者，或許可以看出韋伯講這些話的用意；但對一般讀者而言，這些話實在叫人諱莫如深，不知所云，有必要作些簡單的說明[11]。對韋伯而言，「學術」(Wissenschaft)乃是「對實在所做的思想上的安排」(denkende Ordnung der Wirklichkeit)；「自然科學」研究「自然」，但「文化科學」(Kulturwissenschaften，韋伯有時候也稱爲「社會科學」，包括「歷史」在內)則研究「文化實在」(Kulturwirklichkeit)。「文化實在」是我們這些「有能力也有意願有意識地對世界採取立場並賦予它一個意義」的「文化人」(Kulturmenschen)被置入其中、在其中生活的「實在」，韋伯也稱之爲「生活的實在」或「歷史實在」等等。這樣的一個「實在」，乃是一種李凱爾特所說的「異質性的連續體」：我們固然可以在這一「實在」中區分開各種相對獨

立的領域（如：經濟、宗教、藝術、政治等等），但這些領域的現象之間，是會互相影響、甚至互相滲透的。例如，就政治與經濟的關係而言，國家會透過立法等作為而影響到經濟的發展，因而是「與經濟相關的」（ökonomisch relevant）現象；但就「國家的財政經濟」而言，我們統稱之為「國家」的複合體，基本上本身就是某種「經濟的」（ökonomisch）現象；最後，就國家無論在經濟與非經濟關係上的作為或特徵都或多或少受到經濟動機的影響而言，國家甚至可以說是「受到經濟制約的」（ökonomisch bedingt）（WL: 162）。《新教倫理》所要「看」的，就是「與經濟相關的」某些「宗教生活的過程」，看看它們是怎樣影響到經濟生活的。

　　既然韋伯所要看的東西是某種「異質性的連續體」的一個部分，是一種「歷史的現象」，則要怎麼看才能看得比較清楚些呢？韋伯基本上接受康德的知識論傳統，認為「實在」不僅在「內涵的量」（intensive Größe）上是無限的，在外延上（extensiv）上也是無限的，因而概念是永遠無法完全地掌握住實在的；並且「外延」（或「範圍」）越大的概念，其「內涵」（或（「內容」）也就越小、越空洞。這種情形，對於想要掌握住現象之間的共通性、普遍規律的自然科學，並不會構成問題；但對於想要探討「歷史現象」的文化科學而言，「自然科學式的概念建構」就顯得無用武之地了。因此，韋伯認為，要探討歷史現象，必須改弦更張，採取「歷史的概念建構」，建構出合乎歷史的認知興趣與知識目的的「歷史性的概念」。由於這樣的概念建構方式，一方面必須取材於歷史中的種種過程，但另一方面卻必須由研究者在「思想的理想純度」上將取自歷史實在的成分組合成一個在思想上一致的整體，這樣的一個整體不能是「類」，只能是一種理論上可能的、理想

的「類型」（Typus），因此韋伯將這種概念建構的方式稱爲「理想類型式的概念建構」，以這種方式建構出來的概念則稱爲「理想類型式的概念」或簡稱「理想類型」（Idealtypus，一般習慣簡稱爲「理想型」）[12]。在韋伯看來，在探討歷史現象時，要「看得清楚些」，便非得透過研究者自行整理、建構出來的「理想型概念」去看不可。

問題是，文化科學的研究者所要看的，既然並非某種現成的東西、更不是某種共通的現象或規律，則我們便可以問：爲什麼研究者會想要看那些他要看的東西呢？「文化實在」這種「異質性的連續體」是無限複雜、具體、個別而又一體相關聯的連續體，光用肉眼是看不出個所以然的。研究者之所以會想要「看」、想要「看出」什麼東西，最終乃是因爲我們有一種知識興趣，想要對我們被置入其中、生活於其中的這個文化實在**就其獨特性**（in ihrer Eigenart）加以理解，亦即：一方面就其今日的型態理解其種種個別現象的**文化意義**（Kulturbedeutung）與關聯，一方面理解其歷史上爲什麼會「如此而非不是如此生成」的種種理由（WL: 170 f.）。換言之，我們自然而然的就會想要認識我們生活於其中的這個「世界」的獨特性，並想要知道這個世界是怎樣變成今日這個樣子的。而文化科學之所以爲「文化」科學，正是因爲這些學科都想要就種種個別現象的「文化意義」去認識這些現象。

韋伯在1904年的〈客觀性〉一文中強調，一個文化現象的型態之**意義**以及此一意義的**理由**，只能透過我們將文化現象關聯到某些「**價值觀念**」（Wertideen）去建立起來。因爲，「文化」這個概念本身就是一個**價值概念**（Wertbegriff）。「經驗實在對我們而言之所以是『文化』，是、並且只是因爲我們將它與價值觀念關聯了起來，它包括、並且只包括了實在中的那些透過該關聯而對

我們而言變得有意義的組成成分」（WL: 175）。也是在這個意義下，韋伯將「我們是文化人」這個事實當做是「每一門文化科學之先驗的預設（transzendentale Voraussetzung）」（WL:181）。總之，文化科學對某一文化現象的探討，不但有共同的**知識興趣**作爲出發點，不同的研究者也可以由於**價值觀念**的不同而賦予不同的**文化意義**，甚至，由於價值觀念的不同，不同的研究者根本就會想要看、並且看到不同的東西。因此韋伯才會認爲，不同的研究者對「資本主義的『精神』」可以有不同的理解。「看法」不一樣，自然會「看到」不一樣的東西。隨著個人或歷史上具有支配性的價值觀念的改變，人們自然會以不同的價值觀點去看歷史，並且看出歷史的不同面貌。這就是歷史的文化科學可以「青春永駐」的理由。

也許有人會擔心，如此一來，這樣的研究還能算是「科學研究」、還能具有「客觀性」嗎？在這個問題裡，糾纏著許多有待釐清的觀念與想法，我們無法在此在細論下去。簡單地說，韋伯認爲，文化科學的研究是不可能擺脫與價值觀念的（理論上的）關聯的，但卻必須避免做出（實踐性的）價值判斷。文化科學的研究無論在主題的選擇、研究對象的形構以及價值觀點的選擇上，必定都是「主觀的」（更精確地說：有「主觀的預設」的）；但研究工作的進行卻必須嚴格遵守「價值中立」的要求並服從「思想的規範」，從而使研究所產生的結果具有可以普遍被接受的「客觀性」。這樣的研究固然必定是「片面的」，卻仍舊是「科學的」、「客觀的」研究。更進一步說：價值關聯不僅是無法避免的，甚至是至關緊要的：一個研究者會看什麼、看出什麼，就決定於價值關聯。二個同樣「客觀」、同樣「正確」的文化科學的研究，由於價值關聯的不同，是可以有「高明」（geistvoll）與「拙劣」

(geistlos)的分別的，我們甚至可以說：「高明的錯誤」比「拙劣的正確」更有價值。在1904年的〈客觀性〉一文中韋伯說的一段話值得在此引述：

當然：沒有研究者的價值觀念，就不會有「材料選擇」的原則，也不會產生任何對於個體性的實在之有意義的知識，並且，正如沒有研究者對某些文化內容的**意義**的**信仰**，任何探討個體性實在的知識的研究工作亦將毫無意義一樣，研究者個人的信仰的方向、在研究者的靈魂之鏡中的價值的色折射（Farbenbrechung der Werte），亦將給研究者的研究工作指引方向。並且，科學的天才（der wissenschaftliche Genius）將他的研究對象與之關聯起來的那些價值，有可能可以決定一整個時代的「觀點」（"Auffassung"）、亦即成為具有決定性的價值：這不僅適用於被認為是在現象中「有價值」的部分，也適用於現象中被認為是有意義的或無意義的、「重要」的和「不重要」的部分（WL: 182）。

我們或許可以說，韋伯正是他自己所說的那種「科學的天才」。如此，我們便必須進一步探討：韋伯的「靈魂之鏡」的價值色折射給《新教倫理》的研究工作指引了什麼方向？換言之，我們必須進一步探討本文前面那段引文「**就一個重要的個別之點去更接近問題之通常最難以掌握的那個側面**」中的那個「**重要的個別之點**」指的是什麼。

這個問題的答案非常明確地表現在韋伯《新教倫理》的章節結構中。1904/05年版《新教倫理》的章節結構是這樣的：

I 問題：

(1)宗教信仰與社會階層；

(2)資本主義的「精神」；

(3)路德的職業概念(Berufsbegriff, 1920年版改成 "Berufs-konzeption"＝職業構想)。研究的課題。

II 禁欲的新教的職業觀念(Berufsidee, 1920年版改成"Berufs-ethik"＝職業倫理)

(1)入世的禁欲之宗教基礎；

(2)禁欲與資本主義(1920年版改成「資本主義的精神」)

掌握韋伯的困難，始於掌握韋伯的問題之困難。從《新教倫理》的章節結構看起來，韋伯是由對德國新舊教都佔有一定比例人口的邦所做的職業統計所發現的一項現象開始談《新教倫理》的「問題」的，尤其倚重他的一個學生Martin Offenbacher於1901年發表的關於「巴登邦的天主教徒與新教徒之經濟處境」的研究成果。這項引起當時天主教會注意的現象是：不僅資本家與企業主絕大多數都是新教徒，工人中較上層受過教育的階層、尤其是現代企業中那些職務較高、在技術上或商業經營上訓練有素的人員，也絕大多數都是新教徒(RSI: 18)。這個現象固然值得注意，而今日的「社會學」的研究大概也只會對這現象進行實證研究的調查與分析，但對韋伯而言，這卻只是韋伯為說明《新教倫理》所要探討的問題的「出發點」。事實上韋伯是由對「資本主義的『精神』」進行初步的描述，再由路德的 "Beruf"(職業)構想的影響著手去確定《新教倫理》的「問題」的。韋伯在《新教倫理》第一部分的結尾處說，他想要確定的只是：宗教上的種種影響是否、以及在多大程度上參與了「資本主義的『精神』」之「質上的塑造」與在全世界的「量上的擴充」，以及我們這個「建立在

資本主義的基礎上的**文化**」的哪些具體的**側面**是可以追溯到這些
影響上的。並且，由於宗教改革這個文化時期的種種「物質基
礎」、「社會與政治的組織形式」以及「精神性的內容」等等彼
此之間的相互影響的情形是極為複雜的，因此我們首先只能研究
一下：「宗教信仰的某些形式」與「職業倫理」之間的某些特定
的「選擇的親和性」（Wahlverwandtschaft），是否、以及在哪些
點上是可以為我們所認識的。韋伯並且希望藉此盡可能的弄清
楚，由於這些「選擇的親和性」之故，宗教性的運動會以哪一種
方式、在什麼普遍的**方向**上，對物質性的文化的發展發生影響。
韋伯強調，唯有當我們明確地確定了這一點之後，我們才有可能
進一步嘗試去評估：在其歷史上的產生過程中，現代的種種「文
化內容」（Kulturinhalte）在多大程度上可以歸因於那些宗教性的
動機，在多大程度上可以歸因於其他的動機（RSI: 83）[13]。

　　由以上的簡短說明可以看出，韋伯在《新教倫理》第一部分
的結尾處所提出的「課題」是相當複雜而龐大的。事實上，《新
教倫理》所完成的（即《新教倫理》的第二個部分中所完成的），
只是這個龐大的「計畫」的一個部分[14]。因此，我們可以確定，
本文前面那段引文「**就一個重要的個別之點去更接近問題之通常
最難以掌握的那個側面**」中的那個「**重要的個別之點**」，指的就
是《新教倫理》的第二個部分的標題所顯示的「**禁欲的新教的職
業倫理**」，亦即該段引文中所說的「**禁欲的新教之理性的倫理**」。

　　最後，我們來看看，韋伯在《新教倫理》中透過他所建構的
「理想類型」看到了什麼。韋伯在《新教倫理》的結尾處明白的
表示，他的論述所要證明的乃是（以下引文在1904/05年版與1920
年版中，文字幾乎完全相同）：

　　現代資本主義的精神，並且不只是這精神、而且也是
現代文化的構成性組成成分（konstruktive Bestandteile）
之一的「以**職業觀念**爲基礎的理性的生活經營」（die
rationale Lebensführung auf Grundlage der **Berufsidee**），
乃是由**基督教的禁欲**的精神（Geist der **christlichen
Askese**）中孕育出來（geboren）的」（RSI: 202）。

　　這段話清楚的說明了：（1）韋伯所要「證明」的，乃是現代
資本主義的「經濟倫理」（＝「資本主義的精神」）與禁欲的新
教之「理性的倫理」之間的關聯，並且韋伯將這種「制約」關係
比喻爲一種「孕育」的關係。（2）「以**職業觀念**爲基礎的理性的
生活經營」不僅是「現代資本主義的精神」、而且也是整個**現代
文化**的構成性組成成分之一。爲什麼 "Beruf" 觀念這麼重要呢？
關於這一點，可以由韋伯的一句話看出來：「清教徒想要（wollte）
成爲職業人（Berufsmenschen）——我們則必須（müssen）是職業
人」（RSI: 203）。這句簡短的話，有力地表達了韋伯的《新教倫
理》所要證明的「關聯」的歷史**意義**：資本主義乃是「我們現代
生活之最決定命運的力量（die schicksalsvollste Macht）」（RSI:
4）。今日的資本主義的經濟秩序，乃是一個「龐大的宇宙，每一
個個別的人都是被生入其中的，對他（至少作爲個別的人）而言，
這個龐大的宇宙乃是他必須於其中生活之給定了的、事實上無法
改變的牢籠。」（RSI: 37）而韋伯所要證明的，正是：（1）爲什麼
新教徒乃至清教徒「想要成爲職業人」；（2）這種源於宗教上的
禁欲的「倫理」，如何塑造出「資本主義的經濟秩序」這個「龐
大的宇宙」、如何孕生「經濟上的禁欲」（RSI: 37）或「以**職業觀
念**爲基礎的理性的生活經營」；（3）以及這種「經濟秩序」由於

建立在「機械式的基礎」上，而變成一種驅動裝置式（韋伯想到的隱喻是「火車頭」）的「強大的宇宙」（RSI: 203），迫使每一個人（不僅是直接參與經濟營生者）「必須是職業人」時，它對我們每一個人、乃至現代文化的整個命運的決定性影響：也許將會直到燃燒完最後一噸煤為止，始終決定著我們的「生活風格」（Lebensstil）[15]！

　　重要的是，韋伯試圖藉由這樣的一項學術性的研究提醒我們：「必須是職業人」乃是我們的文化時代中的每一個人的「命運」，必須正視此一命運的嚴峻面貌，才能做我們自己命運的主人。對於清教徒而言，他們是出於宗教上的動機而主動地「想要」成為職業人的，因而他們因有「精神上的支撐」而活得有尊嚴、有人格：但如今，由於大獲全勝的資本主義業已建立在「機械性的基礎」上了，因而不再需要這種「支撐」了。「禁欲」的「精神」已消失無蹤，而我們卻被迫「必須是職業人」。這種「職業人」，在履行職業義務時，若未能直接與「最高的精神性的文化價值」（RSI: 204）聯繫上，便極有可能成為韋伯所擔心的（尼采所說的那種）「最後的人」：毫無精神的專業人、毫無心靈的享樂人，「這種什麼都不是的東西（dieses Nichts）卻自以為攀上了人（Menschentum）[16] 前所未達的頂峰」（RSI: 204）。

　　身為科學家的韋伯在《新教倫理》結尾處所看到的現代文化發展方向所顯示的人類命運，是一幅駭人的景象。德國學者Detlev J. Peukert很生動地將韋伯比喻為米開朗基羅的壁畫《最後審判》（Giudizio universale）中的那個孤獨而奇特的形象：儘管腿部已被往地獄拉，卻仍然維持著歐洲古典的「思想家」姿勢，並且用手遮住左眼，但右眼卻由於看到駭人的景象而睜得大大的，似乎想要「看個究竟」。我們在看這個形象時，會覺得他似乎在看著我

米開朗基羅的壁畫《最後審判》。

們並見證著末日的降臨。據說米開朗基羅稱這個形象為一個「傲慢者」或一個沒有神學上的「希望」之「遭詛咒者」[17]。這個形象的確相當傳神地表現了身為科學家的韋伯的身影。

　　韋伯曾多次提及：「每個人都看到浮現自己心頭的東西」(Ein jeder sieht, was er im Herzen trägt)（WL：105, 120, 209）：韋伯透過他所形構的精確的理想型概念網，在歷史實在中看到了一般人看不到或看不清楚的東西，並且盡可能地以最清楚的方式表述了出來——儘管他所看到的是如末世般的駭人景象。身為科學家，「真理」(Wahrheit)就是韋伯所獻身的神，而作為探討「文化實在」的科學家，韋伯試圖盡其所能地看清楚的，正是這個我們生活於其中的世界的「真相」。韋伯的太太瑪莉安娜提到，韋伯在彌留之際曾說："Das Wahre ist die Wahrheit"[18]，這句話或許可以譯成「真相就是真理」。我覺得，這句簡潔得有點神秘的話，或許可以用來概括韋伯科學研究工作的「精神」。在紀念韋伯〈新教的倫理與資本主義的『精神』〉發表100年的今天，我們或許可以在反省一下韋伯的這種「精神」的深度與廣度。

　　透過以上的論述，也許我們可以間略地回答一下本文開頭處所提到的兩個問題：(1)為什麼對《新教倫理》有如此多的爭議、誤解甚至「不解」？(2)為何《新教倫理》即便在百年之後的今日，仍然顯得切時？前一個問題的回答，除了許多讀者不夠細心（韋伯的文字風格，要求讀者必須細心閱讀）造成誤解之外，主要是對韋伯的方法（也就是韋伯是怎樣「看」的）未能有恰當的掌握。我們不能將韋伯沒有探討的問題、沒有獲致的結論推給韋伯。例如：韋伯從未主張「由宗教動機導出經濟**形式**(Wirtschafts**formen**)」，他想要由新教的「禁欲」中「導出」的，乃是「『有方法的』**生活經營**的精神」(der Geist "methodischer"

Lebensführung）。至於這種「精神」與「經濟形式」的關係，只能說是一種在他看來畢竟在文化史上極爲重要的「『適當的』關係」（"adäquanz"-Verhältnis）（PEII, 31）。此外，韋伯強調，他所研究的近代資本主義中的「宗教信仰」與「經濟的行爲方式」這兩項文化構成成分（Kulturkomponenten）之間的關係，並非一種「法則性」的相互依賴關係，不能說：凡是有X（禁欲的新教）的地方就一定會（毫無例外地）出現Y（資本主義的「精神」）。換言之，前者並非後者之「充分條件」。之所以如此的理由是：他所從事的是一種探討歷史上的種種複雜現象彼此之間的因果連結（ursächliche Verkettung）的研究，而這種研究「先天地」當然不會得到這樣的法則性關係（PEII, 29）。最後，韋伯強調：「我的種種論述乃是要去分析那孕育出現代資本主義的**生活風格**之特定的、構成性的組成成分——這個組成成分與無數其他的力量（Mächte）共同打造了現代資本主義——並追蹤此一組成成分的演變與消失的過程。這樣的一種嘗試是無法提出下述課題的：找出在所有時代、每個地方，只要存在著資本主義都會有的東西。相反地，我的課題乃是要找出在獨一無二的發展中的那個**特有的東西**（das **Spezifische** der einmaligen Entwicklung）。」（PEII, 169）我想，舉出這幾個段落，已足以說明韋伯的著作多麼容易被誤解了。一個奇怪的現象是：韋伯當初在答覆批判的「反批判」文章中所提出過的各種誤解，直到今天都還以相同和不同的形式出現在許多著作中。

至於「爲何《新教倫理》即便在百年之後的今日，仍然顯得切時」的問題，則大概是因爲他確實看到了「眞相」（現代文化發展的世界史方向）的一部分、並且是相當重要的一個部分，而他的靈魂之鏡中的價值色折射，就像韋伯口中的「科學的天才」

一樣：「**決定了一整個時代的『觀點』**」，一直到現在，我們都還活在他所「看到」的「世界」中。

　　但韋伯絕不只是一個坐以待斃的「見證者」：認識真相，並不意味著放棄(尼采所說的)「渴望」(Sehnsucht)。在韋伯著名演講〈學術作為一種職業〉的結尾處提到，在今日，對所有期待新的先知或救世主降臨的人而言，處境正如聖經〈以賽亞書〉(21:11-12)中所說的：在以東的西弭有人呼喚道：「守夜人啊，夜還要多久？」，守夜人說：「清晨將會來到，但現在還在夜裡。如果你們想問，請下次再來」。這種處境固然是科學家之知性上的誠實(intellektuelle Rechtschaffenheit)「命令我們要確定的」。但猶太人的悲慘命運卻告訴我們，光靠這種期望是不會有任何結果的(WL: 613)。換言之，(經驗)科學再怎麼進步，也無法產生「世界觀」或告訴人「應該如何生活」；價值或意義，必須靠人自己去「創造」。因為，我們是人：不僅是一個會思考的人，也是一個有感受、有意願的「文化人」。事實上，韋伯在1904年的〈客觀性〉中就明白地說：

　　　　一個由知識之樹取食的時代的命運乃是，必須知道：不論我們對世事變化的研究獲得了多完備的成果，也無法由這成果中導出其**意義**，而必須自己有能力去創造這意義(WL 154)。

原典出處引用之縮寫代號：

PEII   *Die protestantische Ethik. II: Kritiken und Antikritiken*. 4. Aufl., hg. v. Johannes Winckelmann, Gütersloh 1982.

RSI   *Gesammelte Aufsätze zur Religionssoziologie*, Tübingen 1986（1920）.

WL   *Gesammelte Aufsätze zur Wissenschaftslehre*, 5. Aufl., hg. v. Johannes Winckelmann, Tübingen 1982.

註釋：

1 〈羅謝與肯尼士和歷史的國民經濟學的邏輯問題。I〉（"Roscher und Knies und die logischen Probleme der historischen Nationalökonomie. I"），發表於施莫樂（Gustav Schmoller, 1838-1917）主編的《立法、行政與國民經濟年鑑》（*Jahrbuch für Gesetzgebung, Verwaltung und Volkswirtschaft*），1903（viertes Heft）: 1-41。這篇論文的第二、三部分後來分別於1905與1906年發表於同一份刊物中。1906年的第三部分結尾處註明將有續文，但後來韋伯放棄了這個寫作計畫。

2 Marianne Weber: *Max Weber. Ein Lebensbild*, 3. Aufl., Tübingen: Mohr 1984, p. 276. 這部著作，國內李永熾教授曾譯出前半部出版（《韋伯傳》（上），台北：大人物出版社，1986），2002年江蘇人民出版社出版了由閻克文等人合譯的《馬克斯韋伯傳》，但這二個譯本都是由英譯本轉譯的。在為自己丈夫所寫的這本傳記中，瑪莉安娜對韋伯發病時期的心理有相當細膩的描寫。韋伯有很長的一段時期無法教書、也無法進行研究，但還是領有薪水，這種難堪的處境，對韋伯造成了極大的心理壓力。韋伯當時深刻地感受到，對所有的人而言，唯有「職業人」（Berufsmensch）才算是完整的。德國學者Hartmut Lehmann非常重視韋伯病痛期間的體驗，認為我們可以將〈新教的倫理與資本主義的『精神』〉中的許多重要段落（尤其是有關「職業」概念的段落），讀成是韋伯的自我證言（參見：Hartmut Lehmann: *Max Webers "Protestantische Ethik"*, Göttingen: Vandenhoeck & Ruprecht, 1996, bes. 109 ff.）我覺得，這是極富啟發性的一種觀點。問題是，這樣的研究固然可以增加我們對於「韋伯（在心理動機上）為什麼會重視職業概念」、「為何對於新

教徒的內心世界有如此深刻的瞭解」等問題的掌握，卻無法說明「職業」觀念的「歷史意義」，而這一點卻正是韋伯在諸如「清教徒們想要成為職業人，而我們則必須是職業人」之類的話中所要論證的。

3　*Archiv für Sozialwissenschaften und Sozialpolitik*。這份刊物的前身是由Heinrich Braun（1854-1927）主編的《社會立法與統計文庫》（*Archiv für Soziale Gesetzgebung und Statistik*），1888-1903年共發行18卷，1904年的第19卷起由韋伯等人接手主編，並將刊物改名為《社會科學與社會政策文庫》。刊載韋伯的〈新教的倫理與資本主義的『精神』〉一文的第20與21卷，其實是韋伯等人接手主編後的「新系列」的第2、3卷。

4　正所謂「塞翁失馬，焉知非福」：辭去了教職，反而使得韋伯卸下「教學負擔」，可以放手從事自己想做的研究工作，建立自己的「王國」。韋伯固然是一位極為認真、極受學生歡迎與敬重的教師，但他總覺得上課時必須依照講義大綱進行的方式是一種負擔，這或許是因為他思想湧現的速度與豐富，不是這種表現形式所能容納而產生的感受。從1903年一直到1918年夏季重新在慕尼黑大學擔任全職的教師職務，有整整15年韋伯是在「學院」外的。從韋伯的書信集看來，韋伯為這份刊物投注極大的心力，也在這份刊物上發表了許多重要著作。在韋伯等人的努力下，這份刊物在當時不僅是德國、甚至是全世界最受重視的社會科學刊物之一。一個「學院外」、並且主要著作都發表在自己擔任主要編輯的刊物上的學者，不僅他自己受到學界的敬重，他主編的刊物也受到極高的評價；這件事實或許值得國內極力強調SSCI或毫無保留地排斥「內稿」的學者思考。

5　Fischer曾在柏林學習哲學、國民經濟學與歷史，發表此一評論時正在蘇黎世攻讀博士學位。韋伯顯然認為這篇針對自己文章的評論寫得並不好，但他還是向其他二位編輯爭取讓這篇評論付梓。韋伯在文末的回應中說：「感謝二位編輯同仁讓費雪的文章付梓；因為，儘管這是一篇充滿誤解的評論，但仍然有其價值：顯示出《新教倫理》在哪些地方有可能受到誤解。」（PEII, 27）

6　Johannes Winckelmann 曾將此處提到的這些文章（加上Ephraim Fishoff與Reinhard Bendix分別發表於1944與1966-67年的兩篇相關文章）輯為一冊出版，並冠以「新教倫理II：批判與反批判」（*Die Protestantische Ethik II: Kritiken und Antikritiken*）的書名，作為《新教倫理》的副冊。可惜他採用的《新教倫理》是1920年的版本，頗不便於對照閱讀。值得介紹的是，為彌補一般學者只讀1920年版本的缺憾，1993年Klaus Lichtbau 與Johannes Weiß 編輯出版了一本以1904/05版本為主、但在

思想 1：思想的求索

「附錄」中詳列1920年版的所有重要增刪改變之處(總共448條,將近50頁)的版本(Die protestantische Ethik und der "Geist" des Kapitalismus, 3. Aufl., Weinheim: Beltz Athenäum, 2000),很值得參考。英文方面值得推薦的則是由Peter Baehr 與Gordon C. Wells編譯並附有導論與註腳的 *The Protestant Ethic and the "Spirit" of Capitalism and Other Writings* (New York: Penguin Books, 2002)一書,這本書不僅收入了《新教倫理》的原始版本與1906年的〈北美的「教會」與「教派」〉,還將1907-10年間關於《新教倫理》的論爭中韋伯的「反批判」部分譯了出來,並在書末附上了一篇韋伯於1920年答覆宋巴特與布倫塔諾(Lujio Brentano, 1844-1931)的文章和同樣寫於1920年作為整部《宗教社會學論文集》之前言的〈文前說明〉。韋伯1907-10年針對費雪與拉賀發爾的「反批判」諸文,還有另一個英譯本:*The Protestant Ethic Debate: Max Weber's Replies to His Critics, 1907-10,* translated by Mary Shields, edited by David Chalcraft and Austin Harrington. Manchester: Manchester University Press, 2001.

7 前輩學者張漢裕教授翻譯的《基督新教的倫理與資本主義的「精神」》(台北:協志工業叢書,1960年初版),雖然從中文書名和內頁所附德文書名看來,都是取自1904/05年版(1920年版的「精神」去了「」號),但張教授在〈譯者跋〉中說明,他是根據1920年版德文原文翻譯的。在張譯中,1920年的這篇〈文前說明〉被冠以「著者補論」的名稱置於書末,但只譯到這段引文的前一段。在我看來,張譯是平實可讀的。但目前較通行的,則是于曉等由帕森斯(Talcott Parsons, 1902-1979)英譯轉譯的《新教倫理與資本主義精神》(台北:左岸文化,2001年初版)。在這個譯本中,譯者固然知道〈文前說明〉是「韋伯為他整個系列研究所寫的」,但以「前言」的名稱置於文章之前,實在很容易讓人誤以為這是《新教倫理》的〈前言〉。在于譯的〈前言〉中,正文所引的這段引文是這樣譯的:「研究一般說來最難於掌握的問題:一定的宗教觀念對於經濟精神的發展所產生的影響,或者說對一種經濟制度的精神氣質的影響。這二篇舊文即力求從一個重要之點出發探求這個問題的一個側面」。撇開譯文的精確性不說,這段譯文的最不妥之處是把「問題的一個側面」譯成了「問題」。這個譯本問題很多,無法在此詳談。我認為,有必要再度認真重譯《新教倫理》。

8 宗教對人類的生活經營的影響,之所以受到馬克思、韋伯以及涂爾幹這三位社會科學的經典大師所重視,絕非偶然。涂爾幹甚至模仿聖經「太初有道」的名言而說「太初一切都是宗教」。馬克思固然認為「宗教是人民的鴉片」,認為「宗教的批判是所有其他批判的前提」,對

宗教的作用採取一種批判、否定的態度，但對宗教的重視則是與韋伯和涂爾幹一致的。

9 即所謂的 *"genus proximum, differentia specifica"*：傳統的定義方式在定義一個東西（被定義項）「是什麼」時，通常是先找出與被定義項最接近的高一級的「類」是什麼，然後再找出使被定義項成為一個「種」而與該「類」的其他「種」區別開來的本質性特徵，用這二個「定義項」去界定「被定義項」。例如：要定義「人」是什麼，便用「動物」這個「類」（人是一種動物）和「理性」這個被認為是使人與所有其他動物區別開來的「本質性特徵」（但這一點可能會有爭議）將人定義為「理性的動物」。能用這種方式定義的概念，叫做「類概念」（Gattungsbegriff）。

10 對韋伯而言，《新教倫理》乃是歷史性研究的成果，像這樣的歷史研究，是不能簡單地套用「通則化的學說」（generalisierende Doktrinen）（如某種心理學所提出的抽象規則）去說明的。韋伯認為這種做法犯了「方法上的基本錯誤」（PEII, 33）。

11 韋伯長期關心知識論、方法論方面的問題，對當時哲學界與人文社會科學界在這方面討論非常熟悉。尤其〈羅謝與肯尼士和歷史的國民經濟學的邏輯問題〉（1903-06）一文的寫作，更激發了韋伯在這方面的思考的深度與廣度。1904年的〈客觀性〉一文更是一篇為社會科學與社會政策的研究定性的綱領性文獻。可以說，韋伯的方法論思想，是終其一生一路伴隨著他的科學研究不斷發展的。因此，要掌握韋伯的思想、甚至他的科學研究的工作與成果，都不能忽略韋伯思想的這一個組成部分。在這方面，我寫過幾篇文章，有興趣進一步瞭解的讀者請參考：〈韋伯的「文化實在」觀念：一個「方法論」的分析〉（《人文及社會科學集刊》，第9卷第2期，1997（86/6），pp. 1-38，台北：中央研究院中山人文社會科學研究所）；〈韋伯的科學觀〉，（《臺大哲學論評》第 21 期，pp. 271-306，台北，1998。）

12 這個語詞也有人譯成「理念型」，顯然將「Idealtypus」中的「Ideal」譯為「理念」，但這種譯法顯然是錯誤的。因為，「理想型」的「理想」說的是這種「類型」是在理想的「概念純度」（begriffliche Reinheit）中建構出來的「本身具有一致性的思想圖像」。正是由於這種思想圖像具有「概念上的純粹性」，因此是不可能在實在中的任何地方發現它所要指稱的東西的，所以韋伯說它是一個「烏托邦」。建構理想型的目的，主要是要提供我們認識歷史實在的工具，讓我們得以在個別的事例中確定：實在與該理想圖像相距多遠（或多近）（WL: 191）。當然，韋伯的「理想類型」思想相當複雜，我們無法在這裡細談。

13 在第二次針對費雪的答覆所做的說明中，韋伯強調，他只是證明了這種「影響」的程度「往往是非常大的」，他既未證明、亦未主張這種影響程度 (1) 到處都是相同的；(2) 不會受到其他事情削弱或甚至完全消除。換言之，韋伯所要證明的是這種影響所朝向的「方向」：儘管每個新教國家的政治社會與文化各方面都有相當大的差異，但在一些關鍵性的點上卻都朝向相同的方向發展，並且這個方向的出現，是獨立於「作為經濟**體系**(Wirtschafts**system**) 的資本主義」的發展程度的 (PEII, 47)。

14 韋伯在《新教倫理》的第二個部分的結尾處 (RSI：204 f.) 對自己的「未竟事業」做了簡短的說明。韋伯說，《新教倫理》只粗略描繪了「禁欲的理性主義」的片面意義，有必要進一步探討這種理性主義對「社會—政治的倫理」的意義(亦即對小自宗教集會、大至國家的種種社會性共同體之組織方式與種種功能的意義)。接著韋伯還想分析這種理性主義與「人文主義的理性主義」及其生命理想與文化影響的關係，與哲學上和科學上的經驗主義的發展的關係，與技術上的發展的關係，以及種種精神性的文化財之間的關係。最後，韋伯還想追蹤這種禁欲的理性主義從中世紀以來的產生與最後解消為「純粹的功利主義」(der reine Utilitarismus) 的整個歷史過程。韋伯認為，唯有經過這一番探討，我們才能明確地掌握住「禁欲的新教」相對於「現代文化的其他形塑元素」(anderen plastischen Elementen) 的文化意義有多大。

15 對理解韋伯而言，「生活風格」是一個極為核心的概念。韋伯甚至認為，由於他的提問所要處理的是「對『資本主義』這個經濟階段而言在精神上『適當的』(adäquat) 那種**倫理性的生活風格**(ethisches Lebensstil) 的產生過程」，而這種生活風格的產生意味著資本主義在人的「靈魂」中的勝利，因此他認為採用「資本主義的精神」一詞是正當的 (PEII, 55)。

16 "Menschentum" 這個德文字，頗不同於另一個德文字 "Menschheit"，二者雖都指的是「人類」，但自19世紀中葉以來，後者便逐漸窄化而用來指「量」或「集體」上的「人類」，而前者則側重具有「質」上的差異的人，這種「人」在不同的時代有不同的「性質」。韋伯一生所關心的，就是這種意義下的「人的發展」(Entwicklung des Menschentums)（參考：Wilhelm Hennis, *Max Webers Fragestellung*, Tübingen: Mohr, 1987: 2 ff., bes. 31)。

17 請參看Detlev J. Peukert, *Max Webers Diagnose der Moderne*, Göttingen: Vandenhoeck & Ruprecht, 1989, p. 27.

18 Marianne Weber: *Max Weber. Ein Lebensbild*, 3. Aufl., Tübingen: Mohr

1984, p. 711. 瑪莉安娜提到韋伯死前曾說「我們將會看到行將到來之事」（Wir werden ja sehen, was nun kommt），並說韋伯在說出 "Das Wahre ist die Wahrheit" 時，聲音中有一種「莫測高深的神秘」。我想，作爲一位關心人的命運的科學家，追求「真理」無非就是探討歷史的「真相」，因此我將這句話譯爲「真相就是真理」。在我的理解中，《新教倫理》正是要探討現代世界「爲什麼是這樣而非不是這樣」的真相的一部分的著作，因此我以此作爲本文的主標題，以凸顯韋伯科學研究的「精神」所在。

張旺山

民國45年生，台大哲學系、哲學研究所畢，德國波鴻魯爾大學哲學博士。1983年起在清華大學哲學研究所任教至今。主要興趣在韋伯研究、人文社會科學的方法論、政治哲學等。

韋伯新傳記引起爭議

彭淮棟

　　德國畢爾菲德大學（Biefeld University）近代史教授拉德考（Joachim Radkau）寫成韋伯新傳《韋伯：思想的熱情》（*Max Weber: Die Leidenschaft des Denkens*），2005年9月出版，茲書體大，學界驚相走告，德語媒體競相讚譽，《新蘇黎世報》稱之為「將近80年來第一部無愧『韋伯傳』」之名的韋伯傳」，謂此書「將這位巨人生平與事業做了有系統的，全面的研究」，無論一般讀者，即韋伯專家亦能從中獲得新洞見。《法蘭克福匯報》形容此傳「驚人，令人屏息」，作者對韋伯「不再畢恭畢敬」（respektlos），但對韋伯「病情嚴重的心理」懷抱同情，以此入手，寫法遂能「獨樹一幟」，讀來「張力十足，如同小說」。《法蘭克福日報》稱許此作為「一空倚傍之韋伯傳，此作堪稱第一部」（die erste sozusagen unabhangige Biografie），指此書聳立眾作之上，足以取代瑪莉安娜1926年屹立至今的《韋伯傳》。

　　瑪莉安娜為夫立傳，不諱言從聖徒傳角度落筆，以樹典型，拉德考反其道，以respekelos態度從事，寫「巨人」而小之，將韋伯拉下一格，了無避忌，本來也會是一種收穫豐富的取徑，能見所未見，道所未道，惜乎拉德考將韋伯降一格，側重其個人生活，而著濃墨於韋伯之七情六慾，尤其韋伯之性生活，如此寫法，其得與失，必有能道之者。大抵而言，拉德考如此取徑，格調未免物議，偷窺者稱善，求韋伯著作及其影響之研討以增廣加深讀

者對韋伯畢生學問文章之了解，則恐有向隅之憾。《時代報》(*Die Zeit*)於2005年10月13日刊出柏林福音學院教授萊希特(Robert Leicht)書評〈多愁善感，傷他悶透的天才〉(*Emphindsames Genie*)，標題即透露萊希特對拉德考寫法少所許可，並且直指拉德考此傳無甚高論，形同「當眾洗韋伯內衣褲」，即直指此蔽。

「巨人」如韋伯，論其學，敘其人之文字何可勝數，而率多支離，鮮能周照，一大原因是韋伯著作全集尚未問世，此時探討韋伯思想，本來即但見其斑，難言全豹。退一步言，就現有可得的韋伯著作而善用之，其餘暫時存而不論，以俟他日，也是一途，就現有資料而談韋伯思想，而曰此即韋伯思想，是拉德考此作犯忌之一。

拉德考大量援引韋伯書信，得探韋伯內心風景，是「思想的熱情」勝於前此諸作之處，更重要的是拉德考入寶山，坐擁前人未睹之秘，旨歸何在。書信之為物，心聲心畫，每多不足為外人道之語，據萊希特之見，拉德考入乎其內，似乎玩「信」喪志，耽溺過甚，未克出乎其外，淨據不足為外人道之事呈現韋伯面貌，而曰此人即韋伯，這是「思」書險象之二。

依拉德考之寫法，非但韋伯的學術創造力，甚至韋伯思維的方向，一皆隨其情感與情慾經驗而轉移，慾情受制，則困頓無狀，

思理滯礙，慾情獲逸，即思路豁然，左右逢源。「思」書將韋伯著作與生平截然劃分這兩階段，兩階段的韋伯判若兩人，著作亦判然如出二人之手，了無統一。人性多內在衝突，復多內在與外在衝突，乃心理學通談，現代傳記亦每視傳主內外扞格或前後不一為當然，故拉德考如此劃分韋伯，自屬正常，但性慾不滿足，與滿足，如何左右當期韋伯關切之事，如何影響當期韋伯特定著作之內涵，箇中來龍去脈，實難跡索，職是之故，據性慾滿足與不滿足而論韋伯志業，宜乎寸名有所短。萊希特力主傳記應該「多聞闕疑，慎言其餘」。我們如果不以萊希特持論傷嚴，則「思」書所指事實與處理方法視之，拉德考兩皆大可商榷。

粗略劃分思想家或作家生平或作品，或非難事。據「思」書所言，韋伯第一階段，即1898-99年的心理／肉體崩潰為止，決定因素是韋伯闔闠不諧，性慾未獲滿足，亦即據說韋伯性無能，1987年與瑪莉安娜完婚而迄未圓房，外加韋伯的被虐狂傾向。於是，韋伯為夢遺所困，拉德考則以韋伯之夢遺困讀者，極力渲染，寫來幾至滿紙黏涎。萊希特統計，「思」書談此事，五頁之中，「夢遺」一詞凡29見。拉德考之意，斯人也而有斯疾，斯疾也而有斯文，韋伯窒慾階段，著作主題即新教倫理與資本主義精神之內在禁慾性格，以及其條理謹嚴的生活風格。

韋伯開始外遇，先於1909年與艾爾絲·雅菲(Else Jaffe)，復於1912年與瑞士鋼琴家米娜·托布勒(Mina Tobler)戀愛，始暢男女之事，即拉德考所謂「他的窒慾之苦至此結束」。又7年，韋伯再遇艾爾絲·雅菲，拉德考索韋伯書信中之蛛絲馬跡，判定這是韋伯奴事女性的戀情。次年，韋伯去世。韋伯晚節10年，婚外伸其情慾，創造力如水壩開閘，述作非特數量極豐，而且方向改變，關切的主題是救贖與卡里斯瑪(chrisma)。

　　爲傳主之著作斷代，屬於有形事實之陳述，並非難事，要研判哪些無形原因造成哪些原因導至哪些著作，亦非無從措手，但是，要進一步確定哪些原因「如何」導至哪些著作，除非傳主自揭其間關係，否則談何容易，拉德考在這方面多出以想當然爾之筆，流於含沙射影，甚至越俎代庖，修改韋伯本人之陳述，並明指韋伯幼年遭女僕打屁股時感到「性的亢奮」，成年後創造力因此壓抑，必須再經歷一番情色而解縛去窒（erotischen Deblockierung），思路始開。拉德考於韋伯對心理不無先製強作解人之履，繼而削韋伯著作之足以適其履之嫌，立論不能令人無疑。

　　歷來韋伯學者的研究成果，拉德考自謂智珠獨握，幾乎一概視爲不足觀而置之勿理，對歷來論者所欽服於韋伯之高明處，也多指爲未求甚解而所譏刺，這或許是他respektlos態度的延伸。

　　拉德考對韋伯本人及書中所提一切人物之隱私，也以諸人已逝而肆意搬弄。暴人隱私，自應出以有意義的目的而爲之，但萊希特指出，拉德考所作所爲，鮮有增益讀者知識之用，徒然撩弄膚淺好奇心而已。

　　歸根結柢，萊希特說，從謀篇命意，到整體架構，拉德考兩皆失計，「思」書對韋伯的人格未得的解，對韋伯的學問文章有失公道，對韋伯學術了無補益，可惜了皇皇1008頁紙墨。

一場缺乏社會共識的「鉅變」[1]

從「郎咸平事件」談中國經改

陶儀芬

　　這兩年在中國大陸包括網路、報紙與電子媒體的公共論述領域中，「朗咸平砲轟國企產權改革」可說是最受矚目的一個事件了。這位在香港中文大學教書的經濟學者，先是對大陸著名上市公司的產權轉制過程提出質疑，接著提出「警惕民夥同國企合法併吞國有資產」、「中國需要立刻停止國企產權改革」、「中國未來應由中央集權大政府推動產業整合」等說法，引來格林柯爾董事長顧雛軍到香港高等法院對郎咸平提出「毀謗」告訴，並引起多位大陸主流經濟學者群起圍剿。去年則因顧雛軍戲劇性地被捕、多位經濟學家因接受企業高額贊助多項傳聞遭到社會嚴厲批判，使得整個事件持續受到矚目。在這個過程中，郎咸平一直受到中國一般社會大眾的熱烈支持，儼然以正義使者之姿，獨立阻擋現階段中國國有企業的「國退民進」改革。

　　整個事件之所以引起這麼大的關注，除了當今中國大陸公共

1　「鉅變」一詞援引自卡爾‧博藍尼1944年作品，其原意將在本文中闡述。 Karl Polanyi, *The Great Transformation: the Political and Economic Origins of Our Time* (New York: Farrar & Rinehart, Inc. 1944). [中譯本：博蘭尼著，黃樹民、石佳音、廖立文譯，《鉅變──當代政治與經濟的起源》（台北：遠流，1989）。]

論述領域的一些特性，使爭論容易產生誤解、流於情緒，而讓當事人陷入一種不被諒解的英雄主義情境之外，更根本的原因是，郎咸平對「國企產權改革」的質疑，觸動了中國漸進改革的一個深層弱點——那就是，這是一場缺乏社會共識基礎的改革。

菁英與群眾的認知落差

「郎咸平事件」最發人深省的部分就是，一方面郎咸平的言論遭到大陸主流經濟學者與民營企業家的圍剿，另一方面卻受到一般社會大眾幾乎全面支持。這個菁英與群眾兩極化的反應，正是這個事件必須被進一步探究的原因。在過去近30年中國大陸「摸著石頭過河」的改革過程中，市場制度是藉著一個又一個由上而下的行政命令(多半是以「中共中央關於XX的若干決定」的形式)所建立的，即使1990年代江澤民主政以後，強調「依法治國」，全國人大所通過的各項法律，也沒有經過社會不同群體廣泛參與討論。**今天在中國，市場運作所需要的制度基礎，如法治觀念、信用文化，必須建立在社會對什麼是自由、什麼是公正這些基本價值的共識基礎之上** [2]**。由於這些基本價值，在中國由上而下的漸進改革過程中，並不曾得到真正有意義的討論，新的市場制度正當性低、社會信任基礎薄弱**，隨著中國改革在1990年代步入全面過渡到市場經濟的階段，一般群眾，無論是農民、工人或是小股民，對市場制度越來越不信任，所以才會發生在「郎咸平事件」中群眾與菁英的兩極化反應。

2　類似的觀點在中國大陸早有許多學者提出，例如何清漣，《中國的陷阱》(香港：明鏡，1997)；金雁、秦暉，《經濟轉型與社會公正》(河南：河南人民出版社，2002)。

半個世紀以前，卡爾‧博蘭尼在其分析兩次大戰期間法西斯主義在歐陸興起的政治、經濟因素的經典之作《鉅變——當代政治、經濟的起源》中已提出，市場運作所需要的制度環境，包括信用文化、法治觀念、人與人之間的信任基礎，不能存在於社會之上，而是要鑲嵌於社會之中的。19世紀以自由放任意識型態為基礎所建立的「市場社會」(market society)，透過對土地、勞動力與貨幣的快速商品化來建立，造成市場與社會脫節(disembedded)，如此嚴重拉扯社會原有共識基礎的鉅變，勢必引來社會的抵抗，而20世紀上半葉各種極端主義的出現，便是這種社會自我保護力量的一種反撲。

冷戰結束，資本主義市場力量又再次席捲全球，博蘭尼對19世紀經濟全球化的過程與後果的分析，近年再度受到西方學界的重視，對我們來分析中國行將全面過渡到市場經濟所面對的社會情境，亦應有所啓發。

冷戰之後全球「市場社會」正在浮現

郎咸平為香港中文大學財務學系講座教授，這位美國賓州

大學華頓商學院畢業的商學博士，主要專業領域就是公司財務、金融市場與併購等領域，也在香港中文大學教授相關課程。來自台灣的他，在因扮演「郎監管」角色在大陸一炮而紅之前，就以專業領域的學術成就，在香港財務學界頗負盛名。所以，從他的學術專業出發，是很容易看到今天中國大陸因政府對證券市場的相關規範與監管不周、市場資訊不透明、流通股過於分散等問題所產生各種公司經理人、股市大戶，乃至地方政府操弄股價、違規經營、掏空公司資產等違反小股東利益的情況。

事實上，自1980年代，美國總統雷根與英國首相柴契爾夫人帶領的「新古典自由主義」風潮席捲全球，隨著各國政府金融自由化的幅度越來越大、科技進步造成金融商品的日趨多樣複雜，**市場的力量正以脫韁野馬之勢向全世界各個角落擴張，所謂的「新興市場」（emerging markets），一個接著一個在資本主義的前沿出現，迎接市場力量的到來。**這波金融全球化的風潮，在宏觀的層次，我們看到的是英鎊危機、墨西哥金融危機、東亞金融危機、俄羅斯盧布危機、阿根廷金融危機等，一波接著一波國際炒家運用短線集中的金融挹注，一夕之間獲取暴利，卻讓一國乃至一個區域的經濟瀕臨崩潰邊緣，造成大量公司倒閉、員工失業、人民流離失所，甚至發生社會動亂與政權崩解。

在微觀的層次，則是一個又一個上市公司金融舞弊案件的爆發，即使是號稱規範監督最完善的美國資本市場，近年也爆發了安隆、MCI世界通訊與瑪莎史都華等金融醜聞。在證券市場規範與監管更不健全的台灣，上市公司大股東持股不足，一直是一個很普遍的現象；公司董事會做出違反投資人權益的不當投資決定，也是時有耳聞；而博達、訊碟等以複雜財務槓桿技術掏空公司資產，更是最近家喻戶曉的金融弊案。

社會力量對「市場社會」的反撲？

　　一手擘劃二次戰後布列敦森林體系（Bretton Woods System）之建立的經濟學家凱因斯曾言：「沒有什麼事情比資本流動要受到規範更重要了。」（Nothing is more certain than that the movement of capital funds must be regulated.）[3] 一旦聲稱要保護人民權益的政府無力規範市場的力量，讓任意流竄的資本造成大規模的經濟失序與不正義時，我們看到的是兩次世界大戰期間極端主義的興起、民主體制的崩潰，以及最後世界大戰的爆發。

　　在20世紀末這波經濟全球化的過程中，一方面，我們看到世界各國政府再度在與金融市場玩家「道高一尺，魔高一丈」的競技中節節敗退，無力有效規範市場；另一方面，我們也看到了各種社會力量在各個場域的「自力救濟」運動的出現。自1999年WTO西雅圖會議以來的「反全球化」跨國串連社會運動，即是最明顯的例子；在金融市場這個領域，我們也看到在歐洲各式各樣小投資人所組織的協會，對歐洲各國與歐盟有關資本市場的規範進行遊說，希望能達成公司治理民主化的目標，讓大型跨國企業的經理人，必須透過提供更多資訊與監督組織程序，來對小股東負責；又如在香港也有股市社會運動者，而台灣這兩年也成立了「投資人保護中心」，旨在為小股東監督公司經理人與爭取權利。

3　John Maynard Keynes, "Letter to Roy Harrod," April 19, 1942, reprinted in Donald Moggridge and Elizabeth Johnson, eds., *The Collected Writings of John Maynard Keynes* (London: Macmillian, 1971-89), 25: 149.

事實上，金融產業與其他產業最大的差別在於，它是一個高度仰賴資訊流通的產業。把錢存在銀行裡的小儲戶需要資訊，了解這家銀行會不會倒；在股市做一點投資的小股東需要資訊，了解這家上市公司會不會賺錢、有沒有不當投資；在全球化的今天，小投資人甚至要了解他買的基金所投資的某個國家的外債會不會太高。由於它高度仰賴資訊流通，所以金融產業在世界各國都是政府規範最繁瑣、最複雜的產業，目的是要保持金融產業中資訊的擁有者（銀行家、公司經理人、基金操作者等）的「透明度」（transparency）與「問責」（accountability）能夠達到盡善盡美。但政府與金融產業「道高一尺，魔高一丈」的競技，又讓許多小儲戶、小股東感覺沒有保障，所以要組織遊說團體或動員社會運動，來維護自己的權益。

在非民主體制的中國，對股市大戶、上市公司經理人各種損害股東權益的行為，小投資人也了然於胸，但不像在民主國家的一般公民，大陸這些小投資人既不能組織遊說團體，也不能動員社會運動，只能對像郎咸平這種專家的「仗義執言」，在網路上、在電子媒體裡表達高度支持。

郎咸平對「國家為公正第三者」的假設在中國並不存在

　　然而，中國大陸股市大戶與上市公司經理人的違規行為，真的是市場力量擴張過快所造成的嗎？更多政府的規範或介入，就可以減少這些違規行為嗎？根據郎咸平自己接受媒體訪問的回答，他對這兩個問題的答案似乎都是肯定的。例如，他在2004年8月底連續接受鳳凰衛視的訪問中就提到，中國大陸當前「國有資產流失最主要的問題是法律缺位」，上市公司經理人賤賣國有資產的行為「都是合法的」、「是法律缺位下的合法」。所以，他接著說，「我堅持我的觀點，國營企業應該改革，改革的重點不是把它變成私人化，而是找職業經理人」來經營國營企業。而對中國整體經濟發展戰略，他並進一步建議，「未來政府必須形成大政府，政府必須更加著重權利(引者按：原文如此)，更要中央集權，所以中國的未來是一個大政府，中央集權的政府，才能對國家更有利，而且必須要國際化，要靠政府力量來國際化，來做中國與歐洲的整合。」

　　對受西方財務金融學嚴格訓練的郎咸平來說，公司經理人對小股東的剝削，當然是政府對金融市場提供的規範與監督不足所致，所以更多政府的規範與監督，就是問題解決之道。**但郎咸平忽略了，他所學的財務金融學理論，是在一個市場經濟先於民族國家存在的西方歷史脈絡下發展出來的理論，這個理論假設政府作為市場交易之公正第三者提供遊戲規則的前提，在經濟轉型中的中國並不存在！而他更進一步跨出他金融學學者的身分，倡導中國經濟未來發展必須要形成「大政府」、「中央集權」，更是引起一路走來認為中國經濟最大的問題在政治權力沒有受到制**

約的自由派經濟學者強烈反彈。例如，北大中國經濟研究中心教授周其仁在回答「我為什麼要回應郎咸平」時表示，「本來郎咸平們喜歡什麼樣的體制，自有他們的自由……但是誰也不要指天劃日，非要把不願意過那種日子的人也強拉進去……自從上世紀60年代末到東北國營農場上山下鄉，我對那種名義上是全民財產的主人，實際上眼看眼鼻底下的浪費和揮霍都無能為力的體制，早就受夠了。」

國家不是問題的答案，而是問題的根源

事實上，郎咸平與周其仁談的是兩個層次的問題。郎咸平關心的是上市公司的公司治理問題，而周其仁關心的是產權明晰化的問題；郎咸平關心的是如何讓公司經理人受到公司所有人——尤其是小股東——充分監督的問題，而周其仁關心的則是公司有沒有所有人的問題；郎咸平不滿公司經理人直接來當所有人，對買了公司股票的小股東的權利侵害，而周其仁則擔心不讓公司經理人來當最大股東，國營企業的產權就難以明晰。

在郎咸平眼裡，1990年代下半以來，中國大陸國企產權改革所實行的「管理層收購」（MBO, Management Buy Out），讓公司經理人直接收購公司成為企業轉制後新的所有者，過程中充滿各種「內部人控制」（Insider Control）的問題（包括這些管理層運用其經理人的身分，操控市場資訊的供應，壓低公司資產市值，以便低價收購，或是以公司資產擔保向銀行貸款，作為自有資金來進行收購等），傷害買了這些公司股票的小股民權益，是公司治理的極大弊端，必須以更嚴格的法律規範來遏止。在更嚴格的法律規範與政府監督尚未出現之前，應該暫停這種MBO國企產權

改革，讓國營企業維持中國經濟中主要產權型態的地位。

　　然而，MBO雖暴露了中國大陸上市國企管理層剝削小股東與職工的問題，但像「高買低賣國有資產」、「錢進個人帳戶債留國營企業」這些違反小股東與職工利益的做法，在未改制的國營企業中並不是不存在，而是長期以來一直不斷發生，而且越演越烈[4]，只是在MBO改革之前，沒有受到包括郎咸平在內從上市公司提供的財務報表來了解企業運作的人的注意罷了。所以，**像周其仁這樣對中國經濟轉型，特別是產權改革，有長期研究的人，看到郎咸平主張以維持國有制來解決MBO改革過程中產生的弊端，當然覺得開錯藥方了！因為，他們深深了解到國家絕不是問題的答案，而是問題的根源！**正如周其仁在上面提到的那個為何要回應郎咸平的專訪中所說，「權力攪買賣，攪來攪去，做買賣的非攪權力不能生存。所以雖說官商勾結是一個巴掌拍不響，靠權力發財的商人令人鄙視，但問題的重點是官，因為官比商要難管得多。」

九○年代以來國企改革轉向產權改革

　　大體而言，中國大陸國有企業改革可粗分為兩個階段。第一階段為1993年中國共產黨十四屆三中全會以前的「放權讓利」，即國有企業仍維持名義上全民所有、實質上各級政府控制的產權型態不變，但以各式各樣的承包制度給予企業經理人（國企廠長）一定的自主性，提供其搞活國營企業的誘因。第二階段為1993

4　有關國有企業經理人掏空國有資產的案例分析，見X. L. Ding（丁學良），"The Illicit Asset Stripping of Chinese State Firms," *The China Journal,* Issue 43（January 2000），pp. 1-28.

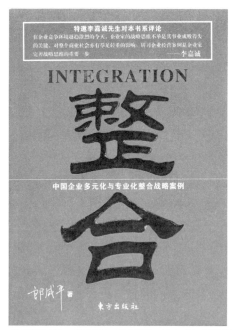

年之後的「產權改革」，由於1992年中共十四大宣示要「建立具有中國特色之社會主義市場經濟」，市場力量得到進一步的釋放，各種產權型態的企業蓬勃發展。相形之下，國有企業的經營表現不但未因「放權讓利」而有所起色，反而每下愈況，債務迅速增加，有進一步拖垮政府財政與金融體系之虞。所以1993年底中共十四屆三中全會即決定，將國企改革的方向從「放權讓利」轉變到建立「現代企業制度」，也就是產權改革的方向。

也許是因為1996年中國國有企業整體的虧損第一次超過利潤，成為淨虧損的狀態，給了中國領導人一個重大警訊，1997年中共十五大又再次標舉建立「現代企業制度」，接掌總理職務的朱鎔基並誇下海口，要在三年之內讓國有企業扭虧為盈。國有企業產權改革因而真正全面徹底展開，至2002年十六大，這個改革方向只有越來越明確，沒有任何轉向的跡象。

國有企業的長期嚴重虧損，尤其是危及到金融體系與政府財政的穩定，讓1990年代執政的江澤民、朱鎔基等中國領導人認同了長期以來中國大陸自由派經濟學者的主張——國有企業必須要增加效率，增加效率的方法就是要打破形式上全民所有制這種

「吃大鍋飯」的狀況，讓國有企業的產權明晰化，有明確的所有人來承擔經營責任，效率自然增加。與此同時，自由派經濟學者也在江澤民主政時期成為所謂「主流經濟學家」。

產權明晰化的過程完全由地方政府主導

然而，名義上全民所有的國有企業，實際上都是中國各級地方政府所掌控，所以在1990年代下半以來的產權改革過程中，如何界定產權的問題，最後往往都以「行政劃撥」的方式進行。在新的「誰投資誰所有、誰累積誰所有」的資產處置原則下，地方政府從過去二、三十年經濟轉型過程中很難區分的各種投入中，透過界定不同部門的對國企資產累積的貢獻比例，漸漸將「全民所有」界定為「內部人」所有[5]。其過程並伴隨著大量的工人下崗，以達到「減員增效」的目的。如此的國企產權改革，自然產生了很多公平正義的問題。

一項在1998年中期中國國家統計局對所有國有企業做的調查也證實，絕大多數的國企產權改革過程，是由地方政府所控制的。更有趣的是，雖然自1997年以來，朱鎔基為實現他的政治承諾，讓國企三年扭虧為盈，以大量的政府財政支持來打消國企銀行壞帳，並因應東亞金融危機後的經濟情勢而大幅降息，使得中國國有企業整體經營表現在帳面上得到了相當的改善。但根據這份調查，大部分的國企經理人，並沒有感到企業的財務狀況在產

5　秦暉，〈『長沙案例』：國企改革的十字路口〉，收錄於《實踐自由》（浙江：浙江人民出版社，2004年），頁87-93.

權改革後有明顯改善[6]。可見，中國1990年代下半如火如荼進行的國企產權改革，以「行政劃撥」的方式來完成產權明晰化的政策目標，公平正義受到嚴重質疑，但企業「增效」的成果似乎並不明顯。

而郎咸平所舉的幾個案例，在大陸研究產權改革的經濟學家看來，已經是轉制過程中問題較少的了，至少這幾家企業經理人取得所有權的目的，真的是要經營企業。像海爾、TCL這些企業，大都是在原先集體或國有的產權型態時期，就由一個主要經營者領導一個經營團隊長期經營，有些甚至早已與地方政府簽訂契約，以分年入股的方式，成為企業的實際所有者，到1990年代末期，因應國企改革的大環境改變，而正式轉制為民營企業，完成私有化。在這波轉制過程中，更多的是地方政府透過「行政劃撥」的方式，一夜之間將轄下國有企業變為民營企業，交給一個與企業無關，但與地方政府關係密切的個人或公司經營；或宣告企業破產、將員工遣散，而把有價值的資產廉價轉售給他人；或仍保持國有企業的型態，透過自己成立的控股公司，以複雜的交叉持股方式，以很少的資金投入而實際獲得公司的經營權。這些「行政劃撥」的產權改革，交易的真正目的不是在使經營者與所有者合一，更多的是在交易過程中謀取私人利益。

6　Yi-min Lin and Tian Zhu, "Ownership Restructuring in Chinese State Industry: An Analysis of Evidence on Initial Organizational Changes," *China Quarterly* 166（June 2001）, pp. 305-341.

批判「國退民進」引起反右風

　　正因為像周其仁這些經濟學家深深了解到產權改革的過程中，真正的問題在地方政府，而不是民營企業家，所以對於郎咸平專挑民營上市公司提出批判，並引起社會對民營企業的反感，深感不安。例如，北大光華管理學院院長張維迎就對郎咸平的主張提出這樣的反駁，「現在中國面臨的最大威脅，是國家政府侵害私人的產權，侵吞私有財產。」他並舉例，「很多國有企業在困難的時候賣給私人老闆，可私人企業進行投資搞好之後，國家又將其趕出去了，沒有任何補償……如果說國有資產的流失該注意，那麼這些私人企業家的財產損失又算什麼呢？」

　　張維迎還進一步指出他個人這樣的觀察，「如果沒有民營企業的大力發展；如果沒有中國民營企業家創造的就業機會，如果沒有民營企業家創造的稅收和其他財富，黨的統治不會如此牢靠而穩定。看到哪一個地方的政府威信最高，政府最輕鬆，就是私營企業發展最好的地方。私人企業愈不發達的地方，政府頭疼的事就越多。因此，我們的國家、社會應該感謝民營企業。」張維迎擔心郎咸平對「國退民進」的批評在大陸造成的輿論效果，會加劇這個社會主義國家長期對民營企業的負面印象，並進一步助長社會中新的反右之風。然而，這樣的擔心，在包括張維迎在內的著名經濟學家本身與企業難以釐清的合作關係被揭露之後，反而成為事實。去年以來，一連串經濟學者接受企業贊助的事例被媒體報導，並引起輿論一片撻伐之聲後，中國主流經濟學者正受到前所未有的嚴厲批判，他們個人的聲譽與所代表的價值，也開始遭到廣泛的質疑。這個新發展，是否代表著胡溫時代經濟思潮

的重大轉折，仍值得密切注意。

產權改革是政治問題，不是經濟問題

　　回過頭來看中國國有企業產權改革，要「倒回去界定產權」是非常困難的事，在西方的經濟學發展歷史中是無先例可循的。而其中最嚴重的問題就是，在這個複雜又高度政治化的產權界定過程中，最後的所有者，不一定是過去企業資產形成過程中貢獻最大的，甚至是沒有任何貢獻或有負面貢獻的，所以很有可能發生嚴重不公平的掠取行為。正因為這個「產權界定」的過程牽涉利益太大、太廣，如果處理不好極有可能發生嚴重損害公平正義原則的情形，所以程序本身的正當性就變得非常重要。大部分自由派經濟學者，也都認識到這個問題的嚴重性，主張改制過程中要盡可能地增加透明度與提升程序的合理性，但基本上他們還是將它界定為一個經濟問題，而非政治問題。也就是說，產權界定程序的正當性，對於這批經濟學者來說，是可以透過產權界定程序本身的完善化來處理的。

　　但大陸其他的一些學者，多半是非經濟學者，就不這樣認為。雖然這些學者背後的價值立場未必一致，但基本上大致同意，**產權界定程序的正當性，很難從程序本身完善化的努力來獲得，而是要建立在這個程序的產生方式上。換句話說，程序的正當性取得是一個政治問題，不是經濟問題。**他們認為，如果這個程序是經過所有利害關係人，在公平正義的基礎上，自由參與討論而漸漸達成共識所產生出來的，這個程序本身與經過這個程序所完成的產權改革，對這些利害相關人來說，就有很高的正當性。但如果這個程序是地方政府中少數人自己關起門來決定的，

沒有讓包括職工、小股東，甚至一般公民有參與的機會，缺乏廣泛的社會共識基礎，則無論執行者如何採納經濟學者的意見，將產權界定程序完善化，被排除參與決策的利害關係人，還是無法信任這個程序，總懷疑自己的權利會受到侵害，程序本身與經過這個程序所界定的產權歸屬，永遠都有正當性不足的問題。

例如，關心經濟轉型過程中國有企業工人處境的四川成都大學法學院教授王怡就認為，國有企業改革對於國有企業工人與國家的關係來說，是一個從「身分關係」轉化為「契約關係」的過程，「真正的問題是一個原本藐視任何法律和財產原則的、以無限責任起家的革命政黨，在什麼方式下才能夠選擇躲在法律的背後承擔有限責任，而將那些自願或不自願的追隨者扔進歷史的垃圾堆，將幾千萬人排除在社會財富的增長進程之外？」王怡更進一步明確指出，這一切問題的根源，就是繞不開的憲政制度的建立，「就是一個各種利益都能夠得到伸張和博奕機會的民主制度，一個獲得程序公正保障的立法過程。這是唯一可以免除『從身分到契約』過程的不正義性質的方式。如果共產黨一方面堅持意識型態化的政治制度和對於公共權力和制度變遷的高度壟斷，另一方面又在市場化的壓力下訴諸於現代法治的概念和邏輯，來擺脫自己對於幾千萬「同志」的歷史道義責任。這之間社會正義的巨大斷裂，和對共產黨自身統治合法性的摧毀，就都將是致命的。」[7]

7　王怡，〈背信棄義是怎樣合法的？〉，收錄於王超華編，《岐路中國》（台北：聯經出版公司，2004年），頁147-156.

經濟轉型終將必須面對政治民主的問題

因早期研究中國古代農民歷史，對東方專制政體有深刻體認的北京清華大學歷史系教授秦暉則認為，國有企業產權改革存在的是一個「賣方缺位」的問題。近年他與中國大陸知名經濟學者，如張曙光、盛洪等人，展開激烈的辯論，主張產權改革是一個「分」的過程而不是「賣」的過程，必須透過「公共選擇」(政治民主)來完成，也早已家喻戶曉。

基本上，**秦暉認為，國有企業產權改革如果不透過適當的程序來轉換原先全民所有的這個契約關係，則先天上存在著一個「賣方缺位」的問題**。如果以減少「交易成本」之名，不透過政治民主的程序來「創造賣方」，先解決了「交易權利」(誰有權參與交易)的問題，是「權貴私有化」、「掌勺者私佔大鍋飯」、「監守自盜」。因此，秦暉近年在各個場合大力倡導，中國的經濟轉型應該走「民主私有化」的道路，做到「在起點平等的原則下產生最初的所有者，在(競爭)規則平等的原則下產生最終的所有者。」秦暉主張，中國若要完成這種類似捷克經驗的私有化改革，首先要進行政治體制改革，政治上實現民主化，然後在此基礎上，實現公開、公平、公正的私有化[8]。

事實上，即使自由派經濟學者也認為，現階段對中國來說，最重要的是建立市場制度與保障私有財產權。沒有一套社會各主

8　除金雁、秦暉(2002)外，另見秦暉，〈不講邏輯的『經濟學』：關於公正問題的經濟學爭論〉，《書屋》，2000年第5期；秦暉，〈轉軌經濟學中的公正問題〉，《戰略與管理》，2001年第二期。

要群體高度認同的外在法治基礎，來規範市場競爭的遊戲規則與國家的角色範圍，「市場」與「所有權」都將在缺乏法治基礎的情況下，成為既得利益者掠奪資源的工具。在華人知識分子圈與世界經濟學界極受敬重的旅澳經濟學家楊小凱，2004年夏天甫過世。他在晚年即致力於倡導「憲政主義」傳統的建立對中國長期經濟發展的重要性，目的就是要說服大陸上一般強調先發展經濟的主流意見，認知到政治體制改革的迫切性。

隨著中國大陸「摸著石頭過河」的漸進改革，到了1990年代之後衍生出越來越多社會平等與公正的問題，逼使大陸經濟學家近年也開始關心效率以外的問題。過去，當如何改變社會主義計畫經濟缺乏效率的困境，仍是大陸經濟學家主要關心的問題之時，讓中國政府這個未經政治民主化由上而下「看得見的手」來主導經改，可能對很多經濟學家來說（包括一些西方經濟學者），都是讓市場在短期之內取代計畫最快、最簡單的方法。**如今，當漸進改革帶來政治權力與市場力量結合，一同成為社會各種新生不公平、不正義問題的主要製造者時，經濟學者也開始關心政治自由和政治民主對法治社會的出現、市場遊戲規則的威信建立與社會正義等一系列問題的重要性。**

例如，北大中國經濟研究中心在2002年夏天既舉辦了一場名為「中國轉型時期的平等與社會公正問題國際研討會」，並於同年邀請了1998年諾貝爾經濟學獎得主沈恩來進行講座，就自由、平等與發展之間的關聯性發表專題演講。這一系列討論後來集結出版論文集，其中即有多篇論文探討到政治民主對經濟轉型與社會公正的重要性[9]。

9　姚洋編，《轉軌中國：審視社會公正和平等》（北京：中國人民大

結語

郎咸平以他在財務金融學方面的專業素養，嚴格檢視大陸幾家民營上市公司的財務報表，發現這些民營企業在進行「管理層收購」（MBO）過程中，以西方公司治理理論的標準來看，有嚴重「內部人控制」的問題，發表了反對「國退民進」的呼籲，竟引起了大陸公共領域中正反兩方的熱烈回應，恐怕是他自己當初意想不到的。這個「外來單幹戶」的發言之所以會引起這麼大的迴響，實因他對國企產權改革的批評，意外地觸動了中國漸進改革的一個深層弱點——這是一個缺乏社會共識基礎的改革。

中國大陸「摸著石頭過河」的漸進改革，特別是在跟一些選擇「震盪療法」（shock therapy）的前蘇聯或東歐社會主義國家比較起來，被認爲是改革成本較低的一種轉型策略。然而，這種由中央政府主導、地方政府執行，由上而下逐漸建立市場制度的改革模式，雖然不會面對舊體制既得利益者的抗拒而引發政治動盪，在創造市場、界定所有權歸屬的過程中，被排除在決策過程之外的工人、農民與小股民，卻對轉型過程本身與這個過程所產生的分配性後果，越來越不信任。隨著經濟改革到1990年代已步入全面過渡到市場經濟的階段，這種對體制公正性的懷疑越來越顯著。

如同歷史學家秦暉所言，今天中國要面對的不再是「分不分家的問題」，而是「如何分家的問題」。如何分家才會讓社會上大部分的人覺得是公平的、正當的，恐怕是當前中國領導人必須

(續)————————————————————
　　學出版社，2004）。

認眞面對的問題。半個世紀以前，博蘭尼對19世紀「市場社會」建立過程與後果的精闢分析已證明，當市場制度的建立不是奠立在社會共識的基礎上，而是以破壞原有社會的道德規範爲代價，社會反撲的力量將超乎我們的想像。這個潛在的改革成本，應是堅持由上而下漸進改革的中國領導人在規劃這一階段的改革策略之時，必須審愼考慮的。

陶儀芬

　美國紐約哥倫比亞大學政治學博士，目前任教於台灣大學政治學系，並曾參與台灣清華大學當代中國研究中心與政治大學中國大陸研究中心的創立。主要專長領域爲比較政治與國際政治經濟學，長期研究中國大陸經濟轉型的國內、國際政治意涵，特別偏重轉型期中國之金融體系變遷、以及中國大陸以外資引導成長的發展模式分析，研究成果多發表於中國研究相關之中、英文學術期刊。除研究與教學之外，陶儀芬亦時而在台灣的公共論述領域，發表倡議兩岸關係進步思維的評論文章。

訪談侯孝賢

2004的政治參與

陳光興、魏玓（劉雅芳整理）

攝影／姚宏易

訪談者說明：

2005年4月，每年一度的新加坡國際電影節舉辦了侯孝賢的回顧展，同時在4月29-30日假新加坡國立大學舉辦了第一個侯孝賢研究的國際會議，題為："Asia's Hou Hsiao-Hsien: Cinema, History and Culture"。這個會議集結了國際上重要的學者及影評人，集中討論了侯導演的作品；這些世界級電影研究的大家，對於侯導的創作有相當高的評價，認為他是全球當代現役電影導演的一位代表性人物。會議的論文目前正在修訂出版中，由陳光興、魏玓及電影理論家Paul Willemen負責編輯工作。

因為這將是第一本侯孝賢研究英文專書的出版，我們認為有必要先讓讀者理解侯導近期在台灣的政治參與，以及對於他未來創作可能造成的影響。於是在2005年10月於台北之家（光點），進行了兩個小時、現在呈現在讀者面前的訪談。在此感謝侯導毫無遮攔的侃侃而談。這次的訪談，再次加深了我們在過去這段時間裡跟他互動中的感受：侯導的心胸、氣度以及待人處事的真誠，是我們這些後生晚輩學習的對象。當然，除了電影之外，他的酒量及唱歌的功力，也是大家都望塵莫及的。

壹、回首政治參與

陳光興：

你在別的地方談過「族群平等聯盟」和「民主學校」。當初你談的時候還比較在狀況內，現在其實比較抽離一些了；民主學校和選舉的高潮已經過了。現在是不是可以比較有距離的來看待這一段政治參與，對你而言有甚麼意義？

侯孝賢：

參加「民主學校」及介入選舉過後，發現其實台灣的「中間」
空間是沒有的、已經是非常困難的。只要真正去瞭解local的時
候，你就知道是不可能的、不能改變的。選民不是綠就是藍，這
是一個基本盤。「中間」這一塊是虛無掉的，完全虛無掉的，那
時候你就知道不可能了。

以前總以為，依我們這種理想性，應該會有空間。但是我們
面對的，其實都是在城市裡面、所謂公民社會裡頭成熟的一些
人。可是這些人後來都完全放棄了。也許他們認為還是有好的，
可是對他們來講，已經沒有差別了，幾次打擊之後就冷漠了。這
是選舉全軍覆沒之後我的想法。連民調高的鄭麗文都沒選上，還
有我們主動拉的蘇盈貴也沒選上，你就知道選民的結構是甚麼樣
的。台灣整個政治文化結構，要變動是非常難的。這次任務型國
代通過立委名額縮減，我不知道影響到底是怎麼樣。但是可想而
知，近期之內是不可能改變的。雖然選區變小，還是基本盤在操
作，不可能很快就改變的。

陳光興：

可不可以回過頭來講這一攤的參與？不管你原來在文化圈
或電影圈，大概夠複雜了，而這次又更複雜一些，牽扯到知識人、
牽扯到政治人物。我們不是要你談人和人之間的長短，而是這種
複雜性跟你以前以電影為核心的圈子對照起來看，到底有甚麼差
別？這算是一個政治參與的過程，因為你真的碰了到政治人物，
又碰到選舉，這讓你對於人和台灣社會的理解有甚麼不同的認
識？

侯孝賢：

對我來講當然有不同的認識，但是差別也不是特別大，原因

是幹電影就是看人。你必須懂得看人，也就是第一要怎麼合作，第二要怎麼指導演員，這已經是一個長期的訓練，對我來講一點都不困難。每個人的本質、每個人的經歷變成現在的某種狀態，他的盲點也就是他的弱點。但是大部分的人呈現的狀態，就是看不見自己，包括已經是很有位置的政治人物。

每個人的想法，都跟他的出身經歷有關聯。成長經驗在家庭裡開始不足的時候，就會往外去找奧援；一旦往外的時候，你的態度是不一樣的，因為你需要一個認同、一個安全感，很多人加入團體都是這樣，你會很注重這個。在很多政治人物身上，特別會有這種個性，對此他們卻沒有自覺性。要保持自覺性是非常難的，很少人可以做到。但是「族群平等行動聯盟」裡面很多人都有這種自覺，蠻清楚自己的狀況，而且堅毅的做，所以我蠻喜歡那些人的。

陳光興：

你剛剛提到族盟，假如回過頭來用選舉的勝敗來丈量、來評價族盟的話，可能意義不太大，因為都沒選上。可是你回過頭來，把它放在當時的時空裡面，你認為它造成了甚麼效應，甚麼樣的政治效應？這些都不必然是選舉的勝負問題。

侯孝賢：

這種效應我感覺都很短。選舉上用操弄族群來做為選舉題目，我們就站出來當「吹哨子的人」，大聲說你不可以這樣！那時候藍綠都還盡量在爭取中間那一塊，他們可能認為，我們這些人還能有點力量影響中間那一塊。

陳光興：

你是說他們的政治判斷也是錯誤的(笑)。

侯孝賢：

到最後你會發現，也許他們的判斷並沒有錯誤。正因為判斷沒有錯誤，所以才會在最後出現極端的方式（訪談者案：指的是2004年選前下午的槍擊事件）時，也就是兩顆子彈出來之後，藍陣營幾乎瓦解……。你說立法委員選舉也好、臨時國代選舉也好，投票率都低，總統選舉就很激烈。這說明一件事，就是大家還是要搏就搏最大。人們還沒辦法了解，一個民主社會裡面制衡的力量很重要，不能是每一塊都想要佔有，不是說當選總統就拿到全部。這樣的思維，我感覺一般中間選民還沒辦法理解。

陳光興：

你談話談到現在給我們的訊息是，你其實很清楚你在幹甚麼，政治是你自己在處理你自己問題的一個場域，你自己還是回過頭來，在關注你自己的創作，可以這樣講嗎？

侯孝賢：

其實實際參加政治基本上是沒辦法的，因為你從來就不是。每個專業領域有它的know how，有它的生態。你要去建立那種生態，需要極長的時間。想挾著文化的知名度去跨越到政治，是不可能的，所以我從一開始就很清楚。而且我原來哪是族盟的？是被拉去開會，開了三次，有人說還是要有組織，就想了一個名字，還需要有一個召集人，大家就看我，說我比較有知名度。我想一想也是，就說好吧就我。碰上了以後，更加強你的信念，要做的事情更多，已經沒有時間偷懶了。

所以對於創作來說，這樣的參與反而更擴大經驗，等於我又多了一塊材料。以前對於台灣現代史的很多部分，可能沒那麼敏感，現在很敏感。我還是回到電影本業來做。

陳光興：

不過，我去過幾個場子觀察到，包括把你放到那個（政治）

空間裡面，有些東西不是直接跟選舉有關係的。我記得有一個場子，在中山北路的一個酒吧裡面。

侯孝賢：

那是工殤組織，有關勞工傷害朋友們的一次晚會表演。

陳光興：

那樣的活動跟選舉沒有關係，我很驚訝看到你居然能夠很自在的使用群眾語言來互動，而且還是相當道地的閩南語。這樣的政治參與的部分，是不是可以多談一點，就是說你跟群眾互動，讓你變成有點像文化政治人物，你又可以跟他們溝通。當你回過頭來看這個過程，到底是怎麼一回事呀？你是有意識在運用你身上的一些資源，還是甚麼，使你能夠跟他們溝通？

侯孝賢：

我跟他們溝通其實一點都不難，因為拍電影接觸的範圍本來就很廣，加上我並沒有那種所謂的階級意識，我是非常沒有的。檳榔文化、勞動朋友，常常很快大家就打成一片了，對我來講一點都不難。難的是甚麼呢？假如真的要做他們這一塊的話，我有沒有時間？最終，我還是只能從我本業出發，以影像上的資源來參與他們。

有時候影像的力量出乎意料之外的比做運動要強，尤其是做得對的時候。舉個例子，那時候族盟，我感覺這群人真的非常不錯。到了一個階段，可以感覺到大家的默契，還有彼此之間的共識很清楚，大家都很欣賞對方，很敢說，我就選了一天把燈架好，讓大家說，然後就拍了，拍了那一夜——「族盟的那一夜」（紀錄片名「那一夜，侯孝賢拍族盟」）。結果效果非常不錯，在海外就有人主動拷貝了一萬份到處發。

歷史的解釋完全在於主政者，他們一下子說成這樣，一下子

說成那樣，要怎麼樣還原歷史？可以用文字，但是一般人沒辦法看，能讀的可能只是一部分的人，所以我想把它還原成影像。對我來說，它是一個拼圖式的，可能會有短短的、劇情式的、20分鐘30分鐘的，會有幾個人物讓你感覺很有趣，這樣的片段。例如蔣渭水，他跟幾個醫生同學在大四或大五高年級的時候研究傷寒病菌，想要去毒殺袁世凱，找到東京又找到滿洲國，搞成一場荒謬劇。類似像這種，拍個30分鐘。還有他們想毒殺天皇，在橘子上注射傷寒菌。他在那時候有一個文化講座，以及跟日本特高警察之間的鬥法。就是一個紀錄片形式，在某一個範圍裡讓所有東西像拼圖一樣，拼拼拼，各種意象匯集，最後把那一塊說得比較清楚。

貳、從政治再回到影像

陳光興：

問一個我認為比較關鍵而且總結性的問題，在政治參與中，學到了甚麼以前不知道的？

侯孝賢：

對我們來講是這樣的，因為你更了解那一塊，對那一塊更有感覺，所以會重新思考你的創作，你自己本身的位置，以及目前整個大環境，你的創作到底在現階段要怎麼走。我現在很後悔當初沒賺很多錢，要是賺了很多錢，會很想做很多事。我要是溫世仁的話，我的做法會延伸非常的大（嘆），包括關切新住民、外籍移民種種的問題。因為整個台灣的人口結構發生很大的變化，精英出走，外籍移民不斷進來，但社會資源沒有分配到他們身上，沒有人照顧到他們。

　　這一群會娶外籍的，通常是中下階級勞動人口。他們以前在整個經濟成長裡面付出了代價，因為他們是屬於整個工廠的裝配部門，他們並沒有往工匠的技藝方面走、或是學習農業的技藝。這種工廠我們是從美國那邊學到的，它是移動的，是依土地跟勞動價值在移動，所以會移到泰國、移到東南亞，現在都移到大陸。這些剩下的工人沒得娶，就娶了外籍女性。上一期的《新新聞》與《商業周刊》都在討論這個。光在越南就有3000多個台灣的小孩，就是母親是外籍，因為家庭功能失常、經濟的理由、婚姻的理由，小孩只好跟者母親回到原住地。可是小孩是台灣國籍，沒辦法在那邊入學，甚麼都學不到。現在伊甸基金會在幫忙處理這個問題。這件事情是蠻重要的。你想想看，精英出走，新的素質進來之後，生了新的台灣小孩，你沒有真正面對他，沒有很好的結構性社會資源的分配，沒有把整個體制、機制建立起來，就沒辦法栽培他們。

　　有時候你會想你沒辦法做，因為要做的事太多了。以電影來說，我本身也在一個狀態，因為年齡到這裡了，已經那麼長的時間在拍電影，新的人也都出來了。新的人出來的意思是整個世界在變，所有的電影形式通通在變，影展的方向也在改變，年輕化了。面臨到一個問題是，我本來創作是為了個人、為自己、想盡量的超越自己，雖然這個「自己」其實是跟整個社會連結的，因為你總在觀察這個社會，總有感觸想去表達，總會回到人的本質上。但是這個空間你發現越來越窄，自從網際網路整個世界開始變化以後，你發現影響知識分子，或是影響年齡比較大的人沒甚麼用，你要影響的還是年輕人。這時候你要怎麼調整？調整現在的位置，你的位置在哪裡？

　　我現在的想法是，我可以跳到另外一個位置。本來我有的位

置可以很保險，因為我可以從歐洲、日本拿一些錢。我拍片子基本上很容易，可以做我想做的片子，永遠可以拍我個人的片子。只是影響力會越來越小，因為一般人不看，永遠是學電影的或是一些文化人在看。但是總是想要影響更大一點。就像我們小時候看的電影是主流市場的電影，主流市場電影的意思是「夢工廠」，明星制度是夢工廠，類型電影也是夢工廠。華人電影圈子終極就是大陸這一大塊，華人包括香港、台灣還有東南亞，在這一塊裡你到底要做甚麼，才能夠有local的類型片、能夠主打海外、至少能夠成型？主流成型以後，才有能量繼續成長，也才能有條件讓有些人可以一直做一些他喜歡做的個人電影，較實驗性的電影，然後這些能量再回到主流來。沒有這一塊主流電影，實驗性比較強的那一塊也是很難的。

我就想跳到另一個位置去做華語電影的新類型。假使說我以前的片子是撇開戲劇性的、是寫實的、某種我自己的形式，這種形式就是比較抒情的，或是我喜歡的這種人跟人之間的某種氛圍的，或是人的某種特質的，比較是中國傳統抒情言志的，戲劇性是藏在底下。那麼，我現在可不可以反過來，在戲劇性的結構裡面，用我原來的東西呢？

台灣電影工業的底層要把它建立起來，這是要不停的操作才有的訓練。例如武俠片這種類型，要把規格建立起來，這些包括電腦特效、美術、吊鋼絲，其實很多方面要訓練新的人，屬於華人可以做到的。假使這些規格做了一成、兩成、三成，越做越好的時候，那年輕的就可以在這基礎上去跳躍。

陳光興：

所以這些都是你的任務？

侯孝賢：

　　我開始在想的就是這些問題，這是要做的，所以我有好幾條線，一個就是「最好的時光」這條線，一個是紀錄片。紀錄片當然不是我做，我會找藍博洲他們來做，或其他人。很多年輕人現在都做得不錯。

陳光興：

　　你要擴大你的合作對象？

侯孝賢：

　　例如說做了《無米樂》，你應該再做一個休耕以後的，就是《中國時報》報導的那些。其實我很早就知道那種挖土、土拿去賣、廢棄，再丟垃圾進去，那種勾當很早就有了。《無米樂》是一塊，但是你要做好幾塊，這整個的圖形才能夠清楚，所以要賺更多錢來做這些。

陳光興：

　　那麼你最新作品《最好的時光》，也是你社會及政治參與這個過程的某一種體現，是嗎？

侯孝賢：

　　其實是在參與的過程裡面，讓我有了新的角度來看以前拍過的關於台灣現代史的部分，包括日據、日據之前、日據之後國民政府來的種種。白色恐怖也是，例如拍蕭開平。蕭開平是台灣的一個法醫，他爸爸是蕭道應。他們跟鍾皓東一起去參加抗日，因爲在那邊參加地下黨，後來回來被抓。蕭開平在童年時沒辦法接受這個事實，他寫過這個。還有一個黎國媛，就是幫我在《最好的時光》第二段〈自由夢〉彈鋼琴的。她在年紀很輕的時候被坐過政治牢的父母送到奧地利，原因就是要避開，其間她父親寫了上百封信給她，敘述整個經歷，像這種也是一種短的創作。

陳光興：

你一直在強調這種短的創作。相對於你原來的創作理念，其實不是沒有短的，可是原來的是比較長的。你覺得這些片段拼起來，對於讀者或這個社會來講，是比較容易去理解的？

侯孝賢：

短創作比較快，不必花漫長的時間耗在編劇上，編那些起承轉合、因果關係什麼的。短創作可以消化掉許多精采的題材。但同時也會做一整個紀錄片式的，像我們以前跟藍博洲做過的《我們為甚麼不歌唱》那種，長的訪談的，這是互補。有些人看到這個有興趣之後，就會更想進一步去找文字資料來閱讀。

陳光興：

所以你在跟我們說，經過政治參與以後，你在創作上包括現在和未來的一個走向？

侯孝賢：

我有一個長遠的計劃，就是所謂的「最好的時光」。「最好的時光」不是說一個時光很美，不是這個意思，而是過去的不可能重來。所以我會有一系列做這些。做這些的中間還包括做紀錄片，其實是還原歷史的階段，很多領域、很多各種不同的人。有時候你從人物切入、有時候從別的角度切入。

像南京是國民政府很重要的一個基地，他們那時候蓋了非常多公館，有些都還存在。後來南京有一個學者，就把所有這些公館的故事組織起來。因為每個公館、每個人物之間都有關聯性，那也很有意思。我的意思是說，有時候光文字不夠，我用別的方式來補足。我想過做電視電影，但現在發現不需要那麼硬做。電視電影很難，要還原當時候的狀態、服裝，最難的是演員，整個種種，沒辦法還原的。所以就想各種不同的形式來做，目的是想把這塊歷史還原清楚。原先在民主學校我想做，其他部分像幾次

民主學校的論壇，我聽了都覺得很有意思，像錢永祥、蘇盈貴、朱雲漢他們，同樣一個題目，他們每個講的領域不一樣，對我來說都很有意思。似這種東西，要用甚麼方式？可能就像「族盟那一夜」（紀錄片名《那一夜，侯孝賢拍族盟》）那樣，用影像說給人家看，跟用文字是不同媒介。

陳光興：

你的談話中牽扯到兩個不同的東西。一個是用影像作為媒介來介入社會，也就是說，對你來講，這是你在參與政治以後覺得的一個可能性，還是說非得這樣做，因為沒有其他辦法？另外一個是，有一個很直接的對話對象在這裡。你剛才一直在強調還原歷史的狀態。是不是可以這樣講，你中間在對話的狀態，是因為現在的政治處境或政治人物把很多的事情、過去的歷史已經過度的簡化，而真實狀況其實是複雜的，要如何還原這個複雜性？這兩件事是不同的，一個是用媒體來介入，另外一個是因為政治的操作很多歷史的複雜已經被削減，而這個部分要還原。這兩件事是現在跟未來會做的事情？

侯孝賢：

其實這兩個事對我來講是一個事。這很複雜，但是在處理的形式上，電影就像文章一樣也可以變得簡單。還原歷史對我來講，基本上還是要非常客觀的。

陳光興：

所以你提到未來的拍片計劃，都會比較是歷史性的？台灣現代史這一條線？

侯孝賢：

因為威權體制的關係造成斷層，這斷層只有一部分的知識分子或者精英知道，這個很有限，其他人的經驗是斷層。

魏玓：

其實侯導之前的片子也不是說沒有在還原歷史。像「台灣三部曲」，跟你現在想做的東西有甚麼不一樣？

侯孝賢：

「台灣三部曲」對我來說純粹是電影。電影的意思對我來說，是站在人的角度，因為歷史的複雜性、多樣、多面，沒辦法說清楚，電影裡便濃縮在人身上，只說了一個氛圍。

魏玓：

所以接下來想做的會是什麼？

侯孝賢：

擴散，更擴散。

參、台灣電影的出路

陳光興：

要不要講一點點你在負責的台灣電影文化協會，這個組織進行哪方面的工作？

侯孝賢：

當初組織協會是想辦一些活動，最早是想辦「師徒學苑」。後來美國大使官邸這個古蹟，文化局修復後想弄電影文化中心，就來找我做。當初規格上是二樓要有喝酒的吧台，一樓是咖啡廳，然後要有書店。這些東西不敢自己操作，因為know how不簡單，所以包出去讓專業來做。而原先車庫的空間，蓋了一個有88個座位的小戲院，全部就是大家現在看到的「台北光點」，由台灣電影文化協會負責經營。協會剛接的時候，像裝潢種種要怎麼弄，哪來的錢，都是我公司的錢暫時借的。那時候一花就花了

7、8百萬，工作人員跟整個硬體，弄成像現在這麼光華，眞是花了很多時間和精力。然後是軟體的經營。我對協會提出的一個理念就是「第三部門」(the third section)。這是我讀杜拉克(Peter F. Drucker)的《旁觀者》(*Adventures of A Bystander*)獲得的啓發。相對於公共部門和私人部門，也就是說政府和大企業，第三部門是社會力(social section)，是非營利(non-profit section)、以公益爲主的組織。發揮第三部門的功能，才有獨立多元化，才能護衛人類社會的價值，才可以培養社群領導力和公民精神，等等，等等……

所以單是戲院放映電影的部分，協會的選片趨向和方針，就跟主流電影院非常不同。然後辦策展，如北歐影展、數位影展、東歐影展、印度影展、南歐影展、拉丁美洲影展，或是像以音樂爲主題的台灣及華語電影展，等等。一個策展在台北放映完，再轉去新竹放，他們有影像博物館。然後去高雄電影圖書館，去桃園的演藝廳，地方願意合作的都參加。我感到最過癮的，就是小津安二郎百歲冥誕時候辦的影展，把小津現存35厘米拷貝的作品，一口氣全弄來台灣放映，有36部之多呢。因此還出版了至今爲止華文第一本最完整的小津作品專書。戲院慢慢做出它的風格跟口碑，開辦三年來，票房收入成長了三倍。

再來，協會扮演的角色其實最重要的是儲備人才、訓練人才。訓練人才最好的是實際操作，已經辦了兩屆「電影師徒學苑」，現在好幾組在做，是台積電贊助的。學員寫好劇本以後，告訴他們怎麼落實。他們都沒經驗，我就把公司的製片跟casting都提供給他們，有甚麼問題隨時協調。目前做的都還不夠。我感覺實際操作還是從我本身，可能要接一些量，例如電視電影。電視電影也用電影的規格用film來拍，這樣訓練就比較有用。這平

台如果同時能夠在未來幾年做成的話，機會就會比較大。因爲台灣現在電影開始慢慢有起色了，很多資源人家願意投資，不能浪費。

魏玓：

在轉型的時候，這些例子如果沒有成功的話就很危險，沒有辦法繼續下去。而且要有一定的量才能累積、才能循環。

陳光興：

台灣整個電影產業結構，已經到了最薄弱的地帶。要慢慢做起來，等於是要重新搭建一個產業結構……

侯孝賢：

道理很簡單，因爲現在沒有量，所以人才就沒有，如果要拍，就要從香港、日本找，台灣本身不足。還有就是，有沒有扮演監製的人。監製就是要知道怎麼選人，怎麼組合，找到對的導演參與，然後用甚麼樣的明星，可以做到甚麼程度，用甚麼方式可以做好，更細節的就是特效怎麼做，攝影師找哪一塊。因爲攝影師、特效、美術是相關聯的，怎麼做這都要判斷的。

陳光興：

後面還有一個問題，搞台灣的電影協會，有一些對外的對口。我不知道大陸有沒有類似的組織，他們也許有文協、影協等等這些機制，其實這些會變成一種連結的窗口。假如有這些東西的連結，比較容易去推動你講的整體華文電影，也就是形成一個更大的串聯。我用串聯不太對，一種想像，就是華人的電影組織。但是目前都沒有條件做這些，對不對？

侯孝賢：

我的想法是，自己要先做出一些成績。就像你要跟亞洲的國家合作電影，沒有市場的話沒辦法做，你就是投資人家而已，人

家不會投資你。大陸其實慢慢在形成，他們現在不是政策性的極大片，就是作者論的很便宜的片，像王小帥、賈樟柯，而馮小剛現在是主流電影裡做得最好的。

陳光興：

你對電影學校這些事情有甚麼你自己的看法，例如學院派的電影系、電影學院，按照你自己的經驗如何看待？

侯孝賢：

不管有用、沒用，人總是從那裡出來的。很多人基本上一開始是喜歡電影，但是能不能出來，有時候要看個人的狀態。我雖然在那邊唸，但是我班上沒有一個人從事電影，只有我從事，那總算也有一個。

陳光興：

我的意思是，現在要是有電影學校，你也不會願意去？

侯孝賢：

教書？

陳光興：

對，我的意思大概是這個。

侯孝賢：

我的想法反而是，假使真的要做的話，從小學就要開始。小學、中學提供公播版。假使有一個機構，例如是政府的基金會，屬於文化或藝術的基金會，給一筆錢，委託一種機構，專門去尋找全世界適合青少年看的電影，做一套一套的公播版。像丹麥就做得很好，甚至歐洲有些國家都跟他們買，要他們的目錄。要讓中小學學校知道看甚麼片子有益，是要有眼光的，要把這個機制建立才有辦法推動。至於電影學院，我的感覺是，技術坦白講不是很難，實際操作一下沒多久就會了，跟個幾部片子就可以掌

握，主要還是人文素養。我認為教育不能太在功能性上面，最好是各方面都涉獵，不能光只有一個技術。

魏玓：

侯導演提到，要看台灣在華語世界裡面可以扮演甚麼角色，在亞洲可以扮演甚麼角色，不過剛剛談的還沒有延伸到這個部分？

侯孝賢：

1980年代台灣的「新電影」算是一次很大的改變。「新電影」不是憑空發生的，它是台灣民間社會力的累積到了相當程度，而開出的花朵；民間的自為空間是「新電影」的土壤。而中國大陸那時候是斷層的，幾乎沒有這一塊民間社會力。香港「新浪潮」也是一個改變，但他們的路線背景又不一樣。因為香港是殖民地，他們走的是電影工業和主流電影，他們在娛樂或者形式上是走好萊塢模式，台灣不是。台灣「新電影」是在反思成長過程跟生活，這是有點不同的。但是「新電影」不能作為主流。它本來就是應該屬於主流市場的另類，它屬於一些比較喜歡電影的人，他們可能自己當做「作者論」這樣在拍。說到「新電影」，還要提到明驥這一個怪人。明驥在中影開辦了4年基訓班，帶出了很多技術人員。他當總經理的時候找小野、吳念真來當策劃，又碰到很多新導演從國外學電影回來。天時、地利、人和，才有「新電影」。

「新電影」的寫實美學、人文關懷，是它留下的資產和強項。相對於正在釋放民間活力的中國大陸，台灣的是「富過三代」的社會力，既深且廣；文化素質不曾有過像文革那樣的斷層，所以也是富過三代。大陸「現代化」的過程太短太快，許多硬體可以一步到位，但軟體部分還來不及消化跟養成，還不到位，而這個，

就是台灣在華語世界裏的位置。電影方面，不論走主流，走另類，「新電影」留下的資產和強項，應該是我們可以借重、發揮的。

肆、對岸的電影、政治和文化

陳光興：

　　一直在談這個整體的問題，牽扯到中國大陸。其實你跟大陸的關係也滿深的。根據我的理解，遇到大陸研究電影的朋友，像戴錦華，他們都認爲你是無條件的去大陸支持他們搞電影。我想問的還不只是在電影工業這個層次。這個也許是更寬廣的一些問題。假如擴大一點來想，從台灣到整個華文市場，這個你不能不管，可是整個中國大陸很多狀態，它的土壤到底是怎麼樣？你的理解是怎麼樣的？因爲你剛剛舉的一些例子，用他們的語言來講，很多的事情還沒有「到位」，在那樣的土壤裡面，能夠建構出來一種比較主流性的華文市場，其實牽扯到一些你對那個社會的認識。

侯孝賢：

　　大陸我差不多8年沒去了，上個月才去了10天，上海、南京。我去他們的早市差不多6點多，常常逛市場，看他們基本生活面，坐他們的公車，看外商帶來的和本地新興起來的東西，區隔是非常大的。然後看他們的電視節目，看他們的報紙，你就知道他們有某種限制，他們整個公共領域的概念跟城市的公民社會這一塊，還很遠。但是電影要做的話，我感覺沒有一下子就要做到這種事。電影就像我剛剛講的，甚麼階段做甚麼，先做到有效再來調整。

陳光興：

直接來講，牽扯到跟大陸的合作，那個有很多層次在操作，一個是電影學校，一個是電影產業，然後包括你講的導演訓練……等等。你的想法到底在這個層次和大陸的連結是怎麼樣的看法？

侯孝賢：

我還沒有去跟他們接觸，我也不知道。最快的其實就是，例如武俠片要在大陸拍攝，就會有合作的模式做出來。

陳光興：

我把它再放回更大的政治環境裡面來看，特別是連宋到中國大陸訪問以後。所以我講的這個，已經脫離電影的關係，所有場域都牽扯到了，包括三通、直航等等。連宋去了以後，對你來講，現在大的走向大概會是一個怎麼樣的型態？要不然，我們一直在講跟中國大陸合作，也沒有意義。

侯孝賢：

其實不管有沒有連宋，我本來的想法就是先要把華人那一大塊做起來，其中我們可以扮演什麼樣的角色，有些因為我們經歷過「現代化」，看得比較清楚，知道怎麼做。連宋去，對大陸來講，尤其知識分子，他們沒有看過在中國的領導階層裡面有這樣的人，長久聽說的自由主義終於出了一個眼見為憑的人物，那個人物會變成類似一種標準、標竿。在台灣，都是腦筋急轉彎，連戰那種人，怎麼去跟人家腦筋急轉彎？反而他在大陸，不管是態度，是視野，例如說他的底子、人格，全部都呈現了，透過中央電視台全國直播，讓民間改變對台灣的印象，普遍都說「別打了，兩邊打不起來了。」

陳光興：

從台灣內部來看，大陸的反應很有意思，就是為甚麼連戰在

台灣內部是很沒有味道的一個人，可是跑到大陸卻揮灑開來了。其實北京那個地方，在某些方面來看是個大平台，對連戰這種人有一種治療作用。可是回過頭來，放在台灣的總體，會回過頭來想一些問題。真正比較起來，台灣小，但是你把它跟大陸的總體狀況來比，台灣培養出來的人過多，是有這個問題。所以台灣這個平台越來越緊縮，在這狀況底下很多人就要跑了。加上台灣的政治狀況，會逼得一些東西往大陸去，這種狀況當然對於台灣內部是很不好，像大家都知道的，跑到上海的60萬台灣去的人。

侯孝賢：

我以前把我的電影拷貝都送給北京電影學院，不料提供了他們另外一個角度。他們沒看過華人電影有這樣一個角度，這個角度是他們以前沒想過的。他們以前都是俄國系統，跟歐美系統是不一樣的。

而我感覺，假如中華文化的底子夠，你接觸到西方東西的時候，會更有能量可以表達，而且跟西方不同。其實我以前很早的時候就想，華人的電影為甚麼要跟歐美一樣，你學他們是學不過的，因為整個背景不一樣。他們的傳統、邏輯、抽象思維從小就有，我們的不一樣。但是你碰到了他們以後，會對你自己的呈現方式激起一個變化。大陸現在都市還在發展，還在累積。他們有一個說法，說第五代導演像張藝謀他們，是開放以後百花齊放。一直要到第六代導演的作品，才開始跟大陸本土比較緊密、比較落實，不然做出來的會是比較西方觀點，學的是西方，拍的是西方觀點。

結語：最好的時光

陳光興：

最後一個問題，回過頭來想，和族盟這些朋友那一段一起工作的時間，對你來講是不是「最好的時光」？

侯孝賢：

是啊！他們每個人都不一樣，人格都非常健全，這點我感覺很重要。這些人都值得我佩服，他們在各自的領域都做得非常多。

陳光興：

侯導有沒有覺得還沒問到你想要說的話？特別是這一次的參與過程。

侯孝賢：

現在感覺上好像很沉寂。我不在乎甚麼沉寂不沉寂，到時候有成績拿出來，就是拿出來。那時候有些人找我拍槍擊事件，通過好幾個管道找我，錢都準備好了。我說我沒辦法在那麼短的時間做，因為這不是槍擊事件本身而已。它後面延伸的狀態，為甚麼會發生這種事情？要這樣去說才有意義。而且一過了那個時期以後，這東西就沉澱下來，那時候不清楚的現在會更清楚。那個要做是可以做，但是要做到甚麼程度。你不可能去被人家當做工具，對我來講不可能。

魏玓：

這個參與的經驗，最重要的是侯導對創作的理念和目的有一些調整？

侯孝賢：

等於是開了另外一扇窗，比以前的角度更寬廣、更清楚，讓人的信念更建立起來。

魏玓：

所以電影實踐、社會實踐、政治實踐的關係就更明確的聯繫

在一起？

侯孝賢：

　　簡單來講就是創作的題材更多了，因為都是站在人的角度，做甚麼通通都是人。在這裡面會更看清楚，台灣不好的一面越來越擴張，這對台灣不是一個好事。

陳光興，任職新竹清華大學亞太／文化研究室，目前在新加坡國立大學亞洲研究所任資深訪問研究員。他是《台灣社會研究季刊》的成員，也是 *Inter-Asia Cultural Studies: Movements* 期刊的執行主編。他的新書《去帝國　去殖民　去冷戰：亞洲做為方法》將於2006年後半年出版。

魏玓，任職於淡江大學大眾傳播學系。他是現任媒體改造學社召集人，也是《台灣社會研究季刊》的成員。目前正進行有關全球化時代民族國家電影工業之生存與發展的研究。很喜歡侯孝賢的電影，這是第一次有機會進行親身訪談。

劉雅芳，交通大學社會與文化研究所碩士班研究生。

思想采風

嘲諷的權利

鍾大智

　　丹麥報紙刊載諷刺伊斯蘭教的漫畫，在全球穆斯林社群引起了劇烈的反彈。著名政治哲學家、法學家德沃金（Roland Dworkin）在3月23號的《紐約書評》上，以〈嘲諷的權利〉為題，發表了他對這起事件的看法[1]。

　　德沃金認為，英美大部分媒體沒有再轉載這些漫畫，是正確的做法。轉載可能會引起更激烈的抗爭，增加傷亡和財產的損失；亦可能為英美的穆斯林社群帶來更大的痛苦。雖然不少讀者可能很想自己評判一下這些漫畫的衝擊或冒犯之處，雖然媒體可能也覺得有責任提供這樣的機會，但德沃金指出：公眾並沒有不計一切代價、想讀到什麼就讀到什麼的權利，更何況那些漫畫已經在網路上廣為流傳。

　　另一方面，西方媒體的自我節制，並不代表那些挑起暴力抗爭的伊斯蘭教狂熱分子與政權取得了勝利。證據顯示，後來發生的抗爭潮，其實是丹麥與中東地區的伊斯蘭教領導者出於更大考量的政治運作。在此情況下去轉載那些漫畫，只是正中他們的下懷而已。

1　*The New York Reviews of Books*, Volume 53, Number 5, March 23, 2006.

有些輿論認為，丹麥漫畫事件的意義在於「言論自由權必須受到多元文化主義的約束」；例如英國首相布萊爾即表示：英國政府應該將對宗教團體的侮辱當作違法。但德沃金強調，言論自由不能當作是西方文化的特殊標誌，遇到來自異文化的反對就動輒加以限制。相反地，言論自由是民主政治的正當性根基：沒有經過民主過程的法律與政策不具正當性，而如果政府阻止任何人在形成政策或法律的過程中表達意見，那麼這個過程就不是民主的。嘲諷乃是表達意見的一種特殊形式，很難改用比較溫和的形式，去表達它所想傳遞的內容；幾個世紀以來，漫畫或其他形式的嘲諷，一直都是政治運動的重要利器。

在民主之下，沒有人可以要求免於褻瀆和冒犯；在一個致力於種族平等的國家，更是如此。如果那些弱勢族群要求法律保障他們免於歧視，他們就必須容忍那些來自於反對者的侮辱或者嘲諷，因為唯有這樣的社會才可能通過反歧視法。一個社會如果要那些心態偏狹的成員接受多數人的決議，該社會就必須允許他們在達成這個決議的過程中表達其偏狹。

某些對漫畫感到憤怒的伊斯蘭教徒認為：西方社會的言論自由是虛偽的，因為在某些歐洲國家，宣稱納粹對猶太人的大屠殺不存在是犯法的。德沃金表示，解決之道不是進一步限制言論自由，而是重新界定歐洲人權公約中的言論自由權，並讓這種替納粹翻案的言論不再被當作違法。

德沃金亦指出，我們不能因為宗教信念對教徒至關重要，或因為某些宗教要求對褻瀆者進行反擊，就不容忍嘲諷。如果我們還要以法律維護宗教自由，侮辱宗教就不能是言論自由的例外。宗教也得遵守民主的原則。宗教既不能立法決定人該吃什麼不該吃什麼，也不能決定什麼能畫、什麼不能畫。歸根究底，宗教不

能凌駕使民主得以可能的言論自由。

（鍾大智，國立清華大學人類學碩士，著有 *The Possibility of Anthropological Fideism*〔University Press of America, 2004〕）

東西方的哲學鴻溝

鍾大智

英國藍開司特大學宗教學系的教授 Chakravarthi Ram-Prasad，最近在英國的*Prospect*雜誌2月號發表文章指出[1]，雖然戲劇、文學以及其他西方文化的面向，都正在接受亞洲的影響，但是西方哲學無此動向，依然維持著對東方傳統的封閉。爲何如此？他認爲，原因在於西方哲學家業已制度化的地域主義，以及東方思想家的膽怯。

在這篇短文中，作者Ram-Prasad以西方哲學對印度哲學家的無知爲引子，比較了東西哲學的差異。儘管中國與印度哲學傳統，都有許多自己的特色，可是這兩種東方哲學並沒有構成一個自覺的整體，結果陷入身分危機。當然，這種危機也來自於東方菁英分子因各種歷史因素，而對自身的傳統有所戒慎。

與西方哲學不同的是，東方哲學並不是從同一思想傳統發展出來的。既使有人對西方哲學提出整體性質疑，通常這類質疑也是從這個傳統的內部提出來的。雖然許多人文學科，如宗教研究、文學、政治、地理學等，已體認到世界並不等於西方，但是，在哲學這門學科，東方哲學尚未被認可具有這樣的獨立性。相反地，對東方哲學的研究，必須隸屬於區域研究或宗教研究部門，

1　"The Great Divide", *Prospect*, Issue 119, February 2006.

去和人類學或歷史學課題競爭(作者自己就服務於宗教學系而不是哲學系)。更有甚者，連印度學者自己都執迷於尋找印度思想與西方哲學的呼應，而放棄了原創的思考。

中國與印度哲學並不屬於同一思想傳統。希臘傳統結合猶太－基督教傳統形成了西方哲學的傳承，而不論其內部經過多分歧的繁衍，也不論各體系之間如何難以相互理解(特別是分析哲學與歐陸哲學間的隔閡)，它們之間還是存在著基本的共通性——從柏拉圖到康德的經典文本仍然是西方哲學共同的焦點。然而在東方哲學內，中國與印度思想家幾乎對彼此一無所知。反倒是希臘與印度思想過去歷史接觸的證據、語言學上與思想上的相似性，讓一些學者認為真正的區隔應該是在中國與印歐文化之間。

而且，Ram-Prasad強調，**中國與印度哲學的根本關注與概念架構就是完全不同的**。他從三方面來討論這種差異。首先，**在根源上**，雖然中國與印度哲學都源於對存有問題的解決，但是印度《奧義書》追求的是讓人類從意識的有限與脆弱中**解脫**。佛陀與筏馱摩那(耆那教第24代祖師)也認為生命根本上就是受苦，而尋求對受苦的因應之道。相形之下，他認為儒家源於在政治紛亂下教化人民文明規範與遵守道德制度。而後來的中國思想家都強調**合宜行為**(proper conduct)的重要，只不過對於什麼是合宜的行為有不同見解。可以說，對道的確立與「如何行道」引導著中國哲學。

第二，**在議題上**，印度哲學跟古典與早期現代西方思想更接近，追求的都是對表象之下諸實體與過程的形上學解釋。印度哲學家認為我們的日常生活是不完滿的、我們經驗是受苦的、知性有嚴重的限制、行為不能合乎規範、並生活在對死的恐懼中，因而我們必須超越表象，理解事物之本然，改變我們的心智，以達

到某種終極自由。與此相對，**中國哲學基本上是反形而上的**，它關注的是就是我們所遭遇的世界（world as it is encountered），因而對區分實在與表象缺乏興趣。

第三，印度哲學雖然致力於解脫與自由等終極目標，但它像西方哲學一樣，在處理抽象難題時，還是有很高的技術性。類似於西方思想，印度思想中有很多種本體論學說，也有複雜的語言哲學與邏輯學。相對來說，中國哲學幾乎只關注提升人的修為這個目標。中國思想家雖然也能運用複雜的邏輯，但是除了墨家與早期佛教，邏輯學研究被認為是瑣碎的技藝。從西方的角度來看，中國的語言理論不討論語言如何表徵世界的問題，而是討論其功能面，例如，與一個人稱謂、身分相應的應是什麼行為。中國的務實傾向也表現在它所關注的亙古永恆的道德政治標準。佔據中國文化核心位置的是實用的政治哲學，即君王之道。Ram-Prasad也以中印兩個思想傳統中的懷疑論與實用主義為例，來顯示兩者對比。例如，像西方一樣，印度的懷疑論質疑人們可否系統地掌握事物之真實，而中國（例如道家）的懷疑論則是針對我們可否贊同或否定某種特定的修為方式。

然而，Ram-Prasad同樣也指出了中國與印度思想的三點相似處，及其與西方思想的區隔。首先，雖然印度哲學的大部分領域充滿了分析論辯，但印度的倫理學跟中國的一樣，是以說故事（軼事或史詩）的方式去激發人的道德直覺。

第二，東西方對自我的看法也是對立的。獨立、非物質性的靈魂觀念一直佔據著西方思想，直到18世紀英國哲學家休姆（David Hume）開始才批評這種觀念，而強調自我的建構特質。這種批評認為一個人不是處於身體內的非物理性實體，而是心理特質、環境因素與社會責任等因素的偶然組合。事實上，印度教一

開始就抱持這種觀點，認為是某種非個人化的意識（impersonal consciousness）賦予一個人生命；但這個意識並不等於這個特定的人，因為它也可以成為其他生命、做其他人。佛陀甚至更激進地認為，要解釋自我或個人之間的關聯性問題，甚至不必訴諸非個人化的意識。至於中國的思想傳統，強調的是人道潛能的完全實現，因此中國史籍大量探討了名人生平、歷史前車之鑑及權威經典，並凸顯它們塑造人格的角色。

第三，東西方也在政治個人主義上對立。在中國與印度傳統，一個人的特殊身分決定了他的責任、權利與權威，不同的個人是不可相互替代的。這與西方思想中一般化的個人（generic individual）是對立的；西方的法治、政治法制化與普世權利的觀念，全都建立在這種「一般化的個人」觀念上。相對於此，中國與印度思想抱持的則是某種微個人主義（micro-individualism）：個人從屬於集體，據其特殊性而承擔不同的責任義務。

的確，有些頂尖的東方學者，例如拉達克里希南（Radhakrishnan）、鈴木大拙，在這西化的世界中為東方獨特的智慧發聲。他們論證東方哲學的偉大，及其對西方哲學理性之超越。他們指出，東方哲學以其特有的實踐方法（如冥想），而能掌握那些理性所不能掌握、超越了語言與思維的洞見。但在他們之後，其他學者開始強烈質疑這種東方哲學，認為其無異於反西方哲學，遂使得西方哲學家漸漸認定東方哲學是非理性的廢話——甚至連主張現代化的亞洲菁英也接受這種誤解。

在Ram-Prasad所舉的例子中，中華帝國的崩潰、印度被殖民、日本軍國主義的失敗，使得這三國成為孕育反傳統運動的溫床。中國共產主義企圖全盤抹煞歷史傳統；印度在被殖民之後接納了英國人的視角，把自己的歷史詮釋為階級霸權的宰制；日本

則拒斥那些曾被軍國主義政權所利用的傳統思想家。許多亞洲學者在新國族主義的干擾下，不敢對自己的傳統哲學進行嚴肅的學術研究。**商羯羅（印度八世紀哲學家）被當成操弄霸權者；儒家則被視為威權體制的元凶。**

在西方，對哲學的學術挑戰（來自尼采、海德格與維根斯坦）與政治挑戰（來自不滿的學生），終究還是難以瓦解哲學史連續性，及哲學研究所連帶的學術與政治利益。但在東方，這類挑戰（文化大革命、研究資金缺乏、失去學科尊榮等）曾嚴重危及東方哲學研究的生存。所幸，中國與印度的情況已經好轉了。印度因為政治局勢轉變，學者擁有更多的學術自由。中國的經濟成長，使得更多研究資金可以投入這些耗時的研究。

總的來說，中國與印度哲學並不屬於一個共同的思想傳統，而東方的菁英們也對東方哲學抱持著矛盾的態度。但奇怪的是，當藝術領域發生廣泛的東西融合時，西方哲學仍不願意以東方為參照點更新自己的傳統。Ram-Prasad認為，也許是哲學領域的本質所使然，跨文化的溝通本來就比其他領域困難；因此，雙方必須對議題有共識，並且願意使用對方所能理解的方式來處理這些議題，也才得以促進東西哲學文化的融合。他的樂觀願景是：也許在全球化的趨勢下，來自於東方的概念可以成為新的全球思維中的分析關鍵，且西方哲學會將它傳承給未來的西方人民乃至於全球人民。但如他所強調，東西方哲學必須先學習相互接納。地域主義、西方哲學對陌生的恐懼、及亞洲思想家的膽怯，都是達成這種接納的阻礙。

納斯邦的動物倫理學新論

錢永祥

納斯邦（Martha C. Nussbaum）現任美國芝加哥大學教授，是近年很活躍的一位哲學家兼公共知識分子。她介入過幾次公共爭議，其中之一即是曾在1999年撰文，批評另一位在美國學界知名的女性主義哲學家巴特勒（Judith Butler）的寫作風格、學術、以及政治[1]。

納斯邦本人的哲學貢獻，主要在於兩個方面。第一，她本是古典研究出身，專攻希臘哲學，著述相當豐富。她第二方面——也是更為人所矚目——的貢獻，在於倫理學與政治哲學。從1980

1　巴特勒的學術成就也可觀。不過她以文字詰屈作態，受到了哲學界不少非議，發難者不只納斯邦一人。在1998年，巴特勒曾獲得《哲學與文學》期刊的第四屆最劣寫作獎，得獎句為：The move from a structuralist account in which capital is understood to structure social relations in relatively homologous ways to a view of hegemony in which power relations are subject to repetition, convergence, and rearticulation brought the question of temporality into the thinking of structure, and marked a shift from a form of Althusserian theory that takes structural totalities as theoretical objects to one in which the insights into the contingent possibility of structure inaugurate a renewed conception of hegemony as bound up with the contingent sites and strategies of the rearticulation of power. （這句話也許言之有物，但中譯必須另待能人。）中文學界還未聽說有類似的獎項，遺珠必多，殊為可惜。

年代中期開始，她與1998年諾貝爾經濟學獎得主沈恩搭配，發展所謂的「能力取向」理論，影響最爲廣遠。

所謂能力取向（the capabilities approach），是一種關於平等或者正義等概念之適用面向的理論。人們有沒有獲得平等或者公平的待遇，要看他們是不是能得到她們應該獲得的事物。關鍵在於：這裡所謂的「事物」，指的是甚麼？根據甚麼面向上的指標，我們可以說人們獲得了平等或者公平的待遇？

在常識層面，大家習用的指標是貨幣所得。可是貨幣所得背後代表的又是甚麼？通行的分配正義理論，大致上提出了福利面向和資源面向兩類指標：福利面指願望或者偏好的滿足程度，資源面則涵蓋個人追求願望或者偏好之滿足所需要的條件和物資。很明顯的，從福利面的平等出發、跟從資源面的平等出發，可能得到很不一樣的貨幣所得分配要求。這說明了「分配甚麼」、「甚麼事物的平等」，是很眞實的問題。

能力取向，企圖取代福利與資源這兩項通行理論，用什麼叫做在「能力」面取得了平等，作爲平等或正義理論的著眼點。這套取向批評福利平等，指出由於人們的願望與偏好可能不合理或者扭曲，以偏好、願望的滿足作爲平等的指標，其實並不公平。它又批評資源平等，指出由於人們的處境和條件不同，將同樣資源轉化爲一己生命活動的成效並不一樣，所以單純追求資源的平等也不公平。

能力取向著眼所在，不在於求欲望的滿足或「福利程度」、也不在於問滿足欲望的條件是不是具備，而是關切個人生命的各項基本「能力」是不是能夠順利的發展與作用，讓生命能夠按照其應有的方式「運作」，表現出該一生命應有的尊嚴與潛能。這套想法，在哲學上繼承了亞里斯多德和馬克思的人觀；它的基本

信念用俗話表達就是：人應該活得像人、人應該有機會活出人性。但是要獲得人應該具有的生理、心理、精神、社會、政治等方面的存有方式（即運作），需要健康、人身安全、理知和判斷、交往結社、參與公共決定等等能力。而要確保這些能力，當然就需要確保例如公共衛生、教育、基本人權、民主制度、平等的社會等等條件。在政策上，能力取向影響到了有關發展思的思維，其中以聯合國用「人類發展指標」取代傳統國民所得、生產毛額等指標最爲知名。

到了近年，納斯邦將能力取向推廣到了動物倫理學的範圍，再度引起了廣泛的注意。2003年她擔任著名的譚納講座，在澳洲國立大學發表三次演講。講稿後來以《正義的待開拓議題：殘障、民族、與物種》爲書題出版專書（*Frontiers of Justice: Disability, Nationality, Species Membership*（Harvard University Press, 2006）。其中有關動物的部分，特別引起了討論。從「能力取向」探討動物倫理學，是不是可以爲這個領域開啓新的一頁？最近，美國學術界的「業界」刊物《高等教育記事報》（*Chronicle of Higher Education*），在2006年2月3號的一期，邀請納斯邦發表她有關動物能力正義的想法，並且開啓網上討論，值得關心者閱讀。

納斯邦的出發點是正義理論，而正義理論的兩大主流傳統，即爲契約論和效益主義。納斯邦認爲，按照契約論傳統，只有具

有理性的主體才能成爲道德與正義的考量對象。由於動物缺乏理性，所以人類對動物至多只擔負著間接義務。結果，契約論傳統的正義理論，對於動物倫理學的貢獻極有限。它無法正視動物生命本身的道德含意。

效益主義對於近代動物保護運動有奠基之功，也是這三十餘年來動物倫理學和動保運動的主流論述。效益主義認爲，一個生命是不是應該受到道德考量，要看它是不是有能力感知痛苦和快樂。多數動物顯然是有這種能力的，所以人類如何對待他們，就有道德上的對錯是非可言。不同於契約論，效益主義強調了動物與人的相同面，而不是用理性等標準畫出人與動物的鴻溝。效益主義雖然受到許多方面的批評詬病，卻是近代許多解放運動、福利政策的理論基礎。在動物倫理學的領域，也是如此。

納斯邦對於效益主義的批評，大體重複這些年來哲學家對效益主義的經典批評，在此不贅。在我讀起來，納斯邦的慧見其實在於：作爲道德哲學，效益主義對於「道德含意」這個概念的理解比較貧乏。特別就動物倫理學而言，效益主義的一個限制在於，雖然它承認了動物的痛苦與快樂具有道德意義，但是動物本身的諸多特性則並不具有道德含意。

納斯邦認爲，如果我們承認，生命不只是涉及快樂與痛苦，道德的考量也根本不應該局限於此，我們就會意識到，讓一個生命盡其本性、以其應有的方式運作、發達，乃是一件具有道德意義的「好事／價值」。今天的世界上，很多人因爲貧窮、戰亂、社會歧視、政治迫害等原因，無法「正常」地發育成長、受到教育、從事有意義的工作、參與社會生活等等，我們不會只關心當事人承受了痛苦和失去了快樂（這當然是事實），而是會譴責這種現象構成了一種浪費和糟蹋；由於當事人「盡量活出人性」的機

會遭到阻擋剝奪，他身上人性的潛能成為無法實現的夢想，故有其悲劇的一面。

將這個直覺應用到動物身上，效益主義動物倫理學的限制就很明顯了。很多讀者讀過彼得·辛格（Peter Singer）的《動物解放》一書。此書被譽為西方動物保護運動的「聖經」，也是效益主義動物倫理學的經典。書裡用大量證據，顯示經濟動物、實驗動物、同伴動物在人類手上承受的「痛苦」。可是讀者會發現，一方面，辛格所謂的「痛苦」，其實含意很廣泛，包括了多方面的疼痛、剝奪、摧殘、折磨、恐懼、死亡，說「痛苦」其實過於簡化；另一方面，在辛格筆下，除了「減少痛苦」之外，我們看不到他關懷動物的其他理由。在我讀來，辛格的理論邏輯不啻是說，一個世界裡如果全然沒有動物，那麼，由於這個世界裡也不會有動物的痛苦，反而是一個比較好的世界。可是關心動物的人卻會堅持，世界的精彩與豐富之所在，一部分正是來自其中的動物們的存在與活動，即使這些動物正承受著極待降低的痛苦。這個直覺，效益主義的倫理學無法掌握。

當然，各種動物的生活要如何才算「盡性」、動物生命如何才算按照其應有的方式運作，從而我們應該保障動物的甚麼能力，都是很複雜的問題。納斯邦做了仔細的討論，並且承認了人類現有關於動物的知識相當不足，很多相關問題還沒有答案。不過，筆者認為，納斯邦的動物倫理學，比較能夠將動物的生命視為獨立、內在的價值，值得認識、欣賞、和珍惜；也比較能夠正視動物生活的多樣性和具體內容，不再只是人類憐憫同情的對象，更不再僅是痛苦／快樂的計算單位。這樣一種「正視動物」的道德視野，對動物倫理學新一個階段的發展，有著重大的啟發。

一個無政府主義者的意外解職

林浩立

　　近來在美國人類學界最受關注的事件，莫過於2005年5月耶魯大學人類學系突然決定不續聘年輕而優秀的助理教授葛雷伯（David Graeber）。就一般正常的情況而言，助理教授基本的任期為4年，除非相當特殊的情況，這4年的任期是不會突然終止的。然而耶魯大學人類學系部分資深教授，卻投票決定終止Graeber還有兩年的合約，並且不願提供任何解約的原因。此舉自然引起軒然大波，支持Graeber的學生開始四處奔走，串連簽寫請願書，並設立網站將此事昭告天下。知名學者如倫敦政經學院的Maurice Bloch, 芝加哥大學的Marshall Sahlins, John and Jean Comaroff等人也都出面支持。除此之外，聲援的組織尚包括全球研究協會、加拿大郵政工會、英國曼徹斯特大學等團體，支持信函累積多達4400多封。Graeber自己也於6月向耶魯大學提出申訴，要求有關當局重新檢視這件案子。目前最新的進展是，他同意於2006年12月離開耶魯，在此之前他只會在系上開授兩門課。

David Graeber 其人其事

　　究竟Graeber有什麼樣的特質，能使那麼多學生、學者與團體支持他，但卻無法見容於耶魯大學人類學系？也許翻開他的個

人經歷與背景，就可以瞭解箇中一些緣由。他是美國學術界中極少數公開宣稱自己是無政府主義者的人士，也是人類學界中獨一無二的無政府主義者。他是激進工會組織Industrial Workers of the World的成員，工會組織的會員證總是放在他的皮夾中。他曾參與激進反資本主義及全球化團體，如義大利的Ya Basta!、美國的Anti-Capitalist Convergence（ACC）、以及Direction Action Network策劃的抗議活動，特別是在2001年於紐約舉辦的世界經濟論壇擔任抗議組織的發言人，在媒體上十分活躍。去年，一位「研究所雇員與學生工會」（Graduate Employees and Students Organization）的成員、也是耶魯大學人類學系的研究生遭人類學系退學，他是唯一站出來替當事人辯護的老師。在學術上，他出版了兩本書 *Toward an Anthropological Theory of Value: The False Coin of Our Own Dreams*（2001）與 *Fragments of an Anarchist Anthropology*（2004），另外兩本著作 *Direct Action: An Ethnography* 與 *On the Nature of Politics: Narrative and Historical Agency in Central Madagascar* 也即將付梓。前者是關於他近年來所參與的全球社會運動，後者則是改編自他在馬達加斯加做田野的博士論文。他的文章以英文、義大利文、法文、葡萄牙文、丹麥文發表在世界各地的書刊雜誌，內容包括對全球化、資本主義的批判，到對美國著名青少年影集 *Buffy the Vampire Slayer* 的影評。他曾受邀在倫敦政經學院發表演說，並被Maurice Bloch譽為這個世代中最傑出的人類學家。

由此可見，Graeber學術上的成就在年輕一輩的學者中的確是佼佼者，但是他聰慧的頭腦與眾多的著作，卻始終掩蓋不了他的「黑暗面」，也就是他堅定的無政府主義立場，以及對激進社會運動的參與。因此他突然遭到解職的事件，很容易被聯想是一

種政治上的考量。系所方面當然否認這樣的指控，並宣稱這只是一件普通不續約的決定。Graeber在網上一篇自白文章中提到，自2001年他參與在紐約對世界經濟論壇的抗議活動，並結束他一年的研究輪休回到耶魯之後，一些系上的教授開始不跟他說話、甚至不打招呼。許多耶魯人類學系的學生更認為，去年他替系上工會學生辯護，是他突遭解職的主要原因。

David Graeber 的信念

不論真相為何，Graeber被解職的事件，可以讓我們重新思考一件事情：學術與社會實踐的界線到底在哪裡？學院中一直以來就存在著一個公認的信條：政治不得進入這個神聖純淨的殿堂，如果要實踐自己的社會理念，你只能在校園的圍牆外面進行。雖然一般學者很難信守這個信條，但是學術界作為一個政治中立的場所，至少在理想情況中，是一個廣泛尊重而且不容妥協的價值。Graeber自己當然很清楚，他參與抗議活動與這套價值是相違背的，因此他一直在尋找一個理論基礎來說明自己行為的合理性，設法為自己解套。他在 *Fragments of an Anarchist Anthropology* 這本小書的一開始處，問了一個問題：為什麼在美國學術圈裡無政府主義者總是非常稀少？特別是相較於成千的馬克思主義者，無政府主義者可說是鳳毛麟角。原因很簡單，因為無政府主義從來就不是一個適合在學院中發展的學說。它是一套包含自主性、自發組織、互助合作等價值的社會實踐，是一種挑戰不平等、霸權、暴力這些國家統治之下普遍的現象的態度，是一個相信即使沒有由上而下的政府組織，我們也能活得很好的信念。簡單說，它本於人性，不需要經過思想家豐富其內涵、不

用理論家打下學說的基礎，就已行之經年。若用Graeber的老師 Marshall Sahlins的話來說，無政府主義就是一個生存計畫。當馬克思主義者還在問農民是否可以成為革命階級時，無政府主義者早已經交給農民自己去作決定了。也因此，無政府主義註定會與從中世紀運作到現在的學院——一個充滿空談的思想、學說互相攻訐的地方——格格不入。他甚至直言：「……你可以想像，一個公開自稱的無政府主義者，代表的就是對大學運作方式的一種挑戰……。」然而Graeber並不認為在學術界中討論無政府主義是不可能的，他藉由回顧學科的歷史與系譜，發現人類學是最能與無政府主義結合的學科，因為人類學的民族誌不僅提供了最具體的資料，顯示無國家組織的部落社會如何運作、沒有市場的經濟如何可行。民族誌的寫作，同時也反映了一個學科如何設法理解一群人的行為、想法，並提出一個可能的方案與之對話，與無政府主義運作的精神不謀而合。

　　Graeber對無政府主義的洞見，現在看來十分諷刺，他最後果然無法在擁有悠久歷史傳統的耶魯大學中生存。一個無政府主義者鮮明形象的存在，對耶魯人類學系來說，就是對學術中立信條以及種種政策的公然挑戰，儘管他從來沒有破壞學院的制度與運作方式。Graeber盼望的只是告訴大家，作為一個無政府主義者，或更精確地說，一個無政府主義人類學家，是在學院的運作中另一個可行的方案，並且在社會實踐與學術活動中取得一個平衡是可能的。很可惜的是，他這套生存計畫竟使得自己無法在耶魯生存下去，於是我們看到義大利劇作家Dario Fo的諷刺名作《一個無政府主義者的意外死亡》再度上演，只不過這次無政府主義者並沒有離奇墜樓，他是被強迫解職。

　　（林浩立，台灣大學人類學系畢業，服役中）

沈恩新作《好辯的印度》

林曉欽

在當代政治學圈，「平等」乃是最受關切的幾個議題之一。在政治哲學家金里卡（Will Kymlicka）與法哲學家德沃金（Ronald Dworkin）看來，當代的政治理論幾乎全都是平等主義的政治理論。換言之，在他們眼裡，當代政治關切的核心，即是我們日常生活中也時常談論的平等問題。這些把平等當做終極價值預設的理論家，自然地，對平等有著各自不同的想像。當以羅爾斯（John Rawls）與德沃金為主的自由主義（liberalism）主張資源必須重新分配以調節諸如我們所熟知的財富不均的問題時；海耶克（Hayek）與諾齊克（Robert Nozick）等人卻主張完全自由化的市場經濟，即是秉持著國家不應介入資源分配事務之放任自由主義立場（libertarianism）。這一場發生於學術世界的論戰，其實指向我們所密切關懷的問題：正義、資源、分配、善。然而，沈恩（Amartya Sen）則提出了與上述論點迥異的另一種觀點，我們將在後文介紹。

羅爾斯於其《正義論》的論述當中，提出基本善（basic goods）概念，並且以此作為他細緻的資源分配理論的出發點。沈恩將則將之修改為基本能力（basic capabilities），並與納斯邦（Martha Nussbaum）在 *The Quality of Life* 一書裡，強調經濟發展的目的，並不是透過增加經濟總產量，就可以使人達到更盡善之生活，而

是必須發展人的基本能力。

在沈恩這位 1998 年諾貝爾經濟學獎得主看來，當代社會當中階級難以辨識，資源分配不均難以克服的原因在於，階級已經不再以赤裸裸的金錢形式暴露於社會當中，差別是在能力。換言之，在社會當中，我們已經很難以金錢來觀察資產階級；所謂「資產階級」的存在方式係以能力為主，上層社會階級的分子因可以受到更好的教育，了解更多知識，學習更多技巧，能力之秉賦得以被更完整的開發。尤有甚者，這些階級的能力將可以透過機制重新生產：每一個上層社會分子的下一代，可以比下層社會分子受到更好的教育，學習更好的知識，擁有更好的技能。他認為，當代政治哲學只知注意資源與其相關的分配問題，不啻是其盲點。沈恩的犀利觀察使得他的貢獻不僅僅只是一個經濟學家，更是一個歷史學家、社會學家、政治分析家，以及一個道德哲學家。沈恩的著作在國內已經翻譯的，包括了《倫理與經濟》（聯經出版）以及，《經濟發展與自由》（先覺出版）。而關於沈恩的介紹，讀者可參閱朱敬一先生之〈泛論知識的「邊界」——從沈恩教授獲諾貝爾經濟獎談起〉。這篇文章中，朱敬一先生認為沈恩將倫理面向帶入經濟學的思考裡頭，更以不同的角度思索了關於人權的問題[1]。

沈恩的新作品：《好辯的印度》（*The Argumentative Indian*, 暫譯）（以下簡稱為本書）繼受了他以往清晰論述的風格。我們可以根據塔羅的介紹（見Shashi Tharoor, "A Passage to India: A Nobel Prize-winning economist explores his homeland's rich and quarrelsome

---

1　http://www.sinica.edu.tw/as/advisory/journal/8-1/73-80.pdf

heritage")[2]，來看看沈恩的新作中有什麼值得我們省思之處。這本新作品由16篇論文集結而成，大多數由從前其所發表的論文以及演講重新編輯與增添內容。對沈恩而言，在本書當中，他批判性的認爲西方對於印度的看法往往陷入薩依德所謂的東方主義式的思維；換言之，西方世界過份強調印度對於宗教的虔誠，並且慣於以理性、科學、數學，甚至是俗世遺產作爲西方所定義的「成功的領域」之判斷標準。沈恩則提出了另一種看法。

在本書當中，沈恩作了範圍廣泛且程度深入的研究。他認爲在亞洲（特別是在印度），理性的傳統以及科學上的自由主義（scientific liberlism）甚至比西方更源遠流長。沈恩關注被壓迫、被邊緣化的社會族群，特別是女性。諾貝爾獎的讚詞認爲沈恩重新恢復了經濟學中對於攸關生命之問題的關懷。並且，永不放棄對於倫理的堅持。在本書中，沈恩蘊含教育意義的文章，指出了許多令人訝異的事實，諸如泰戈爾（Rabindranath Tagore）乃是一個博學的人道主義，而非傳統西方偏頗的將其視爲二流詩人。其次，透過對唯一贏得奧斯卡終身成就獎的印度導演雷（Satyajit

---

2　http://www.washingtonpost.com/wp-dyn/content/article/2005/10/13/
　　AR2005101301576.html

Ray) 之討論，清楚可見的是，沈恩肯定了印度智識傳統（intellectual tradtion）中的政治與文化的異質性（political and cultural heterogeneity）以及理性思辯之範圍（reach of reason）。

然而，沈恩的論述不僅僅在對抗西方霸權思維，同時也對於印度本土的印度性運動（Hindutva =Hindu-ness Movement）有所批判。在沈恩看來，此種不假修飾以本質作爲出發點的自我界定的運動，對於印度有不良的影響，必須以西方的宗教化約論來中和，否則這種幾近於宗教性質的狂熱，只會淪爲操縱的工具。沈恩以史學的態度來面對印度的人權問題。他發現印度教是唯一具有清楚的寬容傳統的宗教，佛教徒帝王阿育王（Ashoka）以及穆斯林帝王阿克巴（Akbar），在早於西方三個世紀之前，就已實際將寬容帶入政治諭令。換言之，當西方對於異端的處罰極爲殘忍之際，印度教既無政教分離，也無任何對於宗教活動的迫害。甚至，對於宗教的寬容，早已經是印度教的傳統。因此沈恩認爲，本質主義式的印度化運動，違背了印度教之傳統。再者，沈恩除了對於印度文化的禮讚之外，他卻同時也抱持著批判的心態。當許多人正爲了印度解決了大飢荒以及脫離英國殖民歡呼時，沈恩指出慢性以及地區性的饑荒，其實仍是一個難以解決的問題。他要求必須讓政治討論的範圍及力量變得更爲廣大，同時也必須重視社會的需求。更進一步的說，沈恩這位在經濟、道德與學術場域皆有秀異表現的印度學者，也強調了自己的普世主義信念。

綜合觀察沈恩的關懷，由他早期的作品來到新作《好辯的印度》，可以發現沈恩所在意的，往往是我們日常生活所會談論的諸如資源分配等問題。他的貢獻，在於提出傳統的資源分配觀並不能夠解決問題。那麼，回到我們的主旨來，沈恩的新作又帶給我們什麼樣的省思，特別是，關於普世主義的理想有甚麼啓發？

沈恩認爲，印度的古文明其實不比西方基督教傳統下的文明來得落後，尤其在道德方面，諸如寬容等美德，其實早已經存在於印度歷史記載中。一方面他注意到西方霸權對於印度的壓迫，另一方面他也不忘檢視印度本身的問題。所以，印度化運動企圖藉由種族等任意性的運動，用他的話來說，簡略地化約了印度族群，其實有所偏礙於印度的進步。換言之，沈恩的立場乃是一種普世主義，但又並不屬於狹隘西方的普世主義。在沈恩看來，普世主義之於印度的運用即在於，如果印度歷史本身既有著諸如寬容等傳統，而西方世界也重視如此之美德，則印度其實並不需要以化約性的族群論企圖擺脫西方。更進一步的說，如果以此種任意的條件自我局限，印度不僅僅是違背了存於傳統的美德，也同時無法做到眞正的「進步」。換言之，沈恩的普世主義建立在美德之上，並且希冀以此同時作爲抵抗西方的偏見，以及化解來自於印度自身狹隘且偏執的世界觀。

（林曉欽現就讀於台灣大學政治研究所碩士班）

沙特的政治與悖謬

鍾大智

　　倫敦大學學院(UCL)哲學講師理奇蒙（Sarah Richmond）在2005年11月4日的《泰晤士報文學副刊》（*The Times Literary Supplement*）上，評論了三本研究沙特的重要著作，包括努德曼（Francois Noudelmann）與菲力普（Gilles Philippe）所編的《沙特字典》，康塔（Michel Contat）等人所編的《沙特劇作全集》，與伯查爾（Ian Birchall）所著《史達林主義下的沙特》。[1]

　　如果沙特還活著，今年已經101歲。理奇蒙說，沙特一定不像海德格那樣喜歡想著死亡。對海德格，預期著自己的死亡是我們生存的本真處境。但對沙特，死是荒謬的。尤其是，活著，一個作者就能堅持自己的詮釋；死了，他的作品是愚蠢的還是天才之作，就全由他人來判定了。

　　沙特在他的生涯中，漸漸放棄超然的純學術路線，而成為一位「介入的作家」，追求的不只是思想上的批判，也投入對資產階級社會的組織性對抗。理奇蒙因而揣測，如果沙特看到自己百歲冥誕時，以紀念他為名的專著、期刊專號、研討會、紀念儀式竟是如此泛濫，大概會感到相當可怕。

1　三本書的原文名稱與出版社分別為：*Dictionnaire Sartre*（Champion）；*Théâtre Complet*（Gallimard）；*Sartre Against Stalinism*（Berghahn）.

　　《沙特字典》記錄了這樣的沙特現象：沙特研究已成為一個獨立的領域，有它自己的學術工業支撐著。不過，在「沙特工業」之中，也有一部分是以對沙特的反動為主，批判沙特的偽善、野心、錯誤、謊言。像海德格被控訴與納粹勾結一樣，近年來也出現類似的「沙特案件」。例如，人們發現沙特於1941年接受的孔多塞中學教席，是因為原來的猶太教師在維琪傀儡政權排猶政策下被迫退休才出缺的，但沙特卻依然接受了該教席。

　　對這起事件，《沙特字典》「孔多塞中學」條目的作者雷巴卡（Michel Rybalka），為沙特提出了幾點辯解。他認為沙特在二戰時的反抗有充分的證據：沙特參與過早夭的自由社會主義聯盟，1943年後是反維琪政權的「全國作家協會」成員，也為地下刊物《法國通信》寫稿。再者，連西蒙波娃也說沙特的戰時劇作〈蒼蠅〉隱含有反維琪政權的寓意。

　　可是，〈蒼蠅〉的反維琪寓意近年來也有爭議。值得追問的是，1943年時，看這齣劇的人有什麼觀感？對當時讀者與觀眾反應的研究指出：有部分讀者與觀眾，但不是全部，認為劇中阿戈斯人民對他們殺死自己國王的懊悔（remorse），象徵的是法國人對維琪政權的態度。沙特自己又怎麼談論這部劇作呢？

　　這就指向第二本被評論的書《沙特劇作全集》。這本書完整收錄了與沙特劇作相關的重要材料與註解，紀錄其緣起、版本變化、主要的演出劇照等等。該書的編者群反對把沙特的劇作當成是他表達哲學理念的工具；相反地，他們強調沙特的作品包含了各種不同類型（悲劇、喜劇、鬧劇、驚悚），而絕非哲學的附庸。他們認為，對沙特來說，「戲劇性」對於理解社會生活是很重要的；一如在《存有與虛無》中，那些自欺之人因執迷於角色扮演而放棄了抉擇的自由。

理奇蒙在《沙特劇作全集》裡，發現了一段沙特評論〈蒼蠅〉的文字，其中沙特說：〈蒼蠅〉試圖表達「懊悔並不是法國人對軍事挫敗應有的反應」。沙特認為過去已經過去，但既使德軍已經佔領法國，法國人還是能夠擁有嶄新的未來，能夠選擇將它變成一個挫敗的未來，或是一個自由人的未來。不過，理奇蒙質疑沙特忽略了一點：懊悔不只一種，不只有病態的、讓人麻痹的懊悔，也有承認自己錯誤的有益懊悔。如果沙特那麼強調人做抉擇的責任，那理應更注意這種有益的懊悔。

理奇蒙認為，沙特之所以在這點上犯錯，既與他對情緒經驗的負面評價有關（因為沙特認為陷入情緒是自由的墮落），更因為他拒絕來自於過去的束縛。抗拒過去的束縛這一點，正好淋漓盡致地體現在沙特政治生涯的不斷轉變：從一個非政治的學術角色，到最後成為最激進的毛主義者。尤其為人所譴責的是，沙特在1952至1956年間涉入法國共產黨的時期，對於蘇聯和史達林主義多所辯護及美化。

這關係到最後一本被評論的書，即伯查爾所寫的《史達林主義下的沙特》。作者並不企圖為沙特脫罪，不過他希望能夠對沙特的政治生涯作出更全面的評估，尤其是去凸顯反史達林的左

派、托洛斯基主義、無政府主義、左翼社會黨員等對沙特的積極影響。伯查爾對法國左派歷史之熟稔，使他有能力重建沙特寫政治評論時的辯論背景，以及那些與沙特對話者的回應。他也討論了沙特的劇作與其他藝術作品，及其所反映出的現實生活的悖謬。伯查爾就跟沙特一樣，不打算從中立的角度出發；他是從社會主義工黨與一個沙特崇拜者的立場，希望將沙特列入社會主義運動史。而理奇蒙認為，他對沙特政治生涯的重建是相當有說服力的。

沙特還在另一個政治議題上遭遇猛烈的質疑。在《沙特字典》中，並沒有「女性主義」這一條目；而「女性」這個條目顯示，沙特作品中充斥著對女性的刻板印象與歧視。照伯查爾的描繪，沙特絕不像法國共產黨那樣只關注階級壓迫，而對各種形式的壓迫都有細膩的認識。可是，在女性議題上，連伯查爾也承認沙特的性別歧視。在這點上，理奇蒙暗示此與沙特對自己外貌醜陋的自卑有關；沙特曾在《戰時日記》中表示：「尋找女性陪伴時，沒有一次不是為了擺脫自己的醜陋。」

除了政治，關於沙特哲學思想的評價呢？雖然《沙特字典》的編輯以字母順序編排條目，拒絕將沙特限定於任何一種特定身分，但沙特毫無疑問主要是個哲學家。沙特所受教育、早期著作都是哲學，而在存在主義風行時，他在大眾心中的形象也是個哲學家。在英語系國家，沙特研究一直不是主流，這當然首先是因為英語國家排斥歐洲現象學傳統，偏好分析哲學的邏輯與語義分析；此外，分析哲學家也很難接受沙特早期哲學中自相矛盾的虛無觀念。

照沙特的見解，虛無是人類自由的基礎；沒有虛無，人的行動與思維就無法逃脫決定論。可是，虛無卻不是存有的一部分，

而指非存有。著名的英國哲學家艾耶爾便說：沙特的虛無根本是胡扯，就好像《愛麗絲夢遊仙境》裡的愛麗絲說「我看路上沒人啊！」，而國王卻回答「我真希望能有那種眼力，能夠看到『沒人』這位先生。」儘管如此，英語國家也有沙特迷努力闡明虛無的概念，把它當做一個基本的悖論。

雖然整體來說，沙特哲學的世界觀與自由理論對分析哲學的影響極小，但在其他特定的議題上，沙特的影響卻不容忽視。奈格爾（Thomas Nagel）公開承認《存有與虛無》對自己〈論性變態〉這篇文章影響很大。此外，沙特的情緒與想像理論、〈存在主義與人道主義〉對道德困境的討論、對佛洛依德的批判等等，都對分析哲學發揮了重要影響，甚至成為經典。

在法國，沙特哲學的地位則經歷大起大落。存在主義熱潮過後，從1960年代起，沙特的哲學家聲望便迅速殞落。沙特後期的存在馬克思主義朝著結構主義者歡迎的方向發展，修正了自己原來的絕對自由論，強調人類意識受到社會經濟條件的調節。但是，結構主義與沙特後期哲學仍有根本上的差異。

沙特又能在後結構主義那裡找到知音嗎？雖然沙特思想在許多方面是德希達的前驅，但如同伯查爾所強調，沙特深信的理論與實踐統一，對那些否認主體行動性的後結構主義是難以成立的。因此，就理奇蒙看來，我們最好還是把沙特擺在沙特自己的脈絡來審視他。

雖然沙特終身抵制體制的收編，甚至拒領諾貝爾獎，也不會樂見今天的沙特產業，但理奇蒙猜想，對於這些充滿活力的優秀著作，沙特應該還是會感到欣慰。或許，沙特會選擇這種異化，而不是被遺忘。

布希亞論法國動亂

鍾大智

　　去年10月27日，兩名法國少數族裔青少年為了躲避警察追逐而觸電身亡；消息傳開後，巴黎郊區克麗奇蘇絲波伊斯 (Clichy-Sous-Bois) 數百名青少年開始暴動。騷亂很快就在巴黎與法國各地蔓延開來，持續了3週，法國政府才宣布平息。法國著名思想家布希亞 (Jean Baudrillard) 在今年1月出刊的《新左評論》 (*New Left Review*) 第37期上，發表了他對這次事件的看法。

　　布希亞認為，這次事件反映的不只是法國典範的危機，也不只是個外來威脅的問題，而是整個西方典範的危機，與來自社會內部的解體趨勢。一個正在解體的社會不可能有餘力融合移民，因為即使非移民的公民，也經歷著認同與文化失根的危機。套用心理學的詞彙來說，這些主要發生在貧困郊區的衝突，只不過是這個社會「解離」的徵候。他說，法國或歐洲的公民再也不是藉著某種法國或歐洲價值而整合的整體，現在你只能哄騙人們去接受這些價值。

　　布希亞也對種族「融合」提出質疑。他反問，融合成什麼呢？融入像我們法國人那樣乏味、繁縟、矯飾、逃避自我懷疑的生活嗎？另一方面，他認為，不只是法國，整個西方社會的社會化過程，都日復一日地流露對移民的歧視。結果，這個社會的最大危機不是外來的，而是內在的：失去自己的現實性 (its loss of reality）。很快地，那些原本在邊境縈繞而被驅逐的，現在就要從這個社會內部來對抗它自己。布希亞警告，如果法國或歐洲眞要強行「融合」這些移民，那法國或歐洲社會將不復存在。

布希亞進一步表示，法國社會內部的移民問題，也反映出諷刺的全球化大旗下不同世界的對立。國際恐怖主義就是全球性權力矛盾所導致的「人格分裂」症狀。但布希亞認爲，那種將所有人的生活水平提升到跟歐洲白人一樣的想法，並不是解決之道；因爲就算西方強權聯合起來消除這種經濟差距，西方那種維持自身優越性的機制，也只會再度鞏固自己的權力，並挑起那些想要毀滅它的對抗力量。

布希亞不僅從整個世界的局勢來理解法國這次動亂，還將這次動亂與歐盟憲法被否決聯繫起來。那些對歐盟憲法投下反對票的國家，就像那些燒掉自己學校與社區的年輕移民，或許是拒絕再參與一個遊戲陷阱，或許是出於對融合的抗拒，也表現出類似的魯莽與不負責任。

不管是不是移民，所有被排拒的、失去國家與文化隸屬感的弱者，爲了不再被羞辱、漠視、控制，終會將其不滿轉化成反抗與挑釁。布希亞並不認爲主流政治社會學的主張——融合、工作機會、社會保險——能夠說服這群人。他悲觀地表示，也許這些反抗者對所有的文化（無論是法國的，還是那些屬於移民者傳統的），都採取一種冷漠或睥睨的態度；也許他們寧可燒掉轎車而不去夢想擁有與駕駛它；也許各種充滿心機的關切態度、壓迫或排拒，對他們來說，其實都沒什麼兩樣。

誠然，不少人相信西方社會較爲優越，並渴求加入西方社會。但布希亞強調，西方社會已經失去了它過去那種誘人的優越性。它所能提供的最好的東西，如轎車、學校、購物中心、甚至

包括撫育移民後代長大的安親學校，今天都成了掠劫與焚燒的對象。一些政客與知識分子可能認為，這次動亂只是邁向文化和解途中的一次小意外，但布希亞警告：所有的跡象都顯示，這些事件正導向一場結局不可知的造反。

台灣哲學學會 /《思想》年度公開徵文啓事

年度主題：**主體性**

　　知識界在討論政治和文化問題時，頻繁地使用**主體性**這個概念，但很少人曾經嘗試對這個概念進行明確的、系統的釐清和界說。與其說這是因爲大家都知道這個概念的所指爲何，不如說這是因爲大家意識到，這個概念抗拒簡單的分析，所以不願輕易出手。在多數的論述脈絡裡，**主體性**通常被當作一種價值：建立自身的主體性（不論這裡的自身指的是個人、文化社群或政治社會）和尊重他者的主體性，似乎是各種行動和實踐必須預設的重要理由。但主體性的構成條件或存在條件，卻往往也隱晦不明，以致於我們難以掌握許多涉及主體性命題的真假值、不確定如何驗證這些命題是否成立，因而無法評估支撐這些行動和實踐的論證是否妥當。面對這樣的困境（如果這稱得上是一種「困境」的話），台灣哲學學會與《思想》合作，希望透過公開徵稿的方式，邀請每一位樂意爲提升台灣社會思想品質而努力的朋友，將您的閱讀和思考化爲可讀的論文，解開我們的疑惑，深化我們對於**主體性**的理解。

思想 1：思想的求索

注意事項：

　　入選作品將刊登於《思想》，由《思想》提供獎金新台幣10,000元，不另發給稿費。

　　台灣哲學學會與《思想》將委請學者匿名評選，入選篇數由評選委員斟酌決定；來稿請另頁繕寫標題與作者個人資料。

　　來稿字數請控制在5,000字至10,000字之間。

　　體例上請盡量避免註腳或註釋。

　　來稿請寄至300新竹市光復路清華大學哲學研究所顏鳳小姐收。

　　截稿日期2006/09/30（以郵戳為憑）。

思想1
思想的求索

2006年3月初版　　　　　　　　　　　　　　定價：新臺幣360元
有著作權・翻印必究
Printed in Taiwan.

編　　　者　思想編委會
發 行 人　林　載　爵

出 版 者　聯經出版事業股份有限公司　　　叢書主編　沙　淑　芬
台 北 市 忠 孝 東 路 四 段 5 5 5 號　　　校　　對　李　國　維
編 輯 部 地 址：台北市忠孝東路四段561號4樓　　封面設計　陳　玉　嵐
叢 書 主 編 電 話：(0 2) 2 7 6 3 4 3 0 0 轉 5 2 2 6
台 北 發 行 所 地 址：台北縣汐止市大同路一段367號
　　　　　　電 話：(0 2) 2 6 4 1 8 6 6 1
台 北 忠 孝 門 市 地 址：台北市忠孝東路四段561號1-2樓
　　　　　　電 話：(0 2) 2 7 6 8 3 7 0 8
台 北 新 生 門 市 地 址：台北市新生南路三段94號
　　　　　　電 話：(0 2) 2 3 6 2 0 3 0 8
台 中 門 市 地 址：台 中 市 健 行 路 3 2 1 號
台 中 分 公 司 電 話：(0 4) 2 2 3 1 2 0 2 3
高 雄 門 市 地 址：高 雄 市 成 功 一 路 3 6 3 號
　　　　　　電 話：(0 7) 2 4 1 2 8 0 2
郵 政 劃 撥 帳 戶 第 0 1 0 0 5 5 9 - 3 號
郵 撥 電 話：2 6 4 1 8 6 6 2
印 刷 者　世 和 印 製 企 業 有 限 公 司

行政院新聞局出版事業登記證局版臺業字第0130號

本書如有缺頁，破損，倒裝請寄回發行所更換。　　ISBN　957-08-2981-8（平裝）
聯經網址：www.linkingbooks.com.tw
電子信箱：linking@udngroup.com

改變世界的觀念

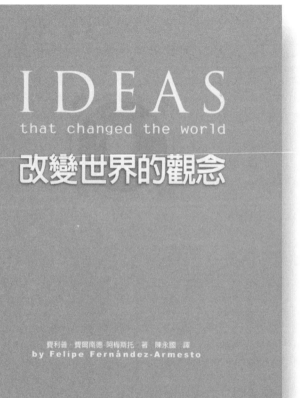

作者：
費利普·費爾南德-阿梅斯托（Felipe Fernandez-Armesto）是倫敦大學瑪麗女王學院的歷史學和地理學教授、牛津大學現代史教授，並在歐洲和美國幾所大學任訪問教授。著有暢銷書《千禧年》（Millennium, 1995），《文明》（Civilization, 2000）和《食物》（Food, 2001）等。

譯者：陳永國

16開精裝
定價：900元

全書介紹自文明肇始以來，構成我們這個世界的重要歷史和哲學思想。從食人到禪，從時間到無意識，從邏輯到無序論，世界上最重要的175個思想像晶體一樣清晰地展現在你的面前。伴隨著作者廣博、深具個人見地的分析，以及震撼人心的混合式畫卷，往往使難以理解的概念，得以清晰地呈現。

本書以年代為序，體例易於掌握，讀者既可由始至終專研，也可擷取一點流覽。此外，本書結合各原創思想之間的關聯，也提供了許多專家的意見，有助於啟發性閱讀。

全書彩色印刷，圖文並茂，內容廣博豐富，質感、美感兼具，是伸展閱讀觸角、發現新視野的最佳圖書。

卡爾·施密特文集

政治性的概念

定價：250元
作者：卡爾·施密特
譯者：姚朝森

什麼是「政治」？在施密特的看法中，「能夠劃分出敵友」的場域才是政治的場域。因此，政治不是「管理眾人之事」，不是「價值之權威性分配」，更不是什麼「追求人類最高最終的善」！政治不折不扣就是：「找出誰是朋友，誰是敵人」。

本書為西方的「政治」研究開闢了一條嶄新的道路，但也使作者招致許多的罵名。因為，在「敵友劃分」下，政治變成你死我活的爭奪戰：「政治」的競爭不僅是資源競爭、土地競爭、人口競爭……，更是生存的競爭。競爭最後終將演變成「戰爭」，以消滅敵方的生命作為自我生存之保障方式。在自由主義式憲政民主主義者的觀念中，這種「政治」觀點絕對必須嚴加譴責、痛予駁斥，否則，人民的基本權利將遭到最大的威脅，國家也勢必面臨分裂的危機。

憲法學說

定價：650元
作者：卡爾·施密特　　譯者：劉鋒

本書不是談一般的憲法原理，而是對威瑪憲法及其所依托的議會民主制的細緻剖析。施密特沒有站在某種意識形態或政黨理念立場來褒貶威瑪憲法，而是從公法學角度審視威瑪憲法，指望威瑪民國的政治家們的「智識力」有所提高，為捍衛新生的自由民主共和國保持清醒的政治警覺，果敢採取必要的措施。

施密特力圖讓人們清楚地看到，憲法是人類政治行為的結果，並「不是什麼絕對的東西，因為它不是從其自身中產生出來的」，不能把憲法看成一架萬能機器，似乎靠自身的規範系統就可以產生作用──「憲法的效力有賴於制訂憲法的人的政治意志」。無論「共和」還是「憲法」，都不是一個解決人類政治問題的靈丹妙藥，因為，人類的政治問題不可能一勞永逸地解決。

當代中國的分析與見證

液體的回憶
作者：丁學良　　定價：250元

本書是作者對大陸自文革以來三次重大社會革命的觀察與紀錄。三次革命指的是毛澤東的「無產階級文化大革命」、鄧小平的「去社會主義革命」和1980年代末期起橫掃共產世界的「人民民主革命」。作者以水、淚、血、酒折射出其或不幸或有幸捲入革命動盪的經歷。

水-皖南水鄉，可以說是水災之鄉，政治直接地震撼了人和水的關係。

淚與血-「革命是被壓迫者和被剝削者的重大節日」，但瞬息即逝的節日狂歡之後，普通人民就要為之付出淚與血的代價，一代、兩代乃至數代。

酒-皖南是水鄉，也是酒鄉。人們用什麼方法獲得酒、如何喝酒、與什麼人喝酒、喝了酒後做什麼，凡此一切都透露出當時政治、經濟和社會的真實脈象。

中國共產革命七十年(上)(下)
作者：陳永發　　定價：950元

中共建黨七十年來，對中國，對全球都有舉足輕重的影響。尤其近年來海峽兩岸互動頻仍，風雲詭譎，我們更需了解其歷史背景、意識形態、政治現況與困境，才能對中共黨史有全盤的理解。

本書從中國近現代史的角度來研究中國共產黨的歷史，將其分為三個階段：革命奪權、不斷革命、告別革命；並將中國共產黨革命放在中國追求現代化的長期脈絡中來觀察，深入探討中共歷史上的三大問題--民族主義、基層權力結構、思想改造。為讀者提供一個廣闊的視野，從而對中共的歷史、現狀，甚至未來，有更精到、更切實的認識。

現代思想名著

飲食與愛情：東方與西方的文化史

定價：350元

作者傑克・顧迪(Jack Goody)　　譯者：楊惠君

作者對西方史學家、社會學家經常以東西方二分法這種粗糙的區分方式探討問題，以及過度被吹捧的西方獨特性等提出強烈的質疑。本書分為三大部分：家庭、飲食與懷疑。西方向來的優越感在作者眼中不過是暫時性而已，畢竟西方也受東方影響，且東方本身就有其卓越處，這是作者旁徵博引表述的中心思想。

後殖民理論

定價：380元

作者：巴特・摩爾─吉爾伯特(Bart Moore-Gilbert)　　譯者：彭淮棟

本書是後殖民理論這個領域迄今最全面、最易讀的綜論。作者以清晰的系統條理，檢視後殖民理論遭遇的異議，揭露論辯雙方簡化與誇大之處，詳述西方學院如何研究文化與殖民主義之間的關係，以及這研究形成的傳統，說明不滿之士如何從後殖民分析另闢蹊徑。

萬民法

定價：400元

作者：約翰・羅爾斯(John Rawls)　譯者：李國維等

本書包含兩篇文章：曾於1997年首次刊行的〈再論公共理性之理念〉，以及與1993年曾經刊出過的一篇小論文同名的〈萬民法〉（本篇為該文的擴大完整版）。這兩篇文章綜合了羅爾斯50年來對於自由主義以及對於當代某些最急迫性問題的最終反省，是羅爾斯晚年最重要的著作之一。

貓大屠殺─法國文化史鉤沉

定價：380元

作者：羅伯・丹屯(Robert Darnton)譯者：呂健忠

本書探討十八世紀法國的思考方式。為什麼巴黎的一群工匠覺得貓大屠殺那麼有趣？玩笑如何在舊制度的工人間發酵？《貓大屠殺》揭露一個文化的萬花筒視野，既熟悉又奇妙。羅伯・丹屯在本書提供了治療文化震盪所不可或缺而且入口難忘的一帖藥劑。

聯經出版公司信用卡訂購單

信用卡別： □VISA CARD □MASTER CARD □聯合信用卡

訂購人姓名： _____

訂購日期： _____年_____月_____日

信用卡號： _____ _____ _____ _____

信用卡簽名： _____(與信用卡上簽名同)

信用卡有效期限： _____年_____月止

聯絡電話： 日(O)_____夜(H)_____

聯絡地址： □ □□_____

訂購金額： 新台幣_____元整

（訂購金額 500 元以下，請加付掛號郵資 50 元）

發票： □二聯式 □三聯式

發票抬頭： _____

統一編號： _____

發票地址： _____

如收件人或收件地址不同時，請填：

收件人姓名： □先生

_____ □小姐

聯絡電話： 日(O)_____夜(H)_____

收貨地址： _____

· 茲訂購下列書種‧帳款由本人信用卡帳戶支付 ·

書名	數量	單價	合計
		總計	

訂購辦法填妥後

直接傳真 FAX：(02)8692-1268 或(02)2648-7859

洽詢專線：(02)26418662 或(02)26422629 **轉** 241

網上訂購，請上聯經網站：www.linkingbooks.com.tw